中华经典藏书

战国策

缪文远　罗永莲　缪伟　译注

中华书局

图书在版编目(CIP)数据

战国策/缪文远,罗永莲,缪伟译注. —北京:中华书局,2016.1
(2025.5 重印)
(中华经典藏书)
ISBN 978-7-101-11467-6

Ⅰ.战… Ⅱ.①缪…②罗…③缪… Ⅲ.①中国历史-战国
时代-史籍②《战国策》-注释③《战国策》-译文 Ⅳ.K231.04

中国版本图书馆 CIP 数据核字(2016)第 000292 号

书　名	战国策
译 注 者	缪文远　罗永莲　缪　伟
丛 书 名	中华经典藏书
责任编辑	张彩梅
装帧设计	毛　淳
责任印制	陈丽娜
出版发行	中华书局
	(北京市丰台区太平桥西里 38 号　100073)
	http://www.zhbc.com.cn
	E-mail:zhbc@zhbc.com.cn
印　　刷	河北博文科技印务有限公司
版　　次	2016 年 1 月第 1 版
	2025 年 5 月第 13 次印刷
规　　格	开本/880×1230 毫米　1/32
	印张 13⅝　插页 2　字数 180 千字
印　　数	175001-181000 册
国际书号	ISBN 978-7-101-11467-6
定　　价	27.00 元

前　言

　　《战国策》是我国古代的文史名著，它产生的时代背景如何？它的作者是谁？这是受到人们关注的重要问题。经过许多学者的研究，我们确知《战国策》是从战国到秦、汉间纵横家游说之辞和权变故事的汇编，既不作于一时，也不成于一手，不会是某一个人的作品。

　　战国时代，秦、楚、燕、韩、赵、魏、齐七国之间，斗争尖锐而频繁，于是有人专门从事外交策略的研究，讲究如何揣摩人主心理，运用纵横捭阖的手腕，约结盟国，孤立和打击敌国，古代把这些人称为纵横家。纵横家对游说之术非常重视，为了切磋说动人君的技艺，他们不断地收集材料，储以备用，有的亲自拟作，以资练习，《战国策》中的许多篇章就是这样产生的。当代学者中，有人主张秦、汉之际的辩士蒯通是《战国策》的作者，也有人认为西汉前期的政治家主父偃、文学家邹阳也是作者。他们可能都是编集者之一，而大量的篇章是无法确定作者的。

　　战国时期，我国历史发生了剧烈变化。在社会经济方面，由封建领主制转变为封建地主制；在政治方面，由春秋时期的小国林立，转变为七国争雄。由争雄到统一，成了战国时期政治、军事活动的主要内容。以用人来说，春秋时期的官职多由贵族世代相承，到了战国时期，旧贵族没落，士阶层兴起，各国都加强了中央集权，由国君选任贤才，充当各级官吏。有才能的人，只要受到国君的赏识，便可以平步青云，朝为布衣，暮为卿相。智能之士纷纷奔走于各国之间，希望说动人君，采纳自己的主张，各家各派的人物莫不如此。孟轲以"善辩"著称；庄周巧于用寓言作比喻；墨翟说服楚王，止楚攻宋，传为佳话。韩非也讲究谈话技巧，提出进说不要触犯人主的"逆鳞"的主张。至于纵横之士，如公孙衍、张仪、陈轸、苏秦、虞卿等人，审时度势，提出奇策异谋，化危为安，转亡为存，更是战国舞台上的活跃人物。

西汉初年，先有韩信、彭越等异姓王之封，在刘邦、吕雉诛锄功臣之后，又封了许多刘家子弟，建立若干同姓王国，局势和战国相似，因而纵横权变之术继续流行，蒯通、主父偃、邹阳等人，就是其中的佼佼者。

纵横家们所写的权变故事和游说之辞，如果我们细心研讨，大体可分作两类。一类属于早期作品，写作时间距所涉及事件发生的时代不远，虽然文采稍逊，但内容大致符合历史事实，《战国策》中的许多中短篇说辞都属于这一类。另一类是晚出的摹拟之作，写作时间距所拟托的时代已远，拟作者对史实已感到茫然，其中许多都是托喻之言、虚构之事，目的只是在于练习雄辩，不能当作史实看待。

有的学者谈到，古希腊和罗马的辩论家们在教授门下弟子修辞学时，要对他们施以特殊的训练，这就是任选一项历史上的（或传说中的）事件，作为问题提出，让弟子们充当假设场景中的人物，作出适当的建议，或提出适当的对策，用以比赛雄辩的技巧。中国古代可能也有类似的训练，《战国策》中的一些篇章，就是这种练习雄辩的产物。这类作品，谈形势则扞格难通，言地理则东西错位，多属信口开河，难称实事求是。《战国策》中的许多长篇说辞，如有名的苏秦、张仪以合纵、连横游说各国之辞，大都属于这类。《史记》的作者司马迁说过，世间谈到苏秦的事，有许多差异，因为后来类似的事件，往往附会到苏秦身上。不仅苏秦是箭垛式人物，其他人的事迹也有类似情形。

西汉末年，光禄大夫刘向奉诏校书，见到了皇家图书馆中许多记载纵横家说辞的写本，内容庞杂。这些写本编排体例不一，文字也错乱难读。他所见到的有六种本子，它们有《国策》（这是刘向所见的写本之一，不是今本《战国策》）、《国事》、《短长》、《事语》、《长书》、《修书》等几种不同的名称。刘向认为这些都是战国时游士向辅佐任用他们的国家提出的策谋，应称为《战国策》。他按照国别，略以时间编次，定为三十三篇。可知《战国策》的书名是刘向整理后所加的。"策"是策谋的意思，有人把"策"理解为书策（写字用的竹简）的策，和刘向命名的原意不合，也脱离了本书的实际内容，不如仍依刘向原说为是。

这类材料，除刘向所见的以外，在民间流传的还有不少。1973年12月，湖南长沙马王堆3号汉墓出土了一批帛书，其中有一部和《战国策》类似，整理者命名为《战国纵横家书》。这部帛书共27章，有11章被收入《战国策》和《史记》，其余16章是佚书。未经刘向编订的原始面貌，还可从这本书窥见一个大概。

《战国策》成书后，东汉学者高诱曾为它作注，和原书一起流行，但在流传中逐渐有所散佚，到北宋时原书已缺了十一篇，由著名文学家曾巩细心访求，才重新补足了三十三篇（卷）之数。南宋时，姚宏搜罗了十几种本子，在曾巩本的基础上，加以整理，并加续注，流传至今，号称善本。此本通称为"姚本"。和他同时，鲍彪也注释此书，各国按王的顺序分章，暗寓为《战国策》重新编年之意。他的工作有不少缺憾，元代吴师道又为他作补正，和鲍注一起流传。此本通称为"鲍本"，其实包含吴师道的校注在内。我们今天所见到的普通《战国策》本子，属于"姚本"系统，它的构成情况是：东周策一卷，西周策一卷，秦策五卷，齐策六卷，楚策四卷，赵策四卷，魏策四卷，韩策三卷，燕策三卷，宋、卫策一卷，中山策一卷。共十二个国别，三十三卷。《战国策》在流传过程中，经过许多次传抄和翻刻，产生了不少文字错讹，影响我们的阅读和理解。因此，历代有若干研究者对此书的文字进行校订和注释，有的是专书，有的是零篇短札，都可供我们参考。

《战国策》的价值，可从史学和文学两个方面来看。

战国时期，波翻云诡，策士纵横，政治、军事和外交斗争错综复杂，令人目迷五色。但我们在研习这段历史时，却感到材料异常缺乏，其原因是多方面的，一是当时各国对文献的销毁，更为严重的是秦始皇焚书，六国的史籍是焚烧的重点，竹帛烟消，典籍散亡，造成了难以弥补的损失。战国二百数十年间的历史，全靠《战国策》保存了一个梗概，这是极其难得的。我们今天去古已远，尤其应该珍视。

在文学方面，《战国策》也是千古传诵的名著，历代许多知名的文学家都受其影响，从中汲取了宝贵的营养。

本书刻画了众多的人物形象，各种不同身份、不同性格的人都栩栩如生，跃然纸上。

纵横家是战国舞台上风头最健的人物，他们不仅对天下大势、各国实力、风土人情、山川险隘了如指掌，还要揣度人主心理，有针对性地提出对策。如书中写苏秦、张仪游说各国，谈锋犀利，舌吐风雷，一席谈话，便使得国君俯首，倾心听从。又如写弹铗而歌的冯谖，为孟尝君焚券市义，赢得薛邑人民的拥护。写陈轸为齐说昭阳，谈言微中，化解了齐、楚之间的一场战祸。特别是书中写了一些品格高尚的人物，形象突出，光彩照人。如写鲁仲连义不帝秦，指斥向强秦低头的辛垣衍，英气逼人，千古如见。唐代诗仙李白，在诗篇中把他引为同调。写唐雎不畏权威，奋力抗争，终使秦王的野心收敛。写邹忌讽齐王纳谏，从身边的琐事悟入，小中见大，由近及远，诱导齐王虚心听取臣民的意见。此外，如写商鞅、范雎、田单、乐毅的政治、军事活动，写赵武灵王胡服骑射，锐意革新，都虎虎有生气，令人难忘。写反面人物，如谗臣王错、奸妃郑袖、暴君宋康王、昏君魏惠王等，则揭露他们的阴险愚昧、两面三刀，使魑魅无处遁形。此书可算得上是我国古代传记文学的光辉开端。

在语言方面，《战国策》的文风别具一格，铺张扬厉，雄浑恣肆，气势磅礴，笔力千钧。行文则波澜起伏，笔势纵放，绝无平铺直叙之笔。涵泳其中，可使我们执笔为文，富于曲折变化，不致板滞不灵。《战国策》中还运用了许多寓言，如"狐假虎威"、"画蛇添足"、"南辕北辙"、"惊弓之鸟"等等，都一直活跃在人们的口头和笔下，表现了强大的生命力。

《战国策》全书共有460章，我们这里选取105章文字优美、思想健康积极的，加以注释和评析，希望能对广大读者朋友们扩大知识领域、了解祖国优秀的传统文化、养成高尚的道德情操等方面，有所裨益。

缪文远

2006 年 4 月 30 日

目录

齐 策

魏　策

东周策

秦兴师临周而求九鼎

　　九鼎是国家政权的象征，秦兴师求鼎，就是想取代周室，成为天下的新主人。求鼎不是简单地索取几件器物，而是关系到周能否继续存在的大事。周君所患，正在于此。颜率向齐求救，因为齐是东方可以和秦抗衡的强国，所以陈臣思率领的齐兵一出，秦军随即退去。

　　颜率用献出九鼎作为交换条件，换取齐国出兵，秦兵既退，如何向齐国交代，这又成了新问题。对此，颜率巧设了两道难关：一是九鼎巨大，运输需要数万人，难于解决。二是运送的路线也解决不了。从梁运输吧，梁国君臣早就对九鼎垂涎三尺；从楚运输吧，楚国君臣也是魂牵梦绕，早有问鼎之心。齐王无奈，只好知难而退。颜率巧妙地把违约的责任推给对方，帮助周君化险为夷，躲过一场劫难。

秦兴师临周而求九鼎①，周君患之，以告颜率②。颜率曰："大王勿忧，臣请东借救于齐。"颜率至齐，谓齐王曰："夫秦之为无道也，欲兴兵临周而求九鼎，周之君臣，内自画计③，与秦，不若归之大国④。夫存危国⑤，美名也；得九鼎，厚实也⑥，愿大王图之。"齐王大悦，发师五万人，使陈臣思将以救周⑦，而秦兵罢。

【注释】

①九鼎：周王室的传国之宝（是周王朝政权的象征）。

②颜率：周臣。

③画计：商量。

④大国：指齐。

⑤危国：指周。时周受秦兵威胁，面临危亡。

⑥实：实际利益。

⑦陈臣思：齐威王的名将田忌。古代田、陈同音。

【译文】

秦国发兵逼近周境，欲索取周的九鼎。周君感到担忧，就告诉颜率。颜率说："大王不要担心，我愿东到齐国，借兵援救。"颜率到齐，对齐王说："秦国不讲道义，想发兵夺取周的九鼎。周的君臣寻思，与其给秦，还不如给贵国。保存濒危的国家，是美好的名声；得到九鼎，是很实在的利益，希望大王考虑一下。"齐王听罢非常高兴，发兵五万，命大将陈臣思率兵救周，秦兵于是撤回。

齐将求九鼎，周君又患之。颜率曰："大王勿忧，臣请东解之。"颜率至齐，谓齐王曰："周赖大国之义，得君臣父子相保也，愿献九鼎，不识大国何途之从而致之齐？"齐王曰："寡人将寄径于梁①。"颜率曰："不可。夫梁之君臣欲得九鼎，谋之晖台之下、沙海之上②，其日久矣。鼎入梁，必不出。"齐王曰："寡人将寄径于楚③。"对曰："不可。楚之君臣欲得九鼎，谋之于叶庭之中④，其日久矣。若入楚，鼎必不出。"王曰："寡人终何途之从而致之齐？"颜率曰："弊邑固窃为大王患之。夫鼎者，非效醯壶酱甄耳⑤，可怀挟提挈以至齐者；非效鸟集乌飞、兔兴马逝⑥，漓然止于齐者⑦。昔周之伐殷，得九鼎，凡一鼎而九万人輓之⑧，九九八十一万人，士卒师徒，器械被具⑨，所以备者称此。今大王纵有其人，何途之从而出？臣窃为大王私忧之。"齐王曰："子之数来者，犹无与耳。"颜率曰："不敢欺大国，疾定所从出，弊邑迁鼎以待命。"齐王乃止。

【注释】

①梁：即魏。魏惠王迁都大梁（今河南开封），故魏又称梁。

②晖台：魏国台名。沙海：地名，今河南开封西北。

③寄径于楚：由周至齐，并不经过楚国，这是拟议的话。

④叶庭：一作"章华之庭"。今湖北华容有章华亭。

⑤醯（xī）：醋。甄（zhuì）：瓮。

⑥兔兴马逝：比喻轻快。

⑦漓然：水渗流的样子。

⑧辁（wǎn）：牵引。

⑨被具：运鼎士卒需要准备的器具。

【译文】

　　齐国向东周索取九鼎，周君又担心起来。颜率说："大王不要焦虑，我愿到东方解决此事。"颜率到了齐国，对齐王说："依靠大国的仗义相助，周国上下得以保全，情愿献上九鼎，不知大国将从什么途径运到齐国？"齐王说："我打算向梁国借道。"颜率说："不可以。梁国的君臣一心想得到九鼎，在晖台脚下、沙海边上反复策划，日子已经很久了。九鼎一进入梁国，肯定出不来。"齐王说："我就另向楚国借道。"颜率回答说："不行。楚国的君臣为了得到九鼎，在叶庭中密谋，时间也很长了。九鼎一进入楚国，不可能出来。"齐王说："我要从什么途径才能把它运到齐国呢？"颜率说："敝国私下替大王担忧。九鼎可不像醋瓶酱罐，可以怀揣了揣就到达齐国；也不像鸟聚鸡飞、兔起马奔，瞬息就可到达齐国。从前周人攻殷，得到了九鼎，一只鼎用九万人牵引，共用九九八十一万人，而辅助的兵卒和器具，数量与此略等。如今即使大王有这些人，又从哪里经过呢？我私下真为你担忧啊！"齐王说："你屡次前来，无非不愿把鼎给与齐国罢了。"颜率说："不敢欺骗大国，请快快决定运送路线，敝国将把鼎迁出，随时待命运走。"齐王只好作罢。

（《东周策》）

秦攻宜阳

宜阳是韩国军事重镇。宜阳之战，从秦国方面说，是志在必得；从韩国方面看，是势在必守。战事的结局将会如何？周君和赵累各自从不同的角度进行了分析。

周君认为，宜阳是八里见方的大城，加上有精兵十万，有可用数年的粮储，韩相公仲亲率二十万大军，指挥防御作战，楚将景翠又带领人马，驰赴伏牛山一线，作为声援，这些都是防守的有利条件。周君判断：秦国不可能拿下宜阳。赵累则认为甘茂是从楚国入秦的客籍人士，政治上的升降沉浮，全要看能不能为秦建功立业，必然全力奋战。而秦武王不顾重臣们的反对，坚持任用甘茂，如果无功而返，将无法面对群臣。所以宜阳必然失守。

周君问赵累该怎么办？赵累建议他向楚军主将景翠进言，最好是静观战局的发展，秦、韩双方必然对楚争相拉拢，楚国便可两面得利。

结局果如赵累所料，秦攻拔宜阳，景翠乘机进兵。于是秦国割地，韩国献宝，景翠深深感激东周给他出了个好主意。

秦攻宜阳①，周君谓赵累曰②："子以为何如？"对曰："宜阳必拔也。"君曰："宜阳城方八里，材士十万③，粟支数年，公仲之军二十万④，景翠以楚之众⑤，临山而救之⑥，秦必无功。"对曰："甘茂羁旅也⑦，攻宜阳而有功，则周公旦也⑧；无功，则削迹于秦⑨。秦王不听群臣父兄之议而攻宜阳⑩，宜阳不拔，秦王耻之。臣故曰拔。"君曰："子为寡人谋，且奈何？"对曰："君谓景翠曰：'公爵为执圭⑪，官为柱国⑫，战而胜，则无加焉矣，不胜，则死。不如背秦。秦拔宜阳，公进兵，秦恐公之乘其弊也，必以宝事公；公仲慕公之为己乘秦也，亦必尽其宝。'"

【注释】

①秦攻宜阳：周赧王七年（公元前308年），秦武王派甘茂攻宜阳，次年攻克。宜阳位于洛阳西南熊耳山北端，洛水萦带，山坂纡回，是韩国西陲军事要塞，故城在今陕西北洛河北岸韩城镇。

②赵累：周臣。

③材士：有强劲战斗力的士兵。

④公仲：韩相国，名侈，一名朋。

⑤景翠：楚将。

⑥山：指伏牛山。

⑦甘茂：楚国下蔡（今安徽寿县）人，时为秦左丞相。

⑧周公旦：周文王子，武王弟，佐武王克商。武王死，辅佐成王，长期主持国政。

⑨削迹：除名。

⑩群臣父兄：指秦国贵臣中反对甘茂的樗里疾、公孙郝等人。

⑪执圭：楚国的高级爵位，谓执玉圭（上尖下方的玉器）朝见君主。

⑫柱国：楚国的最高武官。

【译文】

秦国进攻宜阳，周君对赵累说："你认为这场战争的结果如何？"赵累回答道："宜阳必定会被攻破。"周君说："宜阳城方圆八里，拥有十多万勇士，粮食储备几年都吃不完，韩国的相国公仲还有二十万军队，楚国大将景翠又率兵前往救援，秦军必定会无功而返。"赵累答道："甘茂寄居秦国，如果攻下宜阳，他就会像周公旦那样长期执政；如果失败，他也就无法在秦国立足了。秦王不听群臣的意见，执意攻打宜阳，如果宜阳没被攻破，他会感到耻辱。所以我认为宜阳必被攻破。"周君说："你替我想想该怎么办？"赵累说："您可这样对景翠说：'将军的爵位已到了执圭的地步，官职也升到了大司马，就算打了胜仗，也没有什么可加官晋爵的了；如果打了败仗，就难逃一死。不如与秦作对，等秦军攻下宜阳之后你再进兵，秦国害怕你攻打他的疲惫之师，必定会献出珍宝给你；而韩相公仲也会认为你是为救韩国而攻秦军的，也一定把珍宝全部献上。'"

秦拔宜阳，景翠果进兵。秦惧，遽效煮枣①，韩氏果亦效重宝。景翠得城于秦，受宝于韩，而德东周。

【注释】

①遽：急，立刻。效：献。煮枣：地名，在今山东菏泽西南，乃魏邑，此处恐有讹误。

【译文】

秦军攻下了宜阳，景翠果然出兵。秦国害怕了，马上献出煮枣城，韩国果然也献出了珍贵的器物。景翠既从秦国夺到了煮枣城，又从韩国得到了珍宝，因此很感谢东周。

（《东周策》）

西周策

薛公以齐为韩、魏攻楚

　　公元前298年，薛公田文率领齐、韩、魏三国攻秦，向西周借兵乞粮。处在齐、秦两大国之间的小小西周难于应付。答应田文，会开罪秦国；如不答应，会使齐国不满，真是两难。

　　韩庆为西周游说田文，提出了三点：一、停止攻秦，以免让韩、魏壮大；二、由西周转告秦王，释放被拘留的楚怀王，楚国将把东部的淮北之地献给齐国，这对齐有利，田文在薛的封邑也可永保安宁；三、秦国未受削弱，将会对三晋构成威胁，三晋定会更加重视齐国，齐国举足轻重。薛公认为此计大妙，就停止攻秦，向西周借兵求粮的事，也就无形中化解了。韩庆一石二鸟，既帮西周排忧解难，又使秦国免遭攻打。看来，他既是西周的谋士，也是秦国的说客。

薛公以齐为韩、魏攻楚①，又与韩、魏攻秦②，而藉兵乞食于西周。韩庆为西周谓薛公曰③："君以齐为韩、魏攻楚，九年而取宛、叶以北以强韩、魏④，今又攻秦以益之。韩、魏南无楚忧，西无秦患，则地广而益重，齐必轻矣。夫本末更盛，虚实有时，窃为君危之。君不如令弊邑阴合于秦，而君无攻，又无藉兵乞食。君临函谷而无攻⑤，令弊邑以君之情谓秦王曰⑥：'薛公必不破秦以张韩、魏，所以进兵者，欲王令楚割东国以与齐也⑦。'秦王出楚王以为和⑧，君令弊邑以此惠秦，秦得无破，而以楚之东国自免也，必欲之。楚王出，必德齐，齐得东国而益强，而薛世世无患。秦不大弱而处之三晋之西⑨，三晋必重齐。"薛公曰："善。"因令韩庆入秦，而使三国无攻秦，而使不藉兵乞食于西周。

【注释】

①薛公以齐为韩、魏攻楚：薛，齐邑，故城在今山东滕州南四十里。齐威王封少子田婴于薛，子田文袭封，故称薛公。此薛公指田文（即孟尝君）。为，与。

②又与韩、魏攻秦：秦昭王八年（公元前299年），田文入秦为相，不久受谗被囚，次年逃回齐国，任齐相。田文怨秦，因而和韩、魏攻秦。

③韩庆：西周臣。《史记·孟尝君列传》"韩庆"作"苏代"。

④宛、叶以北：指今河南襄城、鲁山一带。宛，今河南南阳。叶，在今河南叶县南三十里。

⑤函谷：秦关，在今河南灵宝北三十里。

⑥秦王：指秦昭王。

⑦东国：自今河南鄢城以东，沿淮北至泗上一带。

⑧出楚王：公元前299年，秦约楚怀王在武关相会，怀王被执入秦。

⑨三晋：韩、赵、魏三家分晋，故称三晋。

【译文】

薛公利用齐国和韩、魏攻打楚国，又和韩、魏攻秦，并向西周借兵求粮。韩庆为西周对薛公说："您利用齐国和韩、魏攻楚，历时九年，取得宛、叶以北的地方，使韩、魏强大起来，现在又通过攻秦来增强他们的力量。韩、魏南边不担心楚国，西边不担心秦国，于是土地扩大，地位提高，齐国必受到轻视。事情的本末和虚实经常是互相变换的，我私下为您感到不安啊。您不如让敝国暗地和秦国联合而您不去攻打秦国，也不向敝国借兵求粮。您兵临函谷关下，不要展开进攻，让敝国把您的想法告诉秦王说：'薛公定不会破秦来扩张韩、魏的势力，他之所以向秦国进兵，为的是让大王把楚的东国地区割给齐国啊。'秦王释放楚王回国，两国讲和，您让敝国以此讨好秦国，秦国不受破坏而可以用楚的东国来免除自己的战祸，定会同意。楚王被释，定会感激齐国。齐得到楚的东国会更加强大，薛邑也可以累世无忧。秦国未受重大削弱而处在三晋的西方，对三晋构成威胁，三晋必然重视齐国。"薛公说："很好。"就叫韩庆到秦国去，同时停止了三国攻秦的行动，也不再向西周借兵求粮。 　　（《西周策》）

雍氏之役

公元前 300 年，楚兵攻打韩国的雍氏，韩向西周征兵调粮。周君派人向秦求助，又向苏代问计。苏代替周君游说韩相国公仲，说是楚军主将昭应在出发前，曾经保证，一月之内必能拿下雍氏，时间已过五月，未能攻下，楚王的信心已经动摇。韩如在此时向周征兵征粮，无异于公开宣布自己兵力不足，楚王定将增派援军，雍氏必难守住。不如把高都还给西周，周将倒向韩国，秦将与周断交，韩、周合二为一，加强了韩的防卫力量，岂不甚妙。公仲采纳了苏代的意见，雍氏也终于守住。

苏代的活动，使西周没有任何付出，反而得到高都，周君的喜悦，可想而知。

雍氏之役①，韩征甲与粟于周，周君患之，告苏代②。苏代曰：“何患焉？代能为君令韩不征甲与粟于周，又能为君得高都③。”周君大悦曰：“子苟能，寡人请以国听。”

【译文】

　　在雍氏这场战役发生时，韩国向周国征调兵士和粮食，周君感到为难，告诉苏代。苏代说：“有什么好担忧的？我可以替您叫韩国不向您征调兵士和粮食，又能让您得到高都。”周君非常高兴，说：“你如能办成，我愿意把国家大政交给你管理。”

　　苏代遂往见韩相国公仲曰①：“公不闻楚计乎？昭应谓楚王曰②：‘韩氏罢于兵，仓廪空，无以守城，吾收之以饥，不过一月必拔之。’今围雍氏五月不能拔，是楚病也，楚王始不信昭应之计矣；今公乃征甲及粟于周，此告楚病也。昭应闻此，必劝楚王益兵守雍氏，雍氏必拔。”公仲曰：“善。然吾使者已行矣。”代曰：“公何不以高都与周？”公仲怒曰：“吾无征甲与粟于周，亦已多矣。何为与高都？”

代曰："与之高都，则周必折而入于韩，秦闻之，必大怒而焚周之节③，不通其使，是公以弊高都得完周也，何不与也？"公仲曰："善。"

【注释】

①公仲：韩相国公仲侈，一作明。

②昭应谓楚王：昭应，楚将。楚王，怀王。

③焚周之节：焚节表示绝交。节，符节，使臣所执。

【译文】

苏代就去见韩相公仲，说："您没有听说楚国的算计吗？楚臣昭应对楚王说：'韩国受到战争的消耗，仓库空虚，没有办法防守，我乘它饥饿的时机，要不了一个月，必定拿下来。'现在围攻雍氏已有五月，还不能拿下，楚国感到难办，楚王已经开始不相信昭应的说法了。如今您却向周国征兵调粮，这分明是告诉楚国，韩国已经很危急了。昭应听到这个消息，一定会劝说楚王增加兵力包围雍氏，雍氏必被拿下。"公仲说："好。可是我向周国派出的使者已经动身了。"苏代说："你为什么不把高都送与周国呢？"公仲生气地说："我不向周国征调兵士和粮食，就算很好了！为什么还要把高都送给它呢？"苏代说："把高都送给周国，那么它必然转而投向韩国。秦国听说，一定非常恼怒，就会烧掉周国的信物，不接纳它的使臣。这是你用残破的高都换得一个完整的周国，为什么不给它呢？"公仲说："好。"

不征甲与粟于周而与高都，楚卒不拔雍氏而去。

【译文】

于是韩国不向周国征调兵士和粮食，却给了它高都，楚国的军队最终未能拿下雍氏，就撤军了。

（《西周策》）

苏厉谓周君

公元前 281 年，秦昭王打算派白起攻梁。消息传出，苏厉面见周君，指出梁破则周危，最好让这事消弭在萌芽状态中。周君于是派他往见白起。

苏厉用旁敲侧击的方法，告诉白起，即使像养由基那样百发百中的人，当他精力疲敝时，也会一发不中而前功尽弃，如今你的情况，正好与此类似，不如请病假，不接受这次任务，还可保住已有的名声。一场迫在眉睫的大战，就此烟消云散。

苏厉谓周君曰①:"败韩、魏,杀犀武②,攻赵,取蔺、离石、祁者③,皆白起④,是攻用兵,又有天命也。今攻梁,梁必破,破则周危,君不若止之。谓白起曰:'楚有养由基者⑤,善射,去柳叶者百步而射之,百发百中,左右皆曰善。有一人过曰,善射,可教射也矣。养由基曰,人皆曰善,子乃曰可教射,子何不代我射之也?客曰,我不能教子支左屈右⑥。夫射柳叶者,百发百中而不已善息⑦,少焉气力倦,弓拨矢钩,一发不中,前功尽矣。今公破韩、魏,杀犀武,而北攻赵,取蔺、离石、祁者,公也。公之功甚多。今公又以秦兵出塞⑧,过两周,践韩而以攻梁,一攻而不得,前功尽灭,公不若称病不出也。'"

【注释】

①苏厉:苏秦弟。

②犀(xī)武:魏将。

③蔺:今山西离石西。离石:今山西离石。祁:今山西祁县。

④白起:秦将。郿(今陕西郿县)人,以功封武安君。

⑤养由基:春秋时楚国善射的人。

⑥支左屈右:左手支弓,右手弯曲,引箭射出。左右,指左右手。

⑦已:同"以",因之,趁着。

⑧塞:指伊阙塞,在今河南洛阳南。

【译文】

苏厉对周君说："打败韩、魏联军，杀掉魏将犀武，攻下赵国的蔺、离石、祁三城的，都是秦将白起，这是他善于用兵，又有上天保佑的缘故啊。如今攻打魏国，魏国定被攻破，魏破则周岌岌可危，你不如设法制止他。可向白起说：'楚国有个叫养由基的人，是射箭高手，能够百步穿杨，百发百中，旁边的人都说他射技高明。有一人从这里经过说，射得好，可以接受射箭的教育了。养由基说，别人都说好，你却说够条件接受训练，你怎么不代我射它一下呢？这人说，我不能教你左右手如何具体操作。即使百步穿杨，不能及时休息，不久身体疲倦，便会弓箭歪斜，一发不中，从前的努力都白费了。如今击破韩、魏，杀掉犀武，向北攻取赵国，拿下蔺、离石、祁的，都是您。您的功劳很大。现在又率领秦兵出关，经过东、西两周，侵韩攻魏，一战不胜，就前功尽弃了，您最好还是请病假不要出来吧。'"

（《西周策》）

司寇布为周最谓周君

　　周最是周的公子，和齐国关系密切。东周武公的太子死，诸子争立。周最想得到太子之位，让齐国替他说话。周君对此态度犹豫，派人向齐国说，是周最自己不肯做太子。司寇布替周最向周君进言，说你如真想让周最做太子，就应使天下人共见共闻，不能只是自己知道。他以函冶氏为例，说明宝剑虽好，如果别人不了解，它的价值就难以体现。

　　司寇布在此提出了一个宣传的作用问题，可算得上是两千多年前的广告明星，在中国广告史上，应给予他一席之地。根据历史记载，周最始终奔走于周、秦、齐、魏、楚、韩之间，看来他做太子的愿望，可能是落空了。

　　司寇布为周最谓周君曰①："君使人告齐王以周最不肯为太子也②，臣为君不取也。函冶氏为齐太公买良剑③，公不知善，归其剑而责之金④。越人请买之千金，折而不卖⑤。将死而属其子曰⑥：'必无独知。'今君之使最为太子，独知之契也⑦，天下未有信之者也。臣恐齐王之为君实立果而让之于最以嫁之齐也⑧。君为多巧⑨，最为多诈，君何不买信货哉？奉养无有爱于最也⑩，使天下见之。"

【注释】

①司寇布：周臣。司寇，掌刑法的长官，布是其名。
　周最：周的公子。

②齐王：齐宣王。

③函冶氏：齐国善于铸造宝剑的人。齐太公：即田和，始代姜氏立为齐侯，故称为齐太公。

④责：求取。

⑤折而不卖：此言虽千金仍不够本价，故不肯卖。折，折本。

⑥属：嘱咐，告诫。

⑦契：契约，类似现在的合同，由双方分执。

⑧嫁：卖，欺骗。

⑨巧：诈。

⑩爱：吝惜。

【译文】

　　司寇布替周最向周君说："您派人告诉齐王说是周最不

愿做太子，我感到这种做法不妥。函冶氏曾经替齐太公买宝剑，太公不知是好剑，归还宝剑并让他退回所费的花销。越国的人愿出千金购买，函冶氏认为价格不到位而不肯出卖。临终嘱咐他的儿子说：'不能只是自己知道剑好。'现在您让周最做太子，只有自己单方面知道，天下都没有人相信啊。我担心齐王认为您本打算立周果却说周最自愿不做太子，从而欺骗齐国。您的态度不定，周最也富于心计，您为什么不买人人知道的好货呢？供养周最的东西不要吝惜，应该让天下人都看得清清楚楚。"

（《西周策》）

秦　策

卫鞅亡魏入秦

　　本章文字简洁，是一篇商鞅略传。首言商鞅由魏入秦，受到孝公重视，尊宠任职。接叙商鞅治秦的原则是："公平无私，罚不讳强大，赏不私亲近"，一切按照法令的规定办。变法周年之后，所取得的效果是："道不拾遗，民不妄取，兵革大强，诸侯畏惧。"社会秩序井然，提高了秦的军威和国威。

　　后半部分，写孝公临终前，打算传位给商鞅，这表现出他们君臣关系的融洽，并反映了当时的禅让之风。

　　秦惠王即位后，由于商鞅功高震主，相权和君权发生严重冲突，终致被杀。结尾说商鞅遭车裂而秦人不加同情，正和上文商鞅执法"刻深寡恩"相呼应。

卫鞅亡魏入秦^①，孝公以为相^②，封之于商^③，号曰"商君"。商君治秦，法令至行，公平无私，罚不讳强大，赏不私亲近。法及太子，黥劓其傅^④。期年之后^⑤，道不拾遗，民不妄取，兵革大强，诸侯畏惧。然刻深寡恩，特以强服之耳。

【注释】

①卫鞅：商鞅，本卫国的公子，故称卫鞅。

②孝公以为相：秦孝公，名渠梁，公元前361—前338年在位。他用卫鞅为左庶长，实行变法。鞅后因功升大良造，执掌国政，此"为相"指为大良造而言。秦正式设相在武王时，孝公时尚未设相。

③商：故城在今陕西商洛东九十里。

④黥（qíng）劓（yì）其傅：指卫鞅因太子犯法，刑其傅公子虔，黥其师公孙贾。黥、劓，刻面、割鼻，为古代酷刑。

⑤期（jī）年：一年。

【译文】

卫鞅从魏国逃亡到秦国，秦孝公任命他为丞相，把商地分封给他，号称"商君"。商君治理秦国，法令贯彻，公正而没有偏私，行罚不避让有地位的人，行赏不偏向关系亲近的人。法令执行到太子头上，对太子师傅处以刻面割鼻之刑。法令实施一年之后，掉在地上的东西无人去拾，民众都不取非法的东西，兵力非常强大，诸侯都感到害怕。但是商君刻薄少恩，只不过是用强力压服而已。

孝公行之八年^①，疾且不起，欲传商君，辞不受。孝公已死，惠王代后，莅政有顷^②，商君告归。

【注释】

①孝公行之八年："八"上应有"十"字。秦孝公六年，用卫鞅为左庶长，下令变法至二十四年卒，正好十八年。

②有顷：不久。

【译文】

秦孝公用商鞅推行法令十八年，重病将死，想把君位传给商君，他推辞不肯接受。秦孝公死后，秦惠王继承君位，执政不久，商君要求回到自己的封地。

人说惠王曰^①："大臣太重者国危，左右太亲者身危。今秦妇人婴儿皆言商君之法，莫言大王之法，是商君反为主，大王更为臣也。且夫商君固大王仇雠也^②，愿大王图之。"商君归还，惠王车裂之^③，而秦人不怜。

【注释】

①说（shuì）：游说，劝说。

②仇雠：仇敌。

③车裂：支解身体的酷刑。

【译文】

有人对惠王说："大臣权势过重会危害到国家，身边的人过分亲近会危害到自己。现在秦国的男女老少都只说商君的法令，没有谁说是大王的法令，这样商君就成了君主，大王反而成为臣子了。况且商君本是大王的仇人，希望大王想办法对付。"商君从封地回到首都，惠王对他处以五马分尸的酷刑，秦国民众没有谁可怜他。

（《秦策一》）

苏秦始将连横

苏秦说秦惠王的话，主旨在揭出秦国的有利条件：有四塞之固，民富国强，兵精粮足，具有"并诸侯，吞天下"的潜力，希望秦王能用他来完成这个伟业。秦王则用毛羽未丰、时机尚未成熟，加以推辞。

苏秦在秦国很不得意，貂裘破损，床头金尽。归家之后，又受尽家人白眼。好在他家富有藏书，从数十箱书中，拣出太公《阴符》之谋，头悬梁，锥刺股，发愤苦读。一年之后，自我感觉良好，认为可以出去游说各国君王了。

他和赵王的一席谈话，非常契合，约纵散横，左右时局，由布衣而为卿相，成为政治舞台上一颗耀眼的新星。这中间有机缘的巧合，更离不开辛苦的耕耘。

苏秦始将连横^①，说秦惠王曰^②："大王之国，西有巴、蜀、汉中之利^③，北有胡貉、代马之用^④，南有巫山、黔中之限^⑤，东有肴、函之固^⑥。田肥美，民殷富，战车万乘，奋击百万^⑦，沃野千里，蓄积饶多，地势形便，此所谓天府，天下之雄国也。以大王之贤，士民之众，车骑之用，兵法之教，可以并诸侯，吞天下，称帝而治。愿大王少留意，臣请奏其效。"

【注释】

①苏秦：字季子，战国时东周洛阳人，纵横家的代表人物之一。连横：与秦联合攻击他国称为连横。

②说（shuì）：游说。战国时策士们用谈话说动国君采纳自己的主张。

③巴、蜀：地名，巴指今重庆一带，蜀指今四川西部。汉中：地名，今陕西南部及湖北西部。

④胡貉（mò）：北方游牧民族，分布在今内蒙古南部。代马：地名，代郡、马邑，在今山西东北部。

⑤巫山：山名，今重庆巫山东。黔中：郡名，今湖南西部常德地区一带及贵州东北部。

⑥肴（xiáo）：或作"崤"、"殽"，山名，在今河南洛宁北。函：关名，即函谷关，在今河南灵宝东北。

⑦奋击：能奋勇击敌的战士。

【译文】

苏秦开始用连横的主张去游说秦惠王道："大王的国

家，西边有巴、蜀、汉中的物产可供利用，北边有胡、代地区可提供战备，南有巫山、黔中的险地，东有崤山、函谷关坚固的要塞。土地肥沃，人民众多而富足，拥有战车万辆，精兵百万，良田纵横千里，粮食储备丰富，地理形势便于攻守，这真是人们所说的天然府库，确实是天下的强国啊！凭着大王的贤能，军民的众多，战备的充实，战士的训练有素，完全能够兼并诸侯，统一天下，成为治理天下的帝王。希望大王稍加留意，让我向您陈述如何可以取得重大效果。"

秦王曰："寡人闻之，毛羽不丰满者，不可以高飞；文章不成者①，不可以诛罚；道德不厚者，不可以使民；政教不顺者，不可以烦大臣。今先生俨然不远千里而庭教之，愿以异日。"……

【注释】

①文章：此指法度。

【译文】

秦惠王道："我听说，毛羽长得不丰满的鸟儿不能高飞；法制不健全的国家不能实施刑罚；道德不高尚的人不能役使百姓；政教不上轨道的不能拿战争来劳烦大臣。现在先生郑重地不远千里而来，亲临指教，我希望日后再来领教。"……

说秦王书十上而说不行。黑貂之裘弊①，黄金百斤尽，资用乏绝，去秦而归。羸縢履跷②，负书担橐③，形容枯槁，面目犁黑④，状有归色⑤。归至家，妻不下纴⑥，嫂不为炊，父母不与言。苏秦喟然叹曰："妻不以我为夫，嫂不以我为叔，父母不以我为子，是皆秦之罪也。"乃夜发书，陈箧数十⑦，得太公《阴符》之谋⑧，伏而诵之，简练以为揣摩。读书欲睡，引锥自刺其股，血流至足。曰："安有说人主不能出其金玉锦绣，取卿相之尊者乎？"期年，揣摩成，曰："此真可以说当世之君矣。"

【注释】

①黑貂（diāo）：身体细长，皮毛珍贵。

②羸（léi）：缠绕。縢（téng）：绑腿布。跷（jué）：草鞋。

③橐：行囊。

④犁黑：同"黧黑"。

⑤归：通"愧"。

⑥纴：织布机。

⑦箧（qiè）：小箱子。

⑧太公《阴符》：姜太公，周初的开国功臣姜尚，被封于齐，是齐国始祖。《阴符》，相传是他所写的讲兵法权谋的书。

【译文】

苏秦游说秦王的奏章先后上了十次，意见始终未被采纳。他穿的黑貂皮衣破旧了，百斤金属货币也用光了，生活费用失去了来源，只好离开秦国回家。他腿上缠着绑腿，脚穿草鞋，背着书箱，挑着行李，神情憔悴，面色黄黑，脸上显出羞愧的神色。回到家里，正在织布的妻子不下机迎接，嫂子不肯替他烧火做饭，父母也不和他讲话。苏秦长叹道："妻子不把我当作丈夫，嫂子不把我当作小叔，父母不把我当作儿子，这都是苏秦的过错啊。"当天晚上取出藏书，打开了几十个书箱，找到一部姜太公写的叫做《阴符》的谋略书，于是埋头苦读，选择精要处反复钻研。当读书困倦，睡意袭来的时候，他就用锥子猛扎自己的大腿，鲜血流到了脚跟。他自言自语地说："哪里还会有游说列国君主而不能让他们拿出金玉锦绣、取得卿相高位的呢？"经过一年，苏秦钻研有得，感觉良好，他说："这下真能用来说服各国在位的君主了。"

于是乃摩燕乌集阙①，见说赵王于华屋之下，抵掌而谈②。赵王大悦，封为武安君，受相印，革车百乘，锦绣千纯③，白璧百双④，黄金万溢⑤，以随其后，约从散横，以抑强秦。

【注释】

①摩：靠近，沿。燕乌集阙：古关塞名，今地不详。
②抵（zhǐ）掌：击掌。抵，击，拍。
③纯（tún）：计量单位。布帛一段为一纯，一纯二尺四寸。
④璧：圆形的玉器，中有小圆孔。

⑤溢：同"镒"，重量单位，二十两为一镒（一说二十四两）。

【译文】

于是苏秦取道燕乌集阙，在华丽的宫殿里游说赵王，谈得甚是投机。赵王非常高兴，封他为武安君，赐给他相印，并赐给他兵车百辆，锦缎千匹，白璧百双，黄金万镒，跟随在他身后，联络东方各国建立合纵联盟，瓦解连横阵线，用以对付强大的秦国。

（《秦策一》）

司马错与张仪争论于秦惠王前

　　秦惠王承商鞅变法之后，国基已立，准备拓展土地。司马错和张仪的争论，主旨在于向何处拓展比较恰当。张仪主张攻取中原心脏之地，以成就王业。司马错则认为秦还是地小民贫的国家，应先从容易处着手，取蜀地足以广国，得其财可以富民，所以主张伐蜀。他认为，这样就可以"利尽西海"，又可博得"禁暴止乱"的美名。惠王赞同司马错的意见，就派他领兵伐蜀。

司马错与张仪争论于秦惠王前①。司马错欲伐蜀，张仪曰："不如伐韩。"王曰："请闻其说。"

【注释】

①司马错：秦将，公元前361年奉命领兵伐蜀。张仪：秦臣，本魏国人，是纵横家的代表人物之一。秦惠王：名驷，公元前337—前311年在位。

【译文】

　　司马错和张仪在秦惠王面前争论。司马错主张攻蜀，张仪说："不如攻韩。"秦惠王说："我愿听听你们的意见。"

　　对曰："亲魏善楚，下兵三川①，塞轘辕、缑氏之口②，当屯留之道③，魏绝南阳④，楚临南郑⑤，秦攻新城、宜阳⑥，以临二周之郊⑦，诛周主之罪，侵楚、魏之地⑧。周自知不救，九鼎宝器必出⑨。据九鼎，案图籍⑩，挟天子以令天下，天下莫敢不听，此王业也。今夫蜀，西僻之国而戎狄之长也，弊兵劳众不足以成名，得其地不足以为利。臣闻'争名者于朝，争利者于市'，今三川、周室，天下之市朝也，而王不争焉，顾争于戎狄，去王业远矣。"

【注释】

①三川：韩郡名，因有黄河、洛水、伊水而得名。辖境包括黄河以南，今河南灵宝以东，中牟以西及北汝河上游地区。

②辕辕、缑（gōu）氏：均山名。辕辕山在河南巩县西南七十里，上有险关。缑氏在今河南偃师南二十里。

③屯留：韩地，在今山西屯留东南十里。

④南阳：地区名，在韩、魏之间，今河南济源、孟县、沁阳一带。

⑤南郑：韩都，在今河南新郑西二十五里。

⑥新城、宜阳：均韩地。新城，在今河南伊川西南。宜阳，在今河南宜阳西北十四里的韩城镇。

⑦二周：战国时，周分裂为东周、西周二小国。东周都巩（今河南巩义西南），西周都河南洛邑（今河南洛阳西）。

⑧楚、魏：当作“三川”。

⑨九鼎：相传是夏、商、周三代的传国之宝，是政权的象征。

⑩案：考察。图籍：指地图和户籍等档案文书。

【译文】

张仪回答说：“先拉拢魏、楚两国，再出兵攻打韩的三川地区，堵住辕辕、缑氏的关口，塞住屯留的要道，让魏国切断韩国出兵南阳的路，让楚军进攻韩国的都城新郑，秦军再攻打新城和宜阳，兵锋直逼东、西二周的郊外，声讨二周国君的罪过，占领三川之地。周国知道无法援救，定会献上九鼎等宝物。我们占有了九鼎，并掌握地图和户籍等档案，就可以挟持周天子，号令诸侯，天下没有谁敢不服从，王业就成功了。现在的蜀国只不过是西部偏僻的小国和戎狄部落的首领，损兵费力得不到称王称霸的名声，得到它的地盘也没有多大的好处。我听说'争名要到朝廷上去，争利要到市场上去'，如今的三川、周室，正是天下的市场和朝廷，大王不去争夺它们，反而只去争夺落后的地区，这和建立王业相去就太远了。"

　　司马错曰："不然。臣闻之，欲富国者务广其地，欲强兵者务富其民，欲王者务博其德。三资者备，而王随之矣。今王之地小民贫，故臣愿从事于易。夫蜀，西辟之国也，而戎狄之长也，而有桀、纣之乱①，以秦攻之，譬如使豺狼逐群羊也。取其地足以广国也，得其财足以富民，缮兵不伤众而彼已服矣。故拔一国而天下不以为暴，利尽西海②，诸侯不以为贪。是我一举而名实两附，而又有禁暴正乱之名。今攻韩劫天子，劫天子，恶名也，而未必利也，又有不义之名，而攻天下之所不欲，危！臣请谒其故。周，天下之宗室也；齐，韩、周之与国也。周自知失九鼎，韩自知亡三川，则必将二国并力合谋，以因于齐、赵，而求解乎楚、魏。以鼎与楚，以地与魏，王不能禁，此臣所谓'危'，不如伐蜀之完也。"

【注释】

①桀、纣之乱：像夏桀、商纣那样的亡国祸乱。当时苴（jū）侯在汉中立国。蜀攻苴，苴侯奔巴。蜀又

攻巴，苴侯求救于秦。

②西海：指蜀国。

【译文】

司马错说："不是这样。我听说要使国家富足，务必扩大领土；要想兵力强大，务必使人民富有；要想建立王业，务必广施恩德。具备这三个条件，王业自然会随之而来。现在大王的地小民贫，所以我希望从容易的地方着手。那蜀国确实是西方偏僻的小国和落后部族的首领，它恰好有夏桀、商纣那样的内乱，让秦国去攻打它，就好像用豺狼去追逐群羊一样容易。攻取它的地盘，足以扩大疆土；得到它的资源，就可以使我们百姓富裕，这一仗不会伤亡多少人，它就已经降服了。这样，我们攻下一国，天下的人不会认为我们残暴；获取西方的财富，诸侯不会认为我们贪婪。我们这是一举而名利双收，能得到除暴止乱的好名声。如今去攻打韩国，胁迫天子，胁迫天子会背上坏名，而且未必能得到什么好处，又会落个不义的坏名声，攻打普天下都不赞成攻打的国家，这是很危险的。请让我申诉一下理由。周是天下共尊的王室，齐是韩、周的同盟国。周国知道自己将失去九鼎，韩国知道自己将丢掉三川，它们两国就会齐心合力，通过齐、赵两国的疏通，让楚国和魏国不再以它们为敌。周把九鼎送给楚国，韩把土地送给魏国，大王是没法禁止的，这就是我说攻打韩、周存在危险的理由，不如攻打蜀国可保万全。"

惠王曰："善,寡人听子。"卒起兵伐蜀,十月取之,遂定蜀。蜀主更号为侯,而使陈庄相蜀[①]。蜀既属,秦益强富厚,轻诸侯。

【注释】

①陈庄:秦臣。公元前 314 年,秦惠王封公子通为蜀侯,任他为蜀相。

【译文】

秦惠王说:"好,我听你的。"秦终于起兵攻蜀,用了十个月就占领了它,控制了蜀国的局势。蜀国君主改王号为侯,秦派陈庄去做蜀侯的国相。蜀国既已归附,秦国更加强大和富庶,更加轻视东方各国诸侯了。

(《秦策一》)

陈轸去楚之秦

　　陈轸和张仪同事秦惠王，他们是一对冤家对头。张仪向秦王说，陈轸是楚国奸细，经常为楚国提供情报，他不能和陈轸同朝共事，并进而提出杀掉陈轸的建议。

　　眼看大祸临头，陈轸又如何渡过难关呢？陈轸本是亲楚派，这是不争的事实。秦王问他离秦后将会何往？陈轸干脆回答说，他愿到楚国。这个回答，不是正和张仪说的话对上号吗？真是惊险，不料陈轸却另有高招。他辩解说，如果他在秦国任职，而又常向楚国传递情报，那就是不忠于自己的君主，楚国怎么会接纳一个不忠的人呢？要是楚国接纳自己，不正表明自己是忠于秦国主子的吗？一番话说得秦王无言以对，只好善待陈轸。

　　史载，秦惠王对张仪的信任，并未因此而动摇。一年之后，张仪出任秦相，陈轸也就灰溜溜地离开了。

陈轸去楚之秦①。张仪谓秦王曰②："陈轸为王臣，常以国情输楚，仪不能与从事，愿王逐之。即复之楚，愿王杀之。"王曰："轸安敢之楚也。"

【注释】
①陈轸：夏人，轸曾为楚臣，后去楚入秦。《史记》有传。
②秦王：秦惠文王。

【译文】
陈轸离开楚国来到秦国。张仪对秦王说："陈轸是您的大臣，常常把秦国的机密透露给楚国，我不能和这样的人共事，请大王驱逐他。如果他再想到楚国，请大王杀了他。"秦王说："陈轸怎么敢再回楚国呢？"

王召陈轸告之曰："吾能听子言，子欲何之？请为子车约①。"对曰："臣愿之楚。"王曰："仪以子为之楚，吾又自知子之楚，子非楚，且安之也？"轸曰："臣出，必故之楚，以顺王与仪之策，而明臣之楚与不也②。楚人有两妻者，人诳其长者③，长者詈之；诳其少者，少者许之。居无几何，有两妻者死。客谓诳者曰：'汝取长者乎？少者乎？''取长者。'客曰：'长者詈汝，少者和汝，汝何为取长者？'曰：'居彼人之所，则欲其许我也。今为我妻，则欲其为我詈人也④。'今楚王明主也，而昭阳贤相也⑤，轸为人臣，而常以国情输楚王⑥，王必不留臣，昭阳将不与臣从事矣。以此明臣之楚与不。"

【注释】

①车约：当作"约车"。约，准备。

②不：即"否"字，下同。

③诱（tiǎo）：同"挑"，挑逗，引诱。

④欲其为我詈（lì）人：言欲其忠于己。詈，骂。

⑤昭阳：楚怀王柱国（军政首脑）。

⑥楚王：楚怀王。

【译文】

秦王召见陈轸，对他说："我能听你说说，你想前往何处？请让我为你准备好车马。"陈轸说："我想回到楚国。"秦王说："张仪认为你想到楚国，我也知道你要到楚国去，除了楚国，你还能到哪里去呢？"陈轸说："我离秦必然故意到楚国去，以顺从大王和张仪的想法，这样来证明我是否倾向楚国。楚国有个人娶了两个妻子，有人调戏那个年龄较大的，受到责骂；调戏那个年龄较小的，她就答应了。过了不久，有两个妻子的那个人死了。旁人对调戏的人说：'你娶年龄大的还是年龄小的？'调戏的人答道：'娶年龄大的。'旁人说：'年龄大的骂你，年龄小的顺着你，你为什么还要娶年龄大的呢？'他回答：'在别人那里，就愿意她答应我的要求；现在做我的妻子，就愿意她为我去骂别人。'现在楚王是明智的君主，昭阳是贤明的丞相。我作为秦国的臣子，如果常把本国的情况泄露给楚国，楚王必然不会留下我，昭阳也就不会和我合作共事了。我将用这样的行动来证明我是否倾向楚国。"

轸出，张仪入，问王曰："陈轸果安之？"王曰："夫轸天下之辩士也。孰视寡人曰：'轸必之楚。'寡人遂无奈何也。寡人因问曰：'子必之楚也，则仪之言果信矣！'轸曰：'非独仪之言也，行道之人皆知之。昔者，子胥忠其君，天下皆欲以为臣；孝己爱其亲，天下皆欲以为子。故卖仆妾不出里巷而取者，良仆妾也；出妇嫁于乡里者，善妇也。臣不忠于王，楚何以轸为？忠尚见弃，轸不之楚而何之乎？'"王以为然，遂善待之。

【译文】

陈轸出去，张仪进来，问秦王说："陈轸究竟会去哪？"秦王说："陈轸是天下最能言善辩的人。他注视着寡人说：'我定会到楚国去。'我对他就是没有办法。我问他：'你一定要到楚国去，那么张仪的话果然说对了。'陈轸说：'不仅仅张仪这么说，路上的行人都知道会这样。从前，伍子胥对他的君主尽忠，天下都想让他做自己的臣子；孝己爱他的父母，天下都想让他做自己的儿子。所以卖奴仆不离开里巷就卖掉的，这是好奴仆啊；被弃的妇人嫁到本乡本土的，定是好妇人啊。如果我对大王不忠心，楚国又怎么会让我做他的臣子呢？忠心尚且被抛弃，我不到楚国，又能到哪里去呢？'"秦王认为他说得对，就好好对待他。

（《秦策一》）

齐助楚攻秦

公元前313年，齐、楚合兵，攻占了秦地。秦国要想利益不受损害，必须拆散齐、楚邦交。于是张仪出马，扮演了重要角色。他用商於之地六百里做诱饵，欺骗楚怀王和齐绝交。陈轸看出了张仪的用心，竭力加以劝阻，利令智昏的楚怀王哪里听得进去。

楚怀王派人到秦国接受土地，张仪佯装生病，于是戏剧性的一幕出现了。楚怀王为了表示和齐绝交的诚意，竟然派出一名勇士，北上痛骂齐王。齐、楚断交，楚国孤立，成为定局。此时张仪巧变戏法，面对楚使，把六百里变成六里。怀王大怒，兴兵伐秦。陈轸再谏，怀王再度不听，孤立的楚军，终于被秦、齐、韩三国联军打得大败。

骗子张仪、昏君怀王、智士陈轸，合演了一台好戏。谁要相信天上会掉馅饼，结局就会如此。

齐助楚攻秦，取曲沃①。其后秦欲伐齐，齐、楚之交善，惠王患之，谓张仪曰："吾欲伐齐，齐、楚方欢，子为寡人虑之，奈何？"张仪曰："王其为臣约车并币②，臣请试之。"

【注释】
①曲沃：有两处，本文的曲沃在今河南陕县的曲沃镇。
②币：礼品。

【译文】
　　齐国帮助楚国攻打秦国，夺取了曲沃。后来秦国打算攻齐，齐国、楚国关系友好，秦惠王感到为难，对张仪说："我打算攻齐，齐国、楚国关系正融洽，你替我考虑，该怎么办？"张仪说："大王可以为我准备好车子和礼物，我愿意去试一下。"

　　张仪南见楚王曰①："弊邑之王所说甚者②，无大大王；唯仪之所甚愿为臣者③，亦无大大王。弊邑之王所甚憎者，亦无先齐王④；唯仪之甚憎者，亦无大齐王。今齐王之罪，其于弊邑之王甚厚，弊邑欲伐之，而大国与之欢，是以弊邑之王不得事令⑤，而仪不得为臣也。大王苟能闭关绝齐⑥，臣请使秦王献商於之地⑦，方六百里。若此，齐必弱，齐弱则必为王役矣。则是北弱齐，西德于秦，而私商於之地以为利也，则此一计而三利俱至。"

【注释】

①楚王：楚怀王。

②说：同"悦"。

③唯：音义同"虽"，即使是。

④齐王：齐宣王。

⑤令：善。

⑥闭关：关闭边关，不通使节。

⑦商於（wū）之地：指今陕西商洛以南直至汉中的广大地区。

【译文】

张仪南行去见楚王，说："敝国的君主最喜欢的人莫过于大王您了。我所最愿意做臣子的也莫过于大王您了。敝国的君主最讨厌的人莫过于齐王了，我所最讨厌的人也莫过于齐王了。如今对敝国来说，齐王的罪最深重，敝国想攻打齐国，而贵国和它关系融洽，所以敝国的君主无法为您效劳，我也不能做您的臣子。大王如能和齐国断交，我愿意让秦王献上方圆六百里的商於之地。这样，齐国必定削弱；齐国削弱，就一定会受大王的差遣了。这样，既在北边削弱了齐国，又在西方讨好了秦国，并且得到了商於之地。采取这个办法，就把三方面的利益都得到了。"

楚王大说①，宣言之于朝廷曰："不穀得商於之田②，方六百里。"群臣闻，见者毕贺，陈轸后见，独不贺。楚王曰："不穀不烦一兵，不伤一人，而得商於之地六百里，寡人自以为智矣！诸士大夫皆贺，子独不贺，何也？"陈轸对曰："臣见商於之地不可得，而患必至也，故不敢妄贺。"王曰："何也？"对曰："夫秦所以重王者，以王有齐也。今地未可得而齐先绝，是楚孤也，秦又何重孤国？且先出地绝齐，秦计必弗为也；先绝齐后责地，且必受欺于张仪；受欺于张仪，王必惋之。是西生秦患，北绝齐交，则两国兵必至矣。"楚王不听，曰："吾事善矣，子其弭口无言，以待吾事。"楚王使人绝齐，使者未来，又重绝之。

【注释】

①说：同"悦"。

②不穀（gǔ）：王侯自谦的称呼。

【译文】

楚王非常高兴，在朝中向群臣宣布："我得到了商於方圆六百里的土地。"群臣听到都来祝贺，陈轸后到，唯独不祝贺。楚王说："我没有动用一兵一卒就得到了商於方圆六百里的土地，我自认为很聪明了。士大夫们都来祝贺，唯独你不祝贺，为什么呢？"陈轸回答说："在我看来，商於之地不能得到，而麻烦必定到来，所以不敢轻易地祝贺。"楚王说："为什么？"陈轸答："秦国之所以看重大王，是因为大王有齐国的支持。现在土地尚未得到，齐国的邦交就先断了，这会使楚国孤立，秦又怎么会看重一个孤立的国家？况且先献地后和齐国绝交，秦国一定不会同意；先和齐国绝交，再叫秦国献地，将会受到张仪的欺骗；要是受到欺骗，大王定会后悔。这样在西面产生了秦国的麻烦，北方和齐国断交，那么两国都会兵临楚国了。"楚王不听，说："我这件事做得很好，你就闭口，不要再说，等待我完成此事。"楚王派出使者与齐国断交。使者还未回来，又再派人重申前议。

张仪反①，秦使人使齐，齐、秦之交阴合。楚因使一将军受地于秦。张仪至，称病不朝。楚王曰："张子以寡人不绝齐乎？"乃使勇士往詈齐王。张仪知楚绝齐也，乃出见使者曰："从某至某，广从六里②。"使者曰："臣闻六百里，不闻六里。"仪曰："仪固以小人，安得六百里？"使者反报楚王，楚王大怒，欲兴师伐秦。陈轸曰："臣可以言乎？"王曰："可矣。"轸曰："伐秦非计也，王不如因而赂之一名都，与之伐齐，是我亡于秦而取偿于齐也，楚国不尚全乎！王今已绝齐，而责欺于秦，是吾合齐、秦之交也，国必大伤。"

【注释】

①反：同"返"。

②广从：横量为广，直量为从。从，同"纵"。

【译文】

张仪返秦，秦国派人到齐，齐、秦两国暗中联合。楚国派出一位将军到秦国接受土地。张仪谎称有病，不上朝办事。楚王说："你认为我不会和齐国断交吗？"于是派出勇士前往齐国，当面责骂齐王。张仪知道楚国已经与齐国断交，于是才出来接见楚国使者，说："从这里到那里，方圆六里。"使者说："我听说是六百里，而不是六里。"张仪说："我是个小人物，怎么能给你六百里土地？"使者返回，报告楚王，楚王大怒，想要起兵攻秦。陈轸说："我可以发言吗？"楚王说："可以。"陈轸说："攻秦不是办法，大王不如用一座大城贿赂秦国，和它一道攻齐。这样，我们在秦国方面失掉了土地，但可转而在齐国得到补偿。楚国不是没有受到损害吗？如今大王已和齐国绝交，而又责备秦国欺骗，那就是我们促成齐、秦两国的联合，国家必然受到重大伤害。"

楚王不听，遂举兵伐秦^①。秦与齐合，韩氏从之，楚兵大败于杜陵^②。故楚之土壤士民非削弱，仅以救亡者，计失于陈轸，过听于张仪。

【注释】

①举兵伐秦：楚怀王使将军屈匄伐秦。

②杜陵：当为伎陵之误，地在今陕西安康东。

【译文】

楚王不听，起兵攻秦。秦与齐国联合，韩国附和他们，楚兵在杜陵被打得大败。所以说楚国的力量并不微弱，但差一点就难免亡国的灾祸，这是由于没有采取陈轸的正确意见，却错误地听信了张仪的谎言。

（《秦策二》）

楚绝齐，齐举兵伐楚

　　齐、楚绝交，继而两国交战。楚王派陈轸使秦，秦王问陈
轸该如何面对？

　　陈轸先是举出吴人病中吴吟的故事，表白对秦王旧情的怀
念，接着又叙述了有名的卞庄子刺虎的故事。两虎相斗，一死
一伤。卞庄子该出手时就出手，于是乎一举两得。建议秦王，
先坐观成败，然后伺机取利，就像卞庄子所做的那样。

楚绝齐，齐举兵伐楚。陈轸谓楚王曰：“王不如以地东解于齐，西讲于秦。”

【译文】

楚、齐断交，齐兴兵攻楚。陈轸对楚王说：“大王不如用土地东边和齐国缓和关系，西边和秦国讲和。”

楚王使陈轸之秦，秦王谓轸曰：“子秦人也①，寡人与子故也，寡人不佞，不能亲国事也，故子弃寡人事楚王。今齐、楚相伐，或谓救之便，或谓救之不便，子独不可以忠为子主计，以其余为寡人乎？”

【注释】

①子秦人也：陈轸曾仕秦，故此云秦人。

【译文】

楚王派陈轸到了秦国，秦王对陈轸说：“你是秦国人，我和你是旧交，我不才，没有处理好国事，所以你抛弃我，投向楚王。如今齐、楚相攻，有人说救它好，有人说救它不好。你难道不可以在对你的主人尽忠的时候，也为我考虑一点吗？”

陈轸曰：“王独不闻吴人之游楚者乎？楚王甚爱之，病，故使人问之曰：‘诚病乎？意亦思乎①？’左右曰：‘臣不知其思与不思，诚思则将吴吟。’今轸将为王吴吟。王不闻夫管与之说乎②？有两虎诤人而斗者③，管庄子将刺之④，管与止之曰：'虎者，戾虫；人者，甘饵也。今两虎诤人而斗，小者必死，大者必伤。子待伤虎而刺之，则是一举而兼两虎也。无刺一虎之劳，而有刺两虎之名。'齐、楚今战，战必败。败，王起兵救之，有救齐之利，而无伐楚之害。"

【注释】

①意：通"抑"，或者。

②管与：鲁人。

③诤：通"争"。

④管庄子：即卞庄子，春秋时鲁国勇士。

【译文】

陈轸说："您难道没有听说，有个吴国人在楚国做官的故事吗？楚王非常喜欢他，他生病了，楚王就派人去探问他：'真的病了吗？或者是思乡呢？'楚王身边的人说：'我不知道他是否思乡，确实思乡，就会用吴国的乡音呻吟。'现在我也将为大王'吴吟'。大王没有听说过管与的意见吗？有两只老虎为争一个人而互相撕打，卞庄子准备去刺它，管与制止他，说：'老虎是猛兽，人是虎的美食。现在两虎争人而相互撕打，小的定会死，大的定会受伤。你等着老虎受了伤，再去刺它，就会一下解决了两只老虎。没有耗费刺杀一只老虎的力量，却获得了刺杀两只老虎的名声。'齐、楚如今交战，齐国必败。战败后，大王再发兵救它，获得了救齐的利益，而没有攻楚的损失。"

（《秦策二》）

义渠君之魏

义渠地处秦国后方，是羌族所建立的大国，和秦国经常发生冲突。

义渠君出访魏国，和魏相公孙衍有一次亲切交谈。由于相隔遥远，难得有再见的机会，公孙衍替义渠君提供了一个测量局势变化的晴雨表：秦国要是没有遇上麻烦事，会毫不留情地对义渠烧杀抢掠；如果在东方有战事，为了防止后院起火，就会尽量和义渠拉关系。这是暗示义渠君，应根据秦国的态度，采取适当的对策。

不久，五国攻秦，秦王向义渠君送去一份厚礼。按照公孙衍的说法，这不正是秦国有事的信号吗？机不可失，时不再来，义渠从秦国背后猛插一刀。公孙衍精心布下的一着棋，这时生效了。

义渠君之魏^①，公孙衍谓义渠君曰："道远，臣不得复过矣，请谒事情。"义渠君曰："愿闻之。"对曰："中国无事于秦^②，则秦且烧焫获君之国^③；中国为有事于秦，则秦且轻使重币，而事君之国也。"义渠君曰："谨闻命。"

【注释】

①义渠：羌族建立的国家，地在今甘肃宁县、庆阳及宁夏固原一带。

②中国：指东方六国。事：指战事。

③烧焫（nè）：焚烧。

【译文】

义渠君到魏国去，公孙衍对义渠君说："道路遥远，我没有机会和您再见面了！我想告诉您一件事情。"义渠君说："我愿意倾听。"公孙衍回答说："东方各国如果对秦国没有军事活动，秦国就会焚烧并获取您的国家；东方各国如果对秦国有军事活动，秦国就会派出使臣，拿上厚礼来讨好您的国家。"义渠君说："我会牢牢记住。"

居无几何，五国伐秦^①。陈轸谓秦王曰："义渠君者，蛮夷之贤君，王不如赂之以抚其心。"秦王曰："善。"因以文绣千匹^②，好女百人，遗义渠君^③。

【注释】

①五国：楚、赵、魏、韩、燕。

②文绣：彩绣的丝织品。

③遗（wèi）：赠与。

【译文】

过了不久，东方五国攻秦。陈轸对秦王说：“义渠君是蛮夷之地的贤明君主，大王不如贿赂他，安抚他的心。”秦王说：“好。”就用一千匹彩绣，百名美女，送给义渠君。

义渠君致群臣而谋曰：“此乃公孙衍之所谓也。”因起兵袭秦，大败秦人于李帛之下①。

【注释】

①李帛：在今甘肃天水东八十里。

【译文】

义渠君召集群臣商议，说：“这不就是公孙衍所说的情况吗？”于是起兵偷袭秦国，在李帛之下把秦军打得大败。

（《秦策二》）

医扁鹊见秦武王

扁鹊是传说中的名医，他精通医术，活人无数。山东微山县两城山曾出土东汉时《扁鹊针灸行医图》的浮雕画像石，可见他的事迹流传久远，深入人心。

扁鹊本是春秋末年人，距离秦武王已有一百五十多年，本文所写的是一则寓言。

文中写秦武王请扁鹊治病，却又听左右的话，干扰扁鹊的诊治，引起了扁鹊的愤慨。目的在于说明，办事不能在"与知之者谋之"的时候，又去让"不知者败之"，不然，只会把事情弄糟。以此治病会害死人，以此治国会导致亡国。做事让不懂行的人指手划足，必将出现险情。

医扁鹊见秦武王^①，武王示之病，扁鹊请除。左右曰："君之病在耳之前，目之下，除之未必已也，将使耳不聪，目不明。"君以告扁鹊。扁鹊怒而投其石曰^②："君与知之者谋之^③，而与不知者败之^④。使此知秦国之政也，则君一举而亡国矣。"

【注释】

①扁鹊：姓秦名越人，春秋战国间的名医。秦武王：秦惠王子，名荡。

②石：针石，治病的工具。

③知之者：指懂得医术的扁鹊。

④不知者：指秦王身边不懂医术的人。

【译文】

医生扁鹊拜见秦武王，武王谈了自己的病情，扁鹊愿意给他治病。武王身边的人说："大王的病，在耳朵的前面，眼睛的下面。治疗它未必能治好，将让听力受损，视力模糊。"武王告诉扁鹊。扁鹊生气地丢掉用来治病的针石，说："您向懂得病情的人求教，而让不懂得病情的人从中破坏。要是秦国的政治也如此，那么您将会一下就亡国了。"

（《秦策二》）

甘茂亡秦且之齐

本章写苏子为甘茂奔走秦、齐之间，使他们都重视甘茂，甘茂得以重获要职。

甘茂是才智之士，他在离秦往齐的途中，恰好遇到苏子。甘茂用江上处女和群女会织，先到纺织处洒扫布席的寓言，希望苏子也能仿效，做这种无损于己而有益于人的事，拉他一把。

以下写苏子用利害关系，游说秦、齐两国的君主，争用甘茂，使甘茂骤显重要。秦王用相印到齐国迎接甘茂，让他官复原职；齐王则任命甘茂为上卿，让他留在齐国。甘茂的机智和苏子无碍的辩才，一一跃然纸上。

甘茂亡秦且之齐①，出关遇苏子②，曰："君闻夫江上之处女乎？"苏子曰："不闻。"曰："夫江上之处女，有家贫而无烛者，处女相与语，欲去之。家贫无烛者将去矣，谓处女曰：'妾以无烛故，常先至，扫室布席，何爱余明之照四壁者③？幸以赐妾，何妨于处女？妾自以有益于处女，何为去我？'处女相语以为然而留之。今臣不肖，弃逐于秦而出关，愿为足下扫室布席，幸无我逐也。"苏子曰："善。请重公于齐。"

【注释】

①甘茂亡秦且之齐：秦昭王元年（公元前306年），大臣向寿等谗毁甘茂，甘茂害怕对己不利，遂出走。且，将。

②关：指函谷关。苏子：后文作苏秦。

③爱：吝惜。

【译文】

　　甘茂从秦国出逃，打算到齐国去。出关后遇见苏子说："你听说过江上处女的故事吗？"苏子说："没有听说过。"甘茂继续说道："在江上的处女中，有一个家贫而无烛的人，其他处女互相商量，想赶走她。家贫无烛的那个处女在要离开时，对其他处女说：'我因为没有烛的原故，所以经常先到，打扫房屋，铺好席子，何必吝惜照耀四壁的剩余烛光呢？大方地赐给我，对你们有什么妨碍呢？我自认为对你们也有一些好处，为什么还要赶我？'处女们相互商量，认为她说得对，就把她留下来。现在我不才，被秦抛弃，将要出关，愿意为你打扫房屋，铺好坐席，希望你不要赶我。"苏子说："好。我想法子让齐国重用你。"

乃西说秦王曰："甘茂，贤人，非恒士也。其居秦累世重矣^①，自殽塞、谿谷^②，地形险易尽知之。彼若以齐约韩、魏，反以谋秦^③，是非秦之利也。"秦王曰："然则奈何？"苏代曰："不如重其贽、厚其禄以迎之^④。彼来则置之槐谷，终身勿出，天下何从图秦？"秦王曰："善。"与之上卿^⑤，以相迎之齐^⑥，甘茂辞不往。

【注释】

①居秦累世重矣：甘茂历事秦惠王、武王、昭王，所以说他数世受重用。

②殽（xiáo）塞：即崤山，在今河南洛宁北。西北接陕县，东接渑池县。崤有两峰，东西相距三十五里，故又称二崤。其山上有峻坡，下临绝涧，山路奇狭。是极险之地。谿谷：此及后文"槐谷"，《史记》并作"鬼谷"，其地在今陕西三原的清水谷。

③反：同"返"。

④贽（zhì）：古代见面时馈赠对方的礼物。男子相见，大的用玉帛，小的用禽鸟。

⑤上卿：最高爵位。

⑥以相迎之：或作"以相印迎之"。下同。

苏子就西去向秦王进言说："甘茂是贤能的人，不是平常的人。他停留在秦国，几代受到重用，秦地的山川要塞、地形的复杂情况，他都知道。他如果通过齐国拉拢韩、魏两国，转而对付秦国，这对秦国是没有好处的。"秦王说："如果那样，该怎么办？"苏秦说："不如拿上贵重的礼物，用丰厚的俸禄去欢迎他。他来了，就把他安置在槐谷，终身不让他出来，各国又怎么能算计秦国呢？"秦王说："好。"给予他上卿的爵位，用丞相的职位到齐国迎接他。甘茂推辞，不肯前往。

苏秦为谓齐王曰："甘茂，贤人也。今秦与之上卿，以相迎之；茂德王之赐，故不往，愿为王臣。今王何以礼之？王若不留，必不德王。彼以甘茂之贤，得擅用强秦之众，则难图也。"齐王曰："善。"赐之上卿，命而处之①。

【注释】

①命而处之：此文的末尾，《史记·甘茂列传》有"秦于是厚待甘茂的家属以拉拢齐国"的话，作为此事的结束。

【译文】

苏秦替他对齐王说："甘茂是贤能的人。现在秦国给予他上卿的爵位，用相印来迎接他，甘茂感谢大王的赐予，所以没有前往，愿意做大王的臣子，现在大王用什么礼节来对待他呢？大王如果不留住他，他一定不会感谢大王。以甘茂的才能，又能动用强秦的力量，就难以对付了。"齐王说："好。"就赐予他上卿的爵位，让他留下来。

（《秦策二》）

秦客卿造谓穰侯

　　公元前271年，秦相穰侯和客卿造商量，打算攻打齐国的刚（今山东宁阳东北）、寿（今山东东平南），以扩大他在陶邑的封地。客卿造指出燕、齐是世仇，互相间怀着深深的敌意，建议联燕伐齐，使陶成为小国领袖。

　　这一年，在燕国是武成王元年，燕惠王被大臣成安君公孙操所杀，燕国的大权正操于成安君手中，所以客卿造让穰侯进说的对象不是燕王，而是燕相，是根据燕国当时形势来说的。

秦客卿造谓穰侯曰①："秦封君以陶②，藉君天下数年矣。攻齐之事成，陶为万乘，长小国，率以朝天子，天下必听，五伯之事也；攻齐不成，陶为邻恤而莫之据也③。故攻齐之于陶也，存亡之机也。

【注释】

①客卿造：客卿，安置外来人士的高级爵位。造，客卿名。

②陶：穰侯魏冉的封邑之一，在今山东定陶西北。

③邻恤：当作"廉监"。监，通"鉴"，是古代盛水照影之器，同于现代的镜。廉监，低廉的盛水器，只能照见影子，并无实利可得。

【译文】

秦国的客卿造对穰侯说："秦国把陶封给你，让你控制天下局势已有好几年了。攻齐的事如果成功，陶就是拥有万乘的大国，领导小国，率领他们去朝见周天子，天下都会听你的话，你就会成为五霸那样的人；攻打齐国的事情不能实现，陶就会变成一件摆设，没法依靠。所以攻打齐国，对陶来说，关系到生死存亡。

"君欲成之，何不使人谓燕相国曰①：'圣人不能为时，时至而弗失。舜虽贤，不遇尧也，不得为天子；汤、武虽贤，不当桀、纣不王。故以舜、汤、武之贤，不遭时不得帝王。今攻齐，此君之大时也已。因天下之力，伐雠国之齐，报惠王之耻②，成昭王之功③，除万世之害，此燕之长利而君之大名也。《书》云："树德莫如滋，除害莫如尽。"吴不亡越，越故亡吴④；齐不亡燕，燕故亡齐⑤。齐亡于燕，吴亡于越，此除疾不尽也。非以此时也，成君之功，除君之害，秦卒有他事而从齐⑥，齐、秦合，其雠君必深矣。挟君之雠以诛于燕⑦，后虽悔之，不可得也已。君悉燕兵而疾攻之，天下之从君也，若报父子之仇。诚能亡齐，封君于河南⑧，为万乘，达途于中国，南与陶为邻，世世无患。愿君之专志于攻齐，而无他虑也。'"

【注释】

①燕相国：指燕成安君公孙操。

②报惠王之耻：燕昭王用乐毅破齐后，不久死去。燕惠王即位，改用骑劫代乐毅，齐田单凭借即墨击败燕军，燕所得齐地尽失，"惠王之耻"指此。

③成昭王之功：指燕昭王用乐毅破齐事。

④吴不亡越，越故亡吴：指春秋末年，吴王夫差栖越王句践于会稽（今浙江会稽），句践派大夫文种求和，夫差许诺。后句践生聚、教训，终灭吴国事。

⑤齐不亡燕，燕故亡齐：指公元前314年齐宣王乘燕国内乱灭燕，后燕昭王复国，派乐毅率五国大军攻齐，几乎灭掉齐国的事。

⑥卒：同"猝"。

⑦雠：指齐。诛：讨。

⑧河南：黄河以南，今河南商丘、虞城等地。

【译文】

"如果你要想办成这件事情，为什么不派人对燕相国说：'圣人不能创造时机，时机到了也不会放弃。舜虽然贤能，如果他没有遇上尧，也不可能成为天子；商汤王、周武王虽然贤能，如果没有碰上桀、纣就不会成就王业。就算是有舜、汤、武那样的贤能，没有碰到恰当的时机，也不可能成为帝王。如今攻打齐国，这是你的大好时机。依靠天下的力量，攻打齐国那样的对头，报惠王失败的耻辱，完成昭王破齐的功劳，除掉国家万年的祸害，这是燕国的永久利益，你也可以得到伟大的名声。古书上说："办好事不嫌多，除害必须彻底。"吴国如不灭亡越国，越国就会灭掉吴国；齐国如不灭亡燕国，燕国就会灭掉齐国。齐国被燕国灭掉，吴国被越国灭掉，就是因为除害不彻底啊。如果不抓紧时机成就你的功劳，除掉你的祸害，秦国因为某种原因而倒向齐国，齐、秦两国联合，必然把你作为死敌，和你的仇人一道攻打燕国，虽然后悔，也无济于事了。你调动燕国全部兵力迅速进军，天下对你的附和，就会像儿子为父亲报仇那样积极。真要能灭掉齐国，把河南的地方分封给你，你就会拥有万乘，直达中原地区，南面与陶成为近邻，永世平安。希望你一心一意地攻打齐国，不要有其他的考虑。'"

（《秦策三》）

范雎至秦

　　函谷东起崤山，西至潼津，东西相距十五里，两岸壁立，林阴蔽日，关城位在谷中，号称天险。关以西是秦，关以东是六国，函谷关就成为战国七雄间的天然界限。这样的地理形势，使得秦要向东方发展，必然会采取远交近攻的蚕食政策。在范雎入秦前是这样，在范雎入秦后更是这样。所不同的是，范雎入秦前是自发采取，故收效不大。在范雎明确提出"不如远交而近攻"之后，目标明确，成效显著，秦国一步步地并诸侯，吞天下，完成一统伟业，所以自发执行和自觉执行，其间的差异是很大的。

范雎至秦①，王庭迎②，谓范雎曰："寡人宜以身受令久矣，今者义渠之事急③，寡人日自请太后。今义渠之事已，寡人乃得以身受命。躬窃闵然不敏，敬执宾主之礼。"范雎辞让。

【注释】

①范雎（suī）：战国时魏人，字叔，著名辩士，因得罪魏相魏齐，受笞几乎死去，后被郑安平所救，改名张禄，由秦国使者谒者令王稽秘密带入秦国，后封应侯。

②王：指秦昭王，名稷，公元前306—前251年在位。

③义渠：羌族所建立的小国。

【译文】

范雎来到秦国，秦王在宫殿前的庭院里迎接他。秦王对他说："我早就该亲自聆听你的教诲了，现在恰好碰上要处理义渠的问题，我每天都得向太后请示。现在义渠的事已经办完，我这才有机会亲自接受你的教导。我深感自己行动迟缓，没有及时接见，请让我现在恭行宾主之礼吧！"范雎表示谦让。

是日见范雎，见者无不变色易容者。秦王屏左右，宫中虚无人。秦王跪而请曰①："先生何以幸教寡人？"……

【注释】

①跽：古人席地而坐，坐时臀部压在脚跟上。跽是谈话时为了表示敬意，就抬起臀部，挺直大腿。

【译文】

这天在场见此情景的人，脸上无不表现出感动的神情。秦王让身旁的人退下，宫中已没有旁人。秦王挺直腰腿，诚恳地向范雎请教说："先生将会怎样指教我呢？"……

范雎曰："大王之国，北有甘泉、谷口①，南带泾、渭②，右陇、蜀③，左关、阪④；战车千乘，奋击百万。以秦卒之勇，车骑之多，以当诸侯，譬若驰韩卢而逐蹇兔也⑤，霸王之业可致。今反闭关而不敢窥兵于山东者，是穰侯为国谋不忠⑥，而大王之计有所失也。"

【注释】

①甘泉：山名，在今陕西淳化西北。谷口：地名，当泾水出山的口子，在今陕西礼泉东北。

②泾、渭：二水名，在今陕西中部。

③陇：陇山，在今陕西陇县西北。

④关、阪：函谷关与殽山。阪，指殽山。因其山上有峻坡，故又称殽阪。

⑤韩卢：韩国出产的著名猛犬。

⑥穰（rǎng）侯：名魏冉，战国时楚国人，秦昭王母宣太后异父弟。昭王年少，宣太后掌权，被任为

相。封于穰（今河南邓县），号穰侯。

【译文】

范雎说："大王的国家北有要塞甘泉、谷口，南有泾、渭两水环绕，西有险峻的陇、蜀山地，东边有险要的函谷关与殽山；拥有战车千辆，精兵百万。凭着秦兵的勇敢，车马的众多，以这样的实力去对付诸侯，就像是用良犬去追逐跛足的兔子一样，霸王之业真是手到擒来。现在反而闭起关门，不敢向东方诸国用兵，这都怪穰侯没有忠心地为国家出谋划策，而大王的决策也有所失误啊！"

王曰："愿闻所失计。"

雎曰："大王越韩、魏而攻强齐，非计也。少出师则不足以伤齐，多之则害于秦。臣意王之计，欲少出师而悉韩、魏之兵，则不义矣。今见与国之可亲，越人之国而攻，可乎？疏于计矣！昔者，齐人伐楚①，战胜，破军杀将，再辟千里，肤寸之地无得者，岂齐不欲地哉，形弗能有也。诸侯见齐之罢露②，君臣之不亲，举兵而伐之，主辱军破，为天下笑。所以然者，以其伐楚而肥韩、魏也。此所谓藉贼兵而赍盗食者也③。王不如远交而近攻，得寸则王之寸，得尺亦王之尺也。今舍此而远攻，不亦缪乎！"……王曰："善。"

【注释】

①齐人伐楚：公元前286年，齐灭宋，接着攻占了楚

的淮北地区。

②罢（pí）露：人力物力受到消耗。罢，疲劳，疲惫。

③赍（jī）：把东西送人。

【译文】

昭王说："我很想知道究竟错在哪里？"

范雎说："大王越过韩、魏去攻打强大的齐国，这不是好办法。您派出的军队少了，就不能打败齐国；多派军队，又会对秦国有损。我估计大王想少派军队，而让韩、魏两国投入全部军力，但这是不恰当的。如今片面认为盟国韩、魏可靠，越过它们去攻齐，能行吗？这是谋划不周啊！从前，齐国人去攻打楚国，取得胜利，打败楚军，杀掉楚国将领，再次开拓上千里的土地，但最后齐国却连分寸土地都没有得到，哪里是齐国不想要土地，而是形势不允许啊！诸侯看到齐国军队疲劳，君臣又不团结，于是兴兵攻打齐国，齐王蒙羞，部队瓦解，被天下人所耻笑。之所以会这样，是因为攻打楚国实际上反而壮大了韩、魏的势力。这就是人们常说的把武器借给强盗，把粮食送给小偷啊！我认为大王不如与远方国家结盟而攻打邻近的国家，这样，得寸土就是大王的寸土，得尺地就是大王的尺地，现在不采用这个策略而去攻打远方的国家，不是犯了严重的错误吗？"……昭王说："你说得对。"

（《秦策三》）

应侯曰郑人谓玉未理者璞

　　范雎在魏国时，曾受到魏齐的迫害，几乎丧命。后来范雎入秦，拜相封侯，春风得意，回想起昔日的遭遇，哪里能饶过魏齐。秦昭王积极为范雎撑腰，通知魏王，快快把魏齐的首级送来，不然后果严重。魏齐闻讯出逃，藏匿在赵国平原君处。平原君此举，不是明摆着和范雎作对吗？于是遂有本文抨击平原君的一番议论，指摘平原君徒有贤名，名不副实。

应侯曰①："郑人谓玉未理者璞，周人谓鼠未腊者朴②。周人怀璞过郑贾曰③：'欲买朴乎？'郑贾曰：'欲之。'出其朴，视之，乃鼠也，因谢不取。今平原君自以贤显名于天下④，然降其主父沙丘而臣之⑤，天下之王尚犹尊之，是天下之王不如郑贾之智也，眩于名，不知其实也。"

【注释】

①应侯曰：应侯，秦相范雎。雎本魏人，曾受魏当权者魏齐的侮辱，雎入秦为相后，欲报此仇，魏齐逃到平原君处躲起来，范雎不满，于是有本文的这番话。

②腊：干肉。

③周人怀璞：此处"璞"当为"朴"。

④平原君：赵胜，赵惠文王弟，初封平原（今山东平原县南），故称平原君，后封于东武城（今山东武城西北），历相赵惠文王及孝成王。

⑤降其主父沙丘而臣之：公元前295年，赵国宫廷内争，大臣们包围主父（即赵武灵王）于沙丘宫（今河北平乡东北），使他饿死，平原君大概参与其事，此当作"围其主父沙丘而死之"。

【译文】

应侯说："郑人把没有经过雕琢的玉称为璞，周人把没有风干的老鼠称为朴。周人拿着朴，对郑国商人说：'你买朴吗？'郑国商人说：'要买。'周人拿出他的朴来看，原来是老鼠，于是谢绝不要。如今平原君自认为他的贤能天下闻名，但是把他的君主在沙丘加以迫害，各国的君主还是那么尊重他。那就是各国君王的聪明还比不上郑国的商人，这是被虚名欺骗，而不了解他的实际情况啊。"

（《秦策三》）

蔡泽见逐于赵

　　正在应侯为用人不当，害怕受到牵连而犯愁的时候，辩士蔡泽入秦，想取代他的位置。蔡泽列举国君忌害功臣，兔死狗烹，鸟尽弓藏，明智之士及时全身避祸的事，劝应侯功成身退。

　　蔡泽举出商鞅、白起、吴起、文种四人，成功不去，被杀惨死；范蠡助句践灭吴之后，悄然引退，成为富甲天下的陶朱公，两相对比，何去何从，让应侯自己抉择。本文有删节。

　　蔡泽见逐于赵①，而入韩、魏，遇夺釜鬲于涂②。闻应侯任郑安平、王稽皆负重罪③，应侯内惭。乃西入秦，将见昭王。使人宣言以感怒应侯曰："燕客蔡泽，天下骏雄弘辩之士也。彼一见秦王，秦王必相之而夺君位。"

【注释】

①蔡泽：燕人，游说之士。

②釜：古代的蒸锅。鬲：空足鼎。涂：同"途"。

③应侯任郑安平、王稽皆负重罪：范雎任命郑安平攻赵，被围，率两万军士降赵。其后，用王稽担任河东（郡名，今山西西南部）守，因和诸侯私下往来，被依法处死。

【译文】

　　蔡泽被赵国驱逐，就辗转到韩、魏去，在路上，他的炊具被人夺走。他听说应侯推荐的郑安平、王稽，都获得了大罪，应侯感到不安。蔡泽就往西进入秦国，打算拜见秦昭王。他派人放出话来，激怒应侯说："燕客蔡泽是天下最善于辩论的人。他如果上朝拜见秦王，秦王必任他为相，夺取你的位置。"

　　应侯闻之，使人召蔡泽。蔡泽入，则揖应侯。应侯固不快，及见之，又倨。应侯因让之曰："子常宣言欲代我相秦，岂有此乎？"对曰："然。"应侯曰："请闻其说。"蔡泽曰："吁！君何见之晚也。夫四时之序，成功者去^①。夫人生手足坚强，耳目聪明圣知，岂非士之所愿与？"应侯曰："然。"……蔡泽曰："昔者齐桓公九合诸侯，一匡天下，至葵丘之会，有骄矜之色，畔者九国。……夫商君为孝公平权衡、正度量、调轻重，决裂阡陌，教民耕战，是以兵动而地广，兵休而国富，故秦无敌于天下，立威诸侯。功已成，遂以车裂。楚地持戟百万，白起率数万之师以与楚战，一战举鄢、郢^②，再战烧夷陵^③，南并蜀、汉，又越韩、魏攻强赵，北坑马服^④，诛屠四十余万之众，流血成川，沸声若雷，使秦业帝。自是之后，赵、楚慑服，不敢攻秦者，白起之势也。身所服者七十余城，功已成矣，赐死于杜邮^⑤。吴起为楚悼罢无能，废无用，损不急之官，塞私门之请，壹楚国之俗，南攻杨越^⑥，北并陈、蔡，破横散从，使驰说之士无所开其口。功已成矣，卒支解。大夫种为越王垦草创邑^⑦，辟地殖谷，率四方士，上下之力，以禽劲吴，成霸功，句践终棓而杀之^⑧。此四子者，成功而不去，祸至于此。此所谓信而不能诎^⑨，往而不能反者也。范蠡知之，超然避世，长为陶朱^⑩。

【注释】

① 四时之序，成功者去：指春生、夏长、秋收、冬藏。各完成其事而互相更代。比喻应功成身退，让位给后来的人。

②鄢：今湖北宜城东南十五里。郢：楚都，今湖北江
　　陵北十里。

③夷陵：在今湖北宜昌东南。公元前278年，秦将白
　　起击败楚军，在此焚烧楚先王墓。

④马服：赵国军事官员的一种，这里指赵国将领赵括。

⑤杜邮：在今陕西咸阳东北十里。

⑥杨越：今两广一带。

⑦草：荒地。

⑧棓：当作"倍"，通"背"，指背弃。

⑨信：通"伸"。诎（qū）：屈。

⑩陶朱：范蠡佐越王句践灭吴，去到陶邑，改名为朱
　　公，三致千金，世称陶朱公。

【译文】

　　应侯听说，派人召见蔡泽。蔡泽到来，只对应侯拜
了一拜。应侯本来就不高兴，见到他后，又认为他傲慢无
礼。于是责备他说："你曾经宣称打算取代我秦相的位置，
真有这回事吗？"蔡泽回答："是这样的。"应侯说："我愿
意听听你的意见。"蔡泽说："唉！您的见识为什么这么迟
钝。春夏秋冬，四时互相交替，成功就会离开。人的身体
健康，脑子聪慧，难道不是人人都希望的吗？"应侯说：
"对。"……蔡泽说："从前，齐桓公多次会合诸侯，整顿
天下的秩序，到葵丘之会时，有骄傲的表现，许多国家都
背叛了他。……商君在秦国实行变法，统一度量衡，开
垦土地，训练人民耕种、作战，一出兵就能扩大土地，战
士停下来休息，国家就富有，所以秦国天下无敌，势压诸

侯。大功告成后,他却受到车裂的酷刑。楚国拥有百万大军,白起率领数万部队和楚军作战,一战拿下鄢、郢,再战焚烧夷陵,南边兼并蜀汉,又越过韩、魏攻打强大的赵国,在北边活埋了赵括,消灭了赵军四十余万,流血成河,呼喊声响彻云霄,使秦成就帝业。从此以后,赵、楚受到威胁,不敢攻秦,这都是白起的功劳。亲身攻下了七十多座城池,大功已经告成,却在杜邮被赐死。吴起替楚王罢免了无能无用的人,裁减了冗官,堵塞了豪门的请求,统一了楚国的风俗,南面攻打杨越,北边吞并陈、蔡,破坏了各国联合对付楚国的行动,使游说之士没有开口的机会。大功已经告成,终于被杀掉。大夫文种替越王句践开垦荒地,创建城邑,栽种粮食,率领广大部队,同心协力,击溃了强大的吴国,完成称霸的功业,终于被句践杀掉。他们四人,成功后不能及时离开,就遭受了这样的惨祸。这就是能伸而不能屈,一条路走到底而不肯回头啊。范蠡懂得这个道理,悄然离去,成为富有的陶朱公。

"君独不观博者乎?或欲大投,或欲分功①,此皆君之所明知也。今君相秦,计不下席,谋不出廊庙,坐制诸侯,利施三川,以实宜阳,决羊肠之险,塞太行之口,又斩范、中行之途②,栈道千里,通于蜀、汉,使天下皆畏秦。秦之欲得矣,君之功极矣,此亦秦之分功之时也!如是不退,则商君、白公、吴起、大夫种是也③。君何不以此时归相印,让贤者授之,必有伯夷之廉,长为应侯,世世称孤，而有乔、松之寿④，孰与以祸终哉！此则君何居焉？"应侯曰："善。"乃延入坐为上客。

【注释】

①或欲大投，或欲分功：大投，言孤注一掷。分功，谓所得彩金和人共分。

②斩范、中行之途：范、中行，晋国的二卿，此以范、中行代晋国，谓截断三晋来往之路。

③白公：白起。

④乔、松：乔，王子乔。松，赤松子。都是长寿不死的仙人。

【译文】

"您难道没有看到赌博的人吗？有的想个人独吞，有的让大家分享，这都是您清楚知道的。现在您在秦国为相，只在朝廷上出谋划策，坐着就可控制诸侯，取得韩国三川之地，来加强宜阳的防卫，控制羊肠险道，堵塞太行山口，又切断了三晋的联络，修筑了千里的栈道，通到蜀汉，使各国都害怕秦国。秦国目的达到了，您的功劳也到了极点，这是该让大家分享成果的时候了！如不及时引退，那么商君、白起、吴起、大夫文种就是前车之鉴。您何不在这时候归还相印，让贤能的人来接任，必定会有伯夷那样的廉洁之名，永久担任应侯，代代相传，而又获得王子乔、赤松子那样的长寿，和受到不测之祸相比，您应该何去何从呢？"应侯说："好。"就请他入座，待为上宾。

（《秦策三》）

秦王欲见顿弱

　　顿弱的说辞，主要谈到两件事：一是说秦王不孝，希望他改过；二是让秦王给他万金，去破坏六国的合纵。

　　战国后期，秦国强大而楚地辽阔，顿弱说"横成则秦帝，从成则楚王"，是有一定道理的。

　　公元前229年，秦将王翦领兵攻赵，赵派李牧防御。李牧是名将，骁勇善战，秦军难以得手。史载，秦用金钱贿赂赵国宠臣郭开，诬告李牧谋反，李牧因而被杀。从本文看，秦国派去的人可能就是顿弱，所以说他"北游燕、赵而杀李牧"，并进而瓦解了六国的合纵。

秦王欲见顿弱①，顿弱曰："臣之义不参拜，王能使臣无拜即可矣，不即不见也②。"秦王许之。于是顿子曰："天下有有其实而无其名者，有无其实而有其名者，有无其名又无其实者，王知之乎？"王曰："弗知。"顿子曰："有其实而无其名者，商人是也。无把铫推耨之势③，而有积粟之实，此有其实而无其名者也。无其实而有其名者，农夫是也。解冻而耕，暴背而耨，无积粟之实，此无其实而有其名者也。无其名又无其实者，王乃是也。已立为万乘，无孝之名；以千里养，无孝之实。"秦王悖然而怒④。

【注释】

①秦王：嬴政，即后来的秦始皇。顿弱：秦国辩士。

②不即：否则。不，同"否"。

③铫（yáo）：古代的大锄。耨（nòu）：古代的除草工具。

④悖然：生气的样子。

【译文】

秦王想召见顿弱，顿弱说："我的主张是不作参拜，大王能让我不拜，就可以相见，不然就不必见面。"秦王同意了，于是顿子说："天下有有其实而无其名的，有无其实而有其名的，有无其名又无其实的，大王知道吗？"秦王说："不知道。"顿子说："有其实而无其名的就是商人。不需要拿起农具，耕种土地，就有储蓄粮食的实际收益，这就是有其实而无其名的人。无其实而有其名的就是农夫。土地解冻就下田耕种，顶着烈日去锄草，实际上却没有粮食的储蓄，这就是无其实而有其名的人。无其名又无其实的就是大王。立为万乘的君王，却没有孝名；用千里供养，却没有孝的实际。"秦王听了非常生气。

顿弱曰："山东战国有六[①]，威不掩于山东而掩于母[②]，臣窃为大王不取也。"秦王曰："山东之建国可兼与？"顿子曰："韩，天下之咽喉；魏，天下之胸腹。王资臣万金而游，听之韩、魏，入其社稷之臣于秦，即韩、魏从。韩、魏从，而天下可图也。"秦王曰："寡人之国贫，恐不能给也。"顿子曰："天下未尝无事也，非从即横也。横成则秦帝，从成即楚王。秦帝，即以天下恭养；楚王，即王虽有万金，弗得私也。"秦王曰："善。"乃资万金，使东游韩、魏，入其将相。北游于燕、赵而杀李牧[③]。齐王入朝[④]，四国必从[⑤]，顿子之说也。

【注释】

①山东：指崤山以东。

②威不掩于山东而掩于母：秦始皇母和嫪毐（làoǎi）私通，生二子。始皇九年（公元前238年），诛杀嫪毐三族，迁太后于贲阳宫，杀其二子。此文所说秦王不孝事，均指此。

③李牧：赵国名将。

④齐王：齐王建。

⑤必：通"毕"。

【译文】

顿弱说："山东有六个国家，您的威势不能压倒山东，却压倒了自己的母亲，我私下认为大王的行动是不可取的。"秦王说："山东的几个国家可想法兼并吗？"顿子说："韩国是天下的咽喉，魏国是天下的胸腹。大王为我提供万金去活动，让我到韩、魏，使他们的大臣入秦朝见，那么韩、魏就服从了。韩、魏服从，天下也就可设法兼并了。"秦王说："我的国家贫穷，恐怕不能充分保证。"顿子说："天下从来没有安定的时候，不是合纵就是连横。连横成功，则秦国称帝；合纵成功，则楚国称王。秦国称帝，就可以用天下来供养；楚国称王，大王纵有万金也不能享用。"秦王说："好。"就提供万金，让他往东到韩、魏活动，使他们的将相入秦朝拜。往北到燕、赵活动，使李牧被杀。齐王入秦朝见，四国都服从秦国，这都是采纳了顿子意见的结果啊。

（《秦策四》）

或为六国说秦王

　　本章主旨在于说明如果一国的地位突出于诸国之上，会受到诸国的憎恨。公元前288年，齐、秦并称为帝。苏秦劝齐闵王取消帝号，以免成为众矢之的。齐取消帝号后不久，秦也跟着取消。秦去帝号，也有向它进言的人，本文就是此人的说辞。

或为六国说秦王曰①："土广不足以为安，人众不足以为强。若土广者安，人众者强，则桀、纣之后将存②。

【注释】

①秦王：即秦昭王。

②桀、纣：夏桀、商纣，夏、商两代的亡国之君。

【译文】

有人为了六国游说秦王："地方大，未必会带来安定，人多不一定就会强盛。如果地大的就安定，人多的就强盛，那么桀、纣的后代至今还将存在。

"昔者，赵氏亦尝强矣①。曰，赵强何若？举左案齐，举右案魏，厌案万乘之国二②，国千乘之宋也③。筑刚平④，卫无东野，刍牧薪采莫敢窥东门。当是时，卫危于累卵。天下之士相从谋曰：'吾将还其委质，而朝于邯郸之君乎！'于是天下有称伐邯郸者，莫令朝行⑤。魏伐邯郸⑥，因退为逢泽之遇⑦，乘夏车，称夏王⑧，朝为天子⑨，天下皆从。齐太公闻之⑩，举兵伐魏，壤地两分，国家大危。梁王身抱质执璧⑪，请为陈侯臣⑫，天下乃释梁。

【注释】

①赵氏：赵国。

②厌案：压制。厌，通"压"。

③国：当作"困"。

④刚平：今河南清丰西南。

⑤莫：同"暮"。

⑥魏伐邯郸：公元前354年，魏惠王发兵包围赵都邯郸。

⑦逢泽之遇：魏惠王主持在魏都大梁附近的逢泽召集会议。遇，会。

⑧夏：指中原地区。

⑨为：于。天子：周敬王。

⑩齐太公：当为齐威王。

⑪质：通"贽（zhì），礼品。璧：中有小孔的圆形玉器。

⑫陈侯：齐威王在称王前称陈侯。

【译文】

"从前，赵国曾经强盛。赵强的情况怎么样？左边压制齐国，右边压制魏国，压制两个万乘之国，就像支配千乘的宋国一样。修筑刚平，卫国不能控制东部，砍柴放牧，不敢从东门进出。在这个时候，卫国岌岌可危。天下的人互相商量，说：'我们是否应归还礼物，去朝拜赵国的君王呢？'于是天下有谁说要攻打赵国的，晚上提议，第二天早上就付诸行动了。魏军包围邯郸，接下来召开了逢泽会议，乘坐中原的车，号称中原的王，朝拜周天子，天下都服从他。齐太公听说，出兵攻打魏国，国土被分成两半，国家非常危险。魏王送上礼物，拿上玉璧，请求做陈侯的臣下，天下这才放过魏国。

"郢威王闻之，寝不寐，食不饱，帅天下百姓以与申缚遇于泗水之上①，而大败申缚。赵人闻之至枝桑②，燕人闻之至格道。格道不通，平际绝③。齐战败不胜，谋则不得，使陈毛释剑撒④，委南听罪⑤，西说赵，北说燕，内喻其百姓，而天下乃释齐。

【注释】

①申缚：齐将。

②枝桑：与下文的"格道"都是地名，今地不详。

③平际：交际，交往。

④陈毛：齐臣。撒（zōu）：打更的工具。

⑤听罪：认罪。

【译文】

"楚威王听说齐国打败魏国后，睡不着，吃不好，带领天下百姓和申缚在泗水之上交战，把申缚打得大败。赵人听说，大军进至枝桑；燕人听说，大军进至格道。格道不通，交往断绝。齐国作战不能取胜，又想不出其他的办法，派遣陈毛放下兵器，屈身到楚国请罪，西边游说赵国，北边游说燕国，国内向百姓解释，天下这才放过齐国。

"于是夫积薄而为厚，聚少而为多，以同言郢威王于侧庯之间。臣岂以郢威王为政衰谋乱以至于此哉？郢为强，临天下诸侯，故天下谋伐之也。"

【译文】

"积薄变为厚，积少而成多，各国共同来商量如何对付楚威王。难道是楚威王政治混乱造成这种情况的吗？楚国过分强大，威胁天下诸侯，所以各国都想去攻打它。"

（《秦策四》）

谓秦王

公元前307年，秦军攻占韩国重镇宜阳，朝思暮想的目的一旦达到，秦武王的高兴可想而知。这时楚国出兵援韩，秦、楚发生矛盾，有人为楚游说秦王，应当胜而不骄，并和楚国搞好关系，以免让别国钻了空子。

谓秦王曰①："臣窃惑王之轻齐、易楚，而卑畜韩也。臣闻王兵胜而不骄，伯主约而不忿。胜而不骄，故能服世；约而不忿，故能从邻。今王广德魏、赵而轻失齐，骄也；战胜宜阳，不恤楚交，忿也。骄忿非伯主之业也，臣窃为大王虑之而不取也。

【注释】
①秦王：秦武王，名荡，秦惠王之子，公元前310—前307年在位。

【译文】
　　有人对秦王说："我感到不解的是，大王为什么要轻视齐、楚而小看韩国。我听说，王者战胜而不骄傲，霸主主持盟约而不急躁。战胜而不骄傲，所以能使诸侯悦服；主盟而不急躁，所以能使盟国顺从。如今大王重视拉拢魏、赵，把失去齐国的交谊不放在心上，这就是因为骄傲之故；攻克宜阳，不顾楚国的交谊，这就是盛气凌人。骄傲和放肆不是王者和霸主所应有的风范，我私下为大王考虑，这种做法是不可取的。

　　"《诗》云：'靡不有初，鲜克有终①。'故先王之所重者，唯始与终。何以知其然？昔智伯瑶残范、中行②，围逼晋阳③，卒为三家笑④；吴王夫差栖越于会稽⑤，胜齐于艾陵⑥，为黄池之遇⑦，无礼于宋⑧，遂与句践禽⑨，死于干隧⑩；梁君伐楚⑪，胜齐，制赵、韩之兵，驱十二诸侯以朝天子于孟津⑫，后子死，身布冠而拘于齐。三者非无功也，能始而不能终也。

【注释】

①"靡不有初"两句：引诗见《诗经·大雅·荡》。

②智伯瑶：一作知伯，春秋末期人，晋国六卿之一。公元前458年，灭六卿中的范氏、中行氏。

③晋阳：赵氏都城，在今山西太原西南。

④三家：指韩、赵、魏。

⑤吴王夫差：春秋吴国国君，公元前495—前473年在位。越：指越王句践。会（kuài）稽：山名，在今浙江境内。

⑥艾陵：在今山东莱芜东北。

⑦黄池：在今河南封丘西南。

⑧无礼于宋：吴王杀掉宋国大夫，囚禁宋国妇女。

⑨句践：春秋末越国国君，公元前497—前465年在位。

⑩干隧：在今江苏苏州西北。

⑪梁君：梁惠王，名罃（yīng），公元前369—前319年在位。

⑫十二诸侯：又称泗上十二诸侯，分布在泗水流域的一些小国家。孟津：在今河南孟津东北。

【译文】

"《诗经》上说：'开头都很好，但少有保持到最后的。'所以先王看重的就是有始有终。为什么知道是这样呢？从前智伯瑶灭掉范氏、中行氏，围攻晋阳，但终于失败，被韩、赵、魏三家所笑；吴王夫差迫使越王退守会稽山，在艾陵战胜齐国，召集黄池盟会，对宋国没有礼貌，终被句践制服，死在干隧；梁惠王攻打楚国，战胜齐国，控制韩、赵的军力，带领泗上十二诸侯，在孟津朝见周天子，但后来太子申战死，只好戴上布冠向齐国屈服。上述三人不是没有战功，但都只有好的开头而不能善终啊！

　　"今王破宜阳，残三川，而使天下之士不敢言；雍天下之国，徙两周之疆，而世主不敢交阳侯之塞①；取黄棘②，而韩、楚之兵不敢进。王若能为此尾，则三王不足四，五伯不足六；王若不能为此尾，而有后患，则臣恐诸侯之君，河、济之士，以王为吴、智之事也。

【注释】

①阳侯之塞：要塞名，在今山东沂水南。

②黄棘：在今河南新野东北。

【译文】

　　"现在大王占领宜阳，横扫三川，使天下的人不敢开口议论；切断诸侯的联系，缩小了两周的疆土，使诸侯不敢窥视阳侯隘口；夺取黄棘，而韩、楚的部队不敢前进。大王如果能贯彻到底，就能建立称王称霸的大业；大王如果不能善始善终，就会有灭亡的祸患，我担心各国的君主和知名人士会使大王步吴王夫差和智伯瑶的后尘。

　　"《诗》云①：'行百里者，半于九十。'此言末路之难。今大王皆有骄色，以臣之心观之，天下之事，依世主之心，非楚受兵，必秦也。何以知其然也？秦人援魏以拒楚，楚人援韩以拒秦。四国之兵敌而未能复战也。齐、宋在绳墨之外以为权②，故曰先得齐、宋者伐秦。秦先得齐、宋，则韩氏铄③，韩氏铄，则楚孤而受兵也。楚先得之，则魏氏铄；魏氏铄，则秦孤而受兵矣。若随此计而行之，则两国者必为天下笑矣。"

【注释】

①《诗》云："诗"当作"语"，指相传的古语。

②权：援助之势，能轻重四国之间。

③铄：削弱。

【译文】

"古语说：'百里的路程，九十里只算到了一半。'这是说走完最后一程的困难。现在大王频频表现出骄傲的情绪，以我的愚见看来，天下的事情，照诸侯的想法，不是攻楚，便是攻秦。为什么知道会是这样呢？秦国援助魏国以抗御楚国，楚国援助韩国以抗御秦国。四国的兵力相当，不敢再轻易开战。齐、宋置身事外，举足轻重，所以说，先取得齐、宋支持的就可攻伐秦国。秦先拉拢齐、宋，韩国就会被削弱；韩国削弱了，楚国就会孤立而受到攻击。楚先拉拢齐、宋，魏国就会被削弱；魏国削弱了，秦国就会孤立而受到攻击。如果按照这个办法去做，秦、楚两国定会成为天下的笑柄了。"

（《秦策五》）

濮阳人吕不韦贾于邯郸

吕不韦凭他多年从事商业的经验，看出当时在赵国做人质的秦公子异人是"奇货可居"，于是和异人结为政治投机的伙伴。

秦安国君妻华阳夫人在政治上很有势力，但膝下无子，吕不韦通过夫人弟阳泉君，说服华阳夫人，从赵国召回异人。

华阳夫人是楚人，异人返秦，吕不韦让他穿上楚地服装去参拜夫人，夫人一见，大为高兴，决定把异人收为己子，给他改名为"楚"，并劝安国君（即位后为孝文王）把子楚立为太子。孝文王即位，三日即死。接着子楚登位，是为庄襄王。由于吕不韦有拥立的大功，于是让他担任相国，主持国政，号为文信侯，并把蓝田十二县作为他的封邑。吕不韦终于如愿以偿，从一个精明的商人变成大权在握的政治家。

濮阳人吕不韦贾于邯郸①，见秦质子异人②，归而谓父曰："耕田之利几倍？"曰："十倍。""珠玉之赢几倍③？"曰："百倍。""立国家之主赢几倍？"曰："无数。"曰："今力田疾作，不得暖衣余食；今建国立君，泽可以遗世，愿往事之。"

【注释】

①濮阳：卫邑，在今河南濮阳西南。贾：做买卖。

②异人：秦孝文王子，时在赵做人质，后即位为庄襄王。

③赢：商业利润。

【译文】

濮阳人吕不韦在邯郸做生意，见到秦国人质公子异人，回去对他的父亲说："种田的利益有几倍？"父亲回答："十倍。""做珠宝生意的可获利几倍？"父亲回答："百倍。""拥立国君，可获利几倍？"父亲回答："无数。"吕不韦说道："如今努力耕种，还是穿不暖，吃不饱；如果拥立君主，利益可以留传后世，我想前往事奉他。"

秦子异人质于赵，处于聊城①。故往说之曰："子傒有承国之业②，又有母在中。今子无母于中③，外托于不可知之国④，一日倍约，身为粪土。今子听吾计事，求归，可以有秦国。吾为子使秦，必来请子。"

【注释】

①廗（yí）城：即聊城，在今山东聊城西北十五里。

②子傒（xī）：异人的异母弟，都是安国君（后即位为
孝文王）之子。

③今子无母于中：异人生母夏姬，无宠，等于无母。

④不可知：态度变化莫测。

【译文】

秦国公子异人在赵国做人质，住在廗城。他就去对异
人说："子傒有继承君位的基础，又有母亲在宫中支持。现
在您宫内没有支持您的母亲，又寄居在态度不定的赵国，
一旦背弃盟约，您就完蛋了。现在您听从我的安排，要求
回去，可以拥有秦国。我为您到秦国活动，一定让他们来
迎接您。"

乃说秦王后弟阳泉君曰①："君之罪至死，君知
之乎？君之门下无不居高尊位，太子门下无贵者②。
君之府藏珍珠宝玉，君之骏马盈外厩，美女充后
庭。王之春秋高③，一日山陵崩④，太子用事，君危
于累卵而不寿于朝生⑤。说有可以一切，而使君富
贵千万岁，其宁于太山四维⑥，必无危亡之患矣。"
阳泉君避席⑦，请闻其说。不韦曰："王年高矣，王
后无子，子傒有承国之业，士仓又辅之⑧。王一日
山陵崩，子傒立，士仓用事，王后之门必生蓬蒿⑨。
子异人贤材也，弃在于赵，无母于内，引领西望，
而愿一得归。王后诚请而立之，是子异人无国而有

国，王后无子而有子也。"阳泉君曰："然。"入说王后，王后乃请赵而归之。

【注释】

①秦王后：指安国君妻华阳夫人。

②太子：指子傒。

③王之春秋高：言其年老。王，指孝文王。

④一日：一旦。山陵崩：比喻秦王死，这是一种避讳的说法。

⑤朝生：指朝生夕落的槿花。

⑥太山：即泰山，在今山东泰安北。

⑦避席：表示恭敬。

⑧士仓：即昭王时的秦相杜仓。

⑨生蓬蒿：言无人行走，比喻门庭冷落。

【译文】

于是游说王后的弟弟阳泉君说："您犯有死罪，您知道吗？您的手下都占据高官尊位，太子门下却没有有地位的人。您的仓库储藏了许多珍珠宝玉，马棚充满了骏马，后宫充满了美女。秦王的年事已高，一旦死去，太子继位，您就非常危险，性命将会不保。有一种办法可以让您富贵千万年，比泰山还安稳，必然没有危亡的祸患。"阳泉君离开座位说："我愿听听你的高见。"吕不韦说："秦王年事已高，王后没有儿子。子傒有继承王位的条件，又有社仓辅佐。秦王一旦死去，子傒继位，社仓掌权，王后的门庭必然冷落。公子异人是贤能的人，被遗弃在赵国，在宫内没有支持他的母亲，伸长脖子向西边遥望，希望有机会回来。王后真能请求立他为太子，那么公子异人就是无国而有国，王后就是无子而有子了。"阳泉君说："是这样。"就进宫告诉王后，王后就向赵国提出请求，让公子异人返秦。

赵未之遣，不韦说赵曰："子异人，秦之宠子也，无母于中，王后欲取而子之。使秦而欲屠赵，不顾一子以留计^①，是抱空质也。若使子异人归而得立，赵厚送遣之，是不敢倍德畔施，是自为德讲。秦王老矣，一日晏驾^②，虽有子异人，不足以结秦。"赵乃遣之。

【注释】

①留计：延缓其计划。

②晏驾：对天子死的避讳说法。

【译文】

赵国还未放行，吕不韦游说赵王说："公子异人是秦王宠儿，在宫中没有母亲，王后想让他做儿子。假使秦国要想消灭赵国，不会顾惜一个儿子而不行动，那您就是留了一个不起作用的人质。如果能让公子异人回国立为秦王，赵国用厚礼送归他，他一定不会忘记赵国的恩情，这是用恩德来联系。秦王老了，一旦驾崩，只有通过公子异人才能拉拢秦国。"于是赵国就送异人返回秦国。

异人至，不韦使楚服而见。王后悦其状，高其知，曰：“吾楚人也。”而自子之，乃变其名曰楚。王使子诵，子曰：“少弃捐在外，尝无师傅所教学，不习于诵。”王罢之，乃留止。间曰：“陛下尝轫车于赵矣^①，赵之豪杰得知名者不少。今大王反国^②，皆西面而望。大王无一介之使以存之，臣恐其皆有怨心，使边境早闭晚开。”王以为然，奇其计。王后劝立之。王乃召相，令之曰：“寡人子莫若楚。”立以为太子。

【注释】

①轫（rèn）车：停车，指为质的事。轫，阻止车轮滚动的木头。

②反：同“返”。

【译文】

异人回秦，吕不韦让他穿上楚国服装去拜见王后。王后喜欢他的打扮，认为他的智慧很高，说：“我是楚国人。”就把他当作自己的儿子，把他的名字改称为“楚”。秦王让他诵读念过的书，他说：“我从小被抛弃在外，没有师傅的教诲，不懂得念书。”秦王作罢，就把他留下来。吕不韦抽空对秦王说：“陛下曾经在赵国停留，赵国的豪杰和您关系好的不少。如今大王回国，他们都满怀希望向着西方。大王没有派遣一位使臣去慰问他们，我恐怕他们会抱怨，使边城局势不稳。”秦王认为他说得对，是个有才能的人。王后劝秦王立子楚为太子。秦王就召见丞相，对他说：“我的儿子中最有才能的是子楚。”就立他为太子。

子楚立①，以不韦为相，号曰文信侯，食蓝田十二县②。王后为华阳太后，诸侯皆致秦邑。

【注释】
①子楚立：是为庄襄王。
②蓝田：今陕西蓝田西十一里。

【译文】

　　子楚即位，以吕不韦做丞相，号为"文信侯"，封给他蓝田十二县。王后号为华阳太后，各国诸侯都给秦国送来封邑。

（《秦策五》）

文信侯欲攻赵以广河间

本章写才智过人的少年甘罗，说服张唐相燕，又使秦国不用兵而得地的事。

秦王政把河间封给吕不韦，吕不韦想联燕攻赵，扩大河间的封地。为了联络方便，准备派将军张唐前往燕国为相。张唐在攻赵时，曾杀死很多赵人，他害怕赵国报复，不敢经赵往燕。吕不韦因张唐不肯接受任务，很不高兴。这时，年仅十二岁的甘罗，主动站出来，自愿去说服张唐。

经过甘罗反复指明利害，张唐改变了态度，同意出发。吕不韦办不到的事，甘罗办到了。接着，甘罗又作为张唐的前驱，先到赵国探路，说动赵王"割五城以广河间"，并使赵在攻占燕上谷郡地之后，让秦国分享胜利果实。

文信侯欲攻赵以广河间^①，使刚成君蔡泽事燕三年^②，而燕太子质于秦^③。文信侯因请张唐相燕^④，欲与燕共伐赵，以广河间之地。张唐辞曰：“燕者必径于赵，赵人得唐者，受百里之地。”文信侯去而不快。少庶子甘罗曰^⑤：“君侯何不快甚也？”文信侯曰：“吾令刚成君蔡泽事燕三年，而燕太子已入质矣。今吾自请张卿相燕而不肯行。”甘罗曰：“臣请行之。”文信侯叱去，曰：“我自行之而不肯，汝安能行之也？”甘罗曰：“夫项橐生七岁而为孔子师^⑥，今臣生十二岁于兹矣，君其试臣，奚以遽言叱也！”

【注释】

①文信侯：秦相吕不韦，战国末卫国濮阳（今河南濮阳西南）人。河间：指漳、河之间，吕不韦封地。

②蔡泽：燕人，入秦代范雎为相。

③燕太子：燕王喜的太子，名丹。

④张唐：秦将军。

⑤少庶子甘罗：吕不韦的家臣，战国时楚国下蔡（今安徽凤台）人，秦大臣甘茂孙。

⑥项橐（tuó）：传说中的聪明儿童。孔子：公元前551—前479年在世，儒家学派的创始者，春秋时鲁国陬邑（今山东曲阜东南）人。

【译文】

文信侯吕不韦想攻打赵国，以扩大他在河间的封地，他派刚成君蔡泽到燕国办事三年后，燕太子丹就到秦国做了人质。文信侯因而请张唐到燕国做相，想和燕国共同伐赵，以扩大河间的封地。张唐推辞说："到燕国去，一定要取道赵国，赵人抓到我，会得到百里之地的赏赐。"文信侯很不高兴地离开了。少庶子甘罗问："君侯为什么那样地不高兴呢？"文信侯说："我派刚成君蔡泽到燕国办事三年，而燕太子丹已经到秦国做人质了。现在我亲自请张卿去担任燕相，他却不肯去。"甘罗说："我能让他动身。"文信侯呵斥他离开道："我亲自叫他走他都不肯，你怎么能叫他动身呢？"甘罗说："项橐七岁就做了孔子的老师，如今我已经十二岁了，您就让我试一下，为什么轻易就进行呵斥呢！"

　　甘罗见张唐曰："卿之功孰与武安君①？"唐曰："武安君战胜攻取，不知其数，攻城堕邑，不知其数。臣之功不如武安君也。"甘罗曰："卿明知功之不如武安君欤？"曰："知之。""应侯之用秦也，孰与文信侯专？"曰："应侯不如文信侯专。"曰："卿明知为不如文信侯专欤？"曰："知之。"甘罗曰："应侯欲伐赵，武安君难之，去咸阳七里②，绞而杀之。今文信侯自请卿相燕，而卿不肯行，臣不知卿所死之处矣。"唐曰："请因孺子而行。"令库具车，厩具马，府具币，行有日矣。甘罗谓文信侯曰："借臣车五乘，请为张唐先报赵。"

【注释】

①武安君：秦名将白起。

②咸阳：秦都，今陕西咸阳东北。

【译文】

甘罗去见张唐道：“您的功劳和武安君相比怎么样？”张唐说：“武安君屡战屡胜不计其数，攻下城邑不计其数，我的功劳比不上他。”甘罗说：“您确实知道功劳比不上武安君吗？”张唐答说：“知道。”甘罗又问：“应侯在秦国执政，和文信侯相比，谁的权势更重？”张唐答说：“应侯比不上文信侯的权势重。”甘罗问：“您确实知道是比不上文信侯的权势重吗？”张唐答说：“知道。”甘罗说：“应侯想攻打赵国，武安君认为有困难而不肯接受任务，结果在被逐出咸阳七里处，绞刑处死。如今文信侯亲自请您到燕国做相，而您不肯动身，我不知道你会死在哪里了。”张唐说：“请你转告文信侯，我愿意前往。”就叫准备车马和礼物，定下了行期。甘罗于是对文信侯说：“请借给我五辆车子，我请先去通报赵王一声。”

见赵王①，赵王郊迎。谓赵王曰：“闻燕太子丹之入秦与？”曰：“闻之。”“闻张唐之相燕与？”曰：“闻之。”“燕太子丹入秦者，燕不欺秦也。张唐相燕者，秦不欺燕也。秦、燕不相欺，则代赵危矣②。燕、秦所以不相欺者，无异故，欲攻赵而广河间也。今王赍臣五城以广河间，请归燕太子，与强赵攻弱燕。”赵王立割五城以广河间，归燕太子。

赵攻燕，得上谷三十六县③，与秦什一。

【注释】

①赵王：赵悼襄王。

②代赵：指赵国。代本古国，被赵吞并。

③上谷：郡名，今河北怀来一带。

【译文】

　　甘罗去见赵王，赵王到城外迎接。甘罗对赵王说："您听到燕太子丹进入秦国的消息了吗？"赵王答说："听说了。"甘罗问："您听说张唐到燕国做相的事了吗？"赵王答说："听说了。"甘罗说："燕派太子丹到秦国做人质，表明燕国不欺骗秦国。秦派张唐到燕国做相，表明秦国不欺骗燕国。秦、燕互不欺骗，赵国就危险了。燕、秦两国所以互不欺骗，没有别的原因，就是想攻打赵国，扩大河间的地盘。如今大王割给我五城，以扩大河间的地盘。我将请秦遣燕太子归国，秦、燕断交后，再转而和强赵攻打弱燕。"赵王立刻割五城给秦，以扩大河间的地盘，燕太子丹回燕国。赵国发兵攻燕，取得上谷郡三十六县，给了秦国十分之一。

（《秦策五》）

四国为一

本章提出了人君应当如何用人的问题。

在荆、吴、燕、代四国联合，准备攻秦的时候，秦王召集智囊班子六十人，征求意见，六十人都束手无策。这时，姚贾挺身而出，愿意出使四国，打消他们攻秦的念头。姚贾出使，果然顺利完成任务，"绝其谋，止其兵"，改善了和四国的关系。秦王非常满意，重赏姚贾，任为上卿。

姚贾的成功招来韩国派来的贵公子韩非的妒嫉，他在秦王面前攻击姚贾，说他是魏国守门人的儿子，出身低贱，又是"梁之大盗，赵之逐臣"，有历史问题，不堪任用。姚贾针锋相对，提出了一个选择人才的标准。明君用人，不是求全责备，不取他的缺点，不听别人对他的诽谤，而是看他是否愿为自己出力，能为国家立功，对于自吹自擂、徒拥虚名的人，绝不看重。秦王认为他说得对，仍对他信用不疑，而杀掉韩非。韩非对姚贾的中伤，不但没有起作用，反而搬起石头，砸了自己的脚。

　　四国为一①，将以攻秦。秦王召群臣宾客六十人而问焉，曰："四国之一，将以图秦，寡人屈于内，而百姓靡于外，为之奈何？"群臣莫对。姚贾对曰②："贾愿出使四国，必绝其谋而安其兵。"乃资车百乘，金千斤，衣以其衣冠，带以其剑。姚贾辞行，绝其谋，止其兵，与之为交以报秦。秦王大悦，贾封千户，以为上卿。

【注释】

①四国：据下文，指的是荆、吴、燕、代。

②姚贾：魏人，始皇时仕秦。

【译文】

　　荆、吴、燕、代四国联合，准备攻秦。秦王政召集臣下六十人，向他们问计，说："四国合一，打算对付秦国，寡人内则财力困窘，外则百姓耗损，如何应对？"群臣个个沉默不语。姚贾挺身说道："为臣愿出使四国，打消他们攻秦的念头，让他们停止军事行动。"秦王于是准备了百辆车，千斤金，让姚贾穿上自己的衣服，戴上自己的帽子，佩带上自己的宝剑。姚贾拜别秦王，打消了四国攻秦的念头，停止了军事行动，并和他们结交而还。秦王非常高兴，把千户封给姚贾，并拜他为上卿。

　　韩非短之，曰："贾以珍珠重宝南使荆、吴①，北使燕、代之间三年，四国之交未必合也，而珍珠重宝尽于内，是贾以王之权、国之宝，外自交于诸侯，愿王察之。且梁监门子，尝盗于梁，臣于赵而逐。取世监门子，梁之大盗，赵之逐臣，与同知社稷之计，非所以厉群臣也。"

【注释】

①吴：此指越，越灭吴，故此以吴代越。

【译文】

韩非诽谤他说："姚贾带上珍贵的物品，南到荆、吴，北到燕、代，活动三年，未必能把四国真正拉拢，但带去的珍宝财物耗尽，这是利用大王的权势、国家的珍宝，和诸侯相勾结，希望大王明察。况且他是大梁守门人的儿子，曾有在大梁盗窃的前科，在赵国又曾被驱逐出境。用守门人子、魏国的大盗、赵国的逐臣来过问国家的大政方针，恐怕不是鼓励群臣之道。"

王召姚贾而问曰："吾闻子以寡人财交于诸侯，有诸？"对曰："有之。"王曰："有何面目复见寡人？"对曰："曾参孝其亲①，天下愿以为子；子胥忠于君②，天下愿以为臣；贞女工巧，天下愿以为妃③。今贾忠王而王不知也，贾不归四国，尚焉为之？使贾不忠于君，四国之王尚焉用贾之身？桀听谗而诛其良将，纣闻谗而杀其忠臣，至身死国亡。今王听谗，则无忠臣矣。"

【注释】

①曾参：鲁人，孔子弟子，以孝著称。

②子胥：即伍员，楚人，忠于吴，被吴王夫差所杀。

③妃：匹配。这里是配偶的意思。

【译文】

秦王召见姚贾问他道："我听说你带上我的财物去和诸侯交往，有这回事吗？"姚贾回答道："有。"秦王说："你有什么脸面再来和我相见？"姚贾回答说："曾参孝敬他的父母，天下都愿让他做自己的儿子；伍子胥对他的君王尽忠，天下的君主都愿让他做自己的臣子；女子善于刺绣，男人都愿让她做自己的配偶。如今我忠于大王却得不到信任。我不到四国，又到哪里去呢？假使我不忠于自己的君王，四国的君王怎么会信用我呢？夏桀听信谗言而杀掉他的良将，商纣听信谗言而杀掉他的忠臣，终于导致身死国亡。如今大王听信谗言，就不会再有人为您效忠了。"

王曰："子监门子，梁之大盗，赵之逐臣。"姚贾曰："太公望①，齐之逐夫，朝歌之废屠，子良之逐臣，棘津之雠不庸②，文王用之而王③。管仲④，其鄙之贾人也，南阳之弊幽⑤，鲁之免囚⑥，桓公用之而伯。百里奚，虞之乞人，传卖以五羊之皮，穆公相之而朝西戎⑦。文公用中山盗⑧，而胜于城濮⑨。此四士者，皆有诟丑，大诽天下，明主用之，知其可与立功。使若卞随、务光、申屠狄⑩，人主岂得其用哉！故明主不取其污，不听其非，察其为己用。故可以存社稷者，虽有外诽者不听；虽有高世之名，无咫尺之功者不赏^⑪。是以群臣莫敢以虚愿望于上。"

【注释】

①太公望：姜尚，周开国功臣，后封于齐。

②棘津：在今山东日照境内。雠：同"售"。不售庸，无人过问的佣工。

③文王：姬昌，西周开国之君。王（wàng）：称王。

④管仲：字夷吾，春秋时齐国名臣，佐齐桓公称霸。

⑤南阳：地区名，指今山东泰山以南、汶水以北一带。

　弊幽：隐沦不为人知。

⑥鲁之免囚：齐国内乱，管仲奉公子纠奔鲁，后公子小白入齐，纠死，鲁人囚管仲，送他归齐。

⑦穆公：秦穆公，名任好，公元前？—前621年在位，为春秋五霸之一。

⑧文公：晋文公，名重耳，公元前？—前628年在位，为春秋五霸之一。中山盗：指晋文公的侍从里凫须。中山，古国名，在今河北正定东北。

⑨城濮：在今山东鄄城西南临濮集。公元前632年，晋、楚两国在此作战，晋军大获全胜，于是晋文公成为霸主。

⑩卞随、务光：都是商汤王时的隐士，不愿接受汤的让位。申屠狄：商纣时人，见纣无道，投水自杀。

⑪咫尺之功：小功。周八寸为咫。

【译文】

秦王说："你是守门人的儿子，魏国的大盗，赵国不要的臣子，是这样吗？"姚贾说："太公望在东海之滨被老妇抛弃，在朝歌屠牛，牛肉无人问津，在子良手下办事被赶走，在棘津打工没有人雇用，但文王用他却成就了王业。管仲是齐国边远地区的小商贩，在南阳不为人知，又是鲁国赦免的囚犯，但齐桓公用他而成为霸主。百里奚是虞国的穷人，被人用五张羊皮转卖到秦国，但秦穆公用他使得西戎来朝。晋文公用中山的小偷，却取得了城濮之战的胜利。这四个人，都忍受过耻辱，遭受天下人的诽谤，但明君能任用他们，因为知道他们可以为国立功。假使像卞随、务光、申屠狄那样的隐士，人君怎么能使用他们呢？所以明君不看他的污点，不听人指摘他的过失，主要看他能否为自己所用。只要能安定国家，就不听外边对他的诽谤；即使有很大的名气，要是没有微功可录，也不加以赏赐，所以群臣就不会有无功受禄的非分之想。"

秦王曰："然。"乃复使姚贾而诛韩非。

【译文】

秦王说："你说得对。"就重新派出姚贾而杀掉了韩非。

（《秦策五》）

齐　策

靖郭君将城薛

靖郭君打算加强薛地的城防工事，引起邻国震恐，身边反对的人也不少。靖郭君最初不想听反对意见，后经一位门客用"海大鱼"的巧妙比喻，说服他放弃了原来的想法。

靖郭君将城薛①，客多以谏。靖郭君谓谒者无为客通②。齐人有请者曰："臣请三言而已矣，益一言，臣请烹！"靖郭君因见之。客趋而进曰："海大鱼。"因反走。君曰："客有于此。"客曰："鄙臣不敢以死为戏。"君曰："亡，更言之。"对曰："君不闻大鱼乎？网不能止，钩不能牵，荡而失水，则蝼蚁得意焉。今夫齐，亦君之水也。君长有齐阴③，奚以薛为！失齐，虽隆薛之城到于天，犹之无益也。"君曰："善。"乃辍城薛。

【注释】

①靖郭君：齐国大臣田婴，靖郭君是他的封号。薛：靖郭君的封邑，在今山东滕州南四十里。

②谒者：靖郭君手下管传达的小吏。

③阴：同"荫（yìn）"，庇护。

【译文】

靖郭君将要修筑薛城，许多门客都来劝阻。靖郭君对传达人员说，不要给门客通报。有一位齐国门客要求接见，说："我只说三个字就行了，多说一个字，就愿受烹煮之刑。"靖郭君于是接见他。门客急步走到靖郭君面前说："海大鱼。"说了转身就走。靖郭君说："你可留下把话说完。"门客说："我不敢用性命来开玩笑。"靖郭君说："我不怪罪你，请继续说吧。"门客说："您没有听说过海大鱼吗？网打不上，钩钓不到，一旦离开了水，蚂蚁都可以戏弄它。如今齐国就像是您的水。您有齐国为您遮风挡雨，拿薛来干什么呢！失去齐国，就算把薛的城墙筑到天那样高，仍然是没有用处的啊！"靖郭君说："你说得对。"就停止修筑薛的城墙。

（《齐策一》）

邯郸之难

发生在公元前 354 年的桂陵之战，是在齐威王、段干纶的决策，田忌、孙膑的指挥下，对魏作战所取得的一次重大胜利。

"围魏救赵"一役，成了经典战例，被载入许多兵法书中。它的指导思想是攻其所必救，以达到趋利避害、机动歼敌的目的。

魏军素称骁勇，看不起齐军。面对凶猛的强敌，齐军利用赵、魏相争，互相消耗的机会牵着敌人的鼻子走，使对方疲于奔命，被动挨打。在魏军的归途桂陵选好阵地实施截击，等到魏军到来，然后一举歼敌。

邯郸之难①，赵求救于齐。田侯召大臣而谋曰②："救赵孰与勿救？"邹子曰③："不如勿救。"段干纶曰④："弗救，则我不利。"田侯曰："何哉？""夫魏氏兼邯郸，其于齐何利哉！"田侯曰："善。"乃起兵，曰："军于邯郸之郊。"段干纶曰："臣之求利且不利者⑤，非此也。夫救邯郸，军于其郊，是赵不拔而魏全也。故不如南攻襄陵以弊魏⑥，邯郸拔而承魏之弊，是赵破而魏弱也。"田侯曰："善。"乃起兵南攻襄陵。七月，邯郸拔。齐因承魏之弊，大破之桂陵⑦。

【注释】

①邯郸之难：指赵都受到魏军的攻打。邯郸，赵都，在今河北邯郸西南二十里。

②田侯：战国时齐国国君，即齐威王，名田齐，公元前356—前320年在位。

③邹子：即邹忌，齐威王大臣，他做齐相，被封在下邳（pī），号称为成侯。

④段干纶：齐臣。

⑤臣之求利且不利："之求"当作"言救"。且，抑或。

⑥襄陵：魏邑，在今河南睢县西一里。

⑦桂陵：齐地，在今河南长垣北。

【译文】

赵都邯郸被魏军包围，赵国向齐国求救。齐威王召集大臣们商议道："救赵还是不救？"邹忌说："不如不去救。"

段干纶说:"不去救会对我国不利。"齐威王说:"为什么呢?"段干纶回答说:"让魏国攻下邯郸,这对齐国有什么好处呢!"齐威王说:"好。"于是派兵,说:"大军驻扎在邯郸城外。"段干纶说:"我所说的利或不利,不是指的这样办。援救邯郸,而驻军在它的城外,会造成赵都不被攻下而魏国兵力无损的局面。所以说不如向南攻打襄陵,使魏军疲敝;邯郸被攻下而魏军疲敝,将使赵国残破而魏国削弱。"齐威王说:"好。"就派兵南下攻打襄陵。这年的七月,邯郸失守。齐军乘魏军疲敝之机,在桂陵把它打得大败。

(《齐策一》)

邹忌修八尺有余

本章主旨在说明接受批评、广开言路，在政治生活中的重要性。

齐相邹忌身长八尺，形象光彩照人，但比起城北徐公则远远不如，这是客观事实。邹忌的妻妾和客却都说邹忌比徐公美，这就留下悬念，需要证实。恰好，第二天徐公来访，邹忌把他看了又看，觉得自己不如，这是邹忌有知人之明；邹忌又对着镜子自照，感到确实比徐公差了一截，这是邹忌有自知之明。邹忌从中受到启发，于是进见齐威王，指出"王之蔽甚矣"。威王不愧是有为之君，立即接受意见，广开言路，对凡能指陈时弊，提出批评的人，分别给予上、中、下三等不同的赏赐。最初进谏的人很多，后来逐渐减少。政治修明，各国来朝，这就是纳谏的明效大验。

邹忌修八尺有余①，身体昳丽②，朝服衣冠，窥镜，谓其妻曰："我孰与城北徐公美？"其妻曰："君美甚。徐公何能及君也！"城北徐公，齐国之美丽者也。忌不自信，而复问其妾曰："吾孰与徐公美？"妾曰："徐公何能及君也！"旦日，客从外来，与坐谈，问之客曰："吾与徐公孰美？"客曰："徐公不若君之美也！"

【注释】

①修八尺有余：约1.70米的个子。修，长。尺，指周尺，一尺约为20厘米。

②昳（yì）丽：光艳美丽。

【译文】

邹忌身高八尺有余，容貌光彩照人，一天早晨，他穿戴好衣冠，看着镜子，对他的妻子说："你看我和城北徐公比起来，谁更漂亮？"他的妻子说："您漂亮极了。徐公怎么比得上您呢！"城北徐公是齐国有名的美男子。邹忌不相信会是这样，又问他的小妾道："我漂亮还是徐公漂亮？"小妾说："徐公哪能比得上您呢！"第二天，来了一位客人，邹忌和他谈话时又问："我和徐公相比，谁更漂亮？"客人说："徐公比不上您漂亮啊！"

明日，徐公来，孰视之，自以为不如；窥镜而自视，又弗如远甚。暮寝而思之，曰："吾妻之美我者，私我也；妾之美我者，畏我也；客之美我者，欲有求于我也。”

又隔一天，徐公来了。邹忌仔细端详他，觉得自己比不上；对着镜子看自己，更觉得比徐公差得很远。夜里，睡在床上反复考虑这件事，醒悟道：“我的妻子说我漂亮，是因为她偏爱我啊！小妾说我漂亮，是因为她害怕我啊！客人说我漂亮，是因为他有求于我啊！”

于是入朝见威王曰：“臣诚知不如徐公美，臣之妻私臣，臣之妾畏臣，臣之客欲有求于臣，皆以美于徐公。今齐地方千里，百二十城。宫妇左右，莫不私王；朝廷之臣，莫不畏王；四境之内，莫不有求于王。由此观之，王之蔽甚矣！”王曰：“善。”乃下令：“群臣吏民能面刺寡人之过者，受上赏！上书谏寡人者，受中赏！能谤议于市朝，闻寡人之耳者，受下赏！”

于是，邹忌上朝对齐威王说：“我自知确实不如徐公漂亮，我的妻子偏爱我，我的小妾害怕我，我的客人有求于我，都说我比徐公漂亮。如今齐国的土地纵横千里，有一百二十座城池。大王宫中的后妃和身边的侍从没有不偏爱大王的，朝廷里的群臣没有不害怕大王的，国内的百姓没有不想向大王求助的。这样看来，大王所受的蒙蔽真是非常厉害啊！"齐威王说："说得对。"于是就颁布了一道命令："无论朝廷群臣、小吏或百姓，凡是能当面指责我的过错的，受上等奖赏！能上奏章规劝我的，受中等奖赏！能在公众场合批评议论我，传到我的耳中的，受下等奖赏！"

令初下，群臣进谏，门庭若市；数月之后，时时而间进；期年之后，虽欲言，无可进者。燕、赵、韩、魏闻之，皆朝于齐。此所谓战胜于朝廷。

【译文】

命令刚颁布，官吏们纷纷前来，提出意见，使宫廷内外像集市一样热闹；几个月后，只是断断续续地有人来提意见；一年以后，就是有人想来进言，也没有什么可说的了。燕、赵、韩、魏等国听到这个情况，都到齐国朝见。这就是人们所说的，通过朝廷上的举措，不需要用兵，就可以战胜别国了。

（《齐策一》）

秦假道韩、魏以攻齐

公元前 314 年，齐乘燕国内乱攻燕，诸侯出兵救燕，本章所载秦假道韩、魏以攻齐，即属于诸侯救燕之师。

齐国攻燕，统兵的本是章子，秦救燕之师既至，齐宣王就使章子领兵迎战。战争期间，多人谗毁章子，说他带兵降秦，宣王始终不为所动。

一个人的品质表现在各个方面。宣王认为章子能孝于父，必不会背君。"求忠臣必于孝子之门"，宣王真是目光如炬，知人善任。

秦假道韩、魏以攻齐，齐威王使章子将而应之^①，与秦交和而舍^②。使者数相往来，章子为变其徽章^③，以杂秦军。候者言章子以齐入秦，威王不应。顷之间，候者复言章子以齐兵降秦，威王不应。而此者三。有司请曰："言章子之败者，异人而同辞，王何不发将而击之？"王曰："此不叛寡人明矣，曷为击之！"

【注释】

①齐威王：当为齐宣王，下同。章子：齐名将匡章。

②交和而舍：和，两军相对，军门称为和。舍，屯驻。

③徽章：包括旗帜和士卒衣服的标识。

【译文】

秦国向韩、魏借道去攻打齐国，齐威王派章子领兵应战，他和秦军一接触就驻扎下来。双方的人员多次来往，章子改变了军队衣服上的标识，和秦军混杂。侦察人员说章子带领齐兵投向了秦军，齐威王没有理会。不久，侦查人员又说章子带兵投降了秦军，齐威王仍旧没有理会。像这样重复了三次。有关主管人员提出说："说章子背叛的人，几个都异口同声，大王为什么不派兵攻打他？"齐王说："很明显他不会背叛我，为什么要去攻打他？"

顷间，言齐兵大胜，秦军大败，于是秦王拜西藩之臣而谢于齐。左右曰："何以知之？"曰："章子之母启得罪其父，其父杀之而埋马栈之下。吾使章子将也，勉之曰：'夫子之强，全兵而还，必更葬将军之母。'对曰：'臣非不能更葬先妾也。臣之母启得罪臣之父，臣之父未教而死。夫不得父之教而更葬母，是欺死父也，故不敢。'夫为人子而不欺死父，岂为人臣欺生君哉？"

【译文】

不久，传来消息说，齐军大胜，秦军大败，于是秦王自称西边的藩臣并向齐国谢罪。齐王身边的人说："您怎么知道章子不会背叛您？"齐王说："章子的母亲启得罪了他的父亲，他的父亲杀了他的母亲，把她埋在马棚下面。我派章子领兵，鼓励他说：'以你的勇敢，若能全师凯旋，我一定重新安葬你的母亲。'章子说：'我并不是不能重新安葬死去的母亲。我的母亲启得罪了先父，先父没有留下什么吩咐就死了。我没有得到父亲的吩咐就擅自改葬母亲，这是在欺骗死去的父亲，所以不敢这样办。'作为儿子不欺骗死去的父亲，作为臣子怎么可能去欺骗活着的君主呢？"

（《齐策一》）

秦伐魏

战国后期，秦的军事力量已凌驾于各国之上，对东方各国来说，只有合纵抗秦，才可以抵御秦国的进攻。

公元前 298 年，秦攻魏，合纵派的陈轸正在魏国任职，他联合了三晋，进而联络东方的齐国。

陈轸提出三种不同的攻伐，一是古时王者的攻伐，是为了讨伐无道"正天下而立功名"。一是六国的互相攻伐，是消耗彼此的力量，让秦国坐收渔利。一是秦国的攻伐，是要让六国主辱而民死。韩、魏的民众死伤无数，齐国却安然无恙，全是因为位置远近的关系。秦国如果取得魏的绛和安邑，东向攻齐，直抵海滨，对齐非常不利。陈轸劝齐和三晋结盟修好，齐闵王同意了，就派出精兵和三晋一道，在绛、安邑的西边，加强防御力量。

秦伐魏，陈轸合三晋而东^①，谓齐王曰^②：“古之王者之伐也，欲以正天下而立功名，以为后世也。今齐、楚、燕、赵、韩、梁六国之递甚也，不足以立功名，适足以强秦而自弱也，非山东之上计也。能危山东者，强秦也。不忧强秦而递相罢弱^③，而两归其国于秦，此臣之所以为山东之患。天下为秦相割，秦曾不出刀；天下为秦相烹，秦曾不出薪。何秦之智而山东之愚耶？愿大王之察也。

【译文】
　　秦国攻打魏国，陈轸联合三晋，往东对齐王说：“古代王者的用兵，是为了整顿天下的秩序和建立功名，作为后世的榜样。如今齐、楚、燕、赵、韩、梁这六个国家轮流抢占上风，不能够建立功名，只是会使秦国强大，自己削弱，这不是山东诸国的好办法。会给山东诸国带来危险的，就是强大的秦国了。不怕强秦的威胁相互削弱，把双方都交给秦国控制，这是我认为山东诸国做得不恰当的地方。天下替秦国互相割取，秦国并不需要用刀；天下替秦国相互放在锅里煮，秦国并不提供柴火。为什么秦国那么聪明，而山东诸国那么愚蠢呢？希望大王明察。

"古之五帝、三王、五伯之伐也^①，伐不道者；今秦之伐天下不然，必欲反之，主必死辱，民必死虏。今韩、梁之目未尝干，而齐民独不也，非齐亲而韩、梁疏也，齐远秦而韩、梁近。今齐将近矣！今秦欲攻梁绛、安邑^②，秦得绛、安邑以东下河，必表里河而东攻齐，举齐属之海，南面而孤楚、韩、梁，北向而孤燕、赵，齐无所出其计矣。愿王熟虑之！

【注释】

①五帝、三王、五伯：泛指理想中的明君。伯，通"霸"。

②绛、安邑：绛，即春秋时晋都新田，在今山西曲沃西南的侯马市。安邑，魏的故都，在今山西夏县西北。

【译文】

"古代五帝、三王、五霸的用兵是讨伐无道的国家；现在秦国攻打天下却不是这样，一定要反其道而行之，定要使别国君主受辱，人民被杀被虏。现在韩、梁两国人民的眼泪从来没有干过，而齐国的人民单单不是这样，并不是齐国和秦国关系密切，齐国和韩、梁两国关系疏远，而是齐国距秦较远，韩、梁两国距秦较近。现在齐国将要和秦国靠近了！秦国打算攻打梁国的绛、安邑，秦得到绛、安邑，沿黄河东下，定会控制黄河两侧，向东攻齐，攻占齐地，直达海边，南面使楚、韩、梁孤立，北面使燕、赵孤立，齐国就没有什么办法可想了。希望大王好好考虑吧！

"今三晋已合矣，复为兄弟，约而出锐师以戍梁绛、安邑，此万世之计也。齐非急以锐师合三晋，必有后忧。三晋合，秦必不敢攻梁，必南攻楚。楚、秦构难，三晋怒齐不与己也，必东攻齐。此臣之所谓齐必有大忧，不如急以兵合于三晋。"

【译文】

"如今三晋已经联合，结为兄弟之国，派出精兵防守梁国的绛、安邑，这是万世的长久之计。齐国如果不赶快派遣精兵与三晋联合，必有后患。三晋联合，秦国一定不敢攻打梁国，就会向南攻打楚国。楚、秦交战，三晋埋怨齐国不和他们联合，就会向东攻打齐国。这就是我说的齐国必定会有严重后患，不如赶快派兵和三晋联合。"

齐王："敬诺。"果以兵合于三晋。

【译文】

齐王说："好。"果然派兵与三晋联合。

（《齐策一》）

苏秦为赵合从说齐宣王

　　本章是战国晚期纵横家嫁名苏秦的模拟之作，但在了解齐国经济发展的问题上，具有重要意义。

　　由于商品经济的迅速发展，战国后期出现了许多著名的商业城市，齐都临淄就是其中之一。户数超过七万，人口在二十万以上，居民财大气粗，游乐竞技成为时尚。"车毂击，人肩摩"，市区道路的拥挤程度，不同凡响。据现代调查，临淄故城包括大小二城，总面积达六十余平方华里，真可算得上东方大都会了。

苏秦为赵合从说齐宣王曰①:"齐南有太山,东有琅邪②,西有清河③,北有渤海,此所谓四塞之国也。齐地方二千里,带甲数十万,粟如丘山。齐车之良④,五家之兵⑤,疾如锥矢,战如雷电,解如风雨。即有军役,未尝倍太山、绝清河、涉渤海也。临淄之中七万户⑥,臣窃度之,下户三男子,三七二十一万,不待发于远县,而临淄之卒固以二十一万矣。临淄甚富而实,其民无不吹竽、鼓瑟、击筑、弹琴、斗鸡、走犬、六博、踏鞠者⑦。临淄之途,车毂击,人肩摩,连衽成帷,举袂成幕,挥汗成雨,家敦而富,志高而扬。夫以大王之贤与齐之强,天下不能当,今乃西面事秦,窃为大王羞之!

【注释】

①苏秦:本章为纵横家练习游说之作,此苏秦及下文齐宣王都是假托人名。

②琅邪:山名,在今山东诸城东南。

③清河:指济水,是齐、赵边境界河。

④齐车:当作"三军"。

⑤五家之兵:又称"五都之兵",为齐军主力。

⑥临淄:齐都,今山东淄博东北。

⑦竽:乐器,笙类。瑟:乐器,似琴。古为五十弦,后改为二十五弦。筑:乐器,似瑟而较大,头安弦,用竹击打。琴:乐器,古为五弦,后用七弦。

斗鸡：用鸡相斗的游戏。走犬：指田猎活动。六博：古代棋戏之一。踏鞠：类似足球，以皮做成，用毛充实。

【译文】

苏秦为赵国合纵，游说齐宣王说："齐国的南面有泰山，东面有琅邪山，西面有清河，北面有渤海，是四方都有要塞的国家。齐国方圆二千里，精兵数十万，粮食堆积如山。三军的勇士，五家的精选部队，行动像射箭那样快，打击敌人，威力就像雷电，解散部队就像风雨那样，说停就停。即使有军事活动，从来没有征调泰山下、清河边和渤海之滨的部队。单是临淄城中就有七万家，我私下估量，每户不少三个男子，三七二十一万，不需等待从远地调兵，临淄城中的兵力就已经达到二十一万了。临淄非常富庶而充实，它的百姓们没有不吹竽、鼓瑟、击筑、弹琴、斗鸡、走犬、六博、踢球的。临淄的路上，车轮的轴互相撞击，人们的肩膀互相摩擦，把衣襟连起来就成为帷帐，卷起袖子就成了幕布，挥出的汗水成为雨点；每家都非常富有，心胸远大而愉快。以大王的贤名与齐国的强大，天下没有谁能够相比，如今却向西服从秦国，我为大王感到羞耻！

"且夫韩、魏之所以畏秦者，以与秦接界也。兵出而相当，不至十日而战胜存亡之机决矣。韩、魏战而胜秦，则兵半折，四境不守；战而不胜，以亡随其后。是故韩、魏之所以重与秦战而轻为之臣也。

【译文】

"韩、魏两国之所以惧怕秦国，是因为他们与秦国接壤。部队一出，双方相对，不到十天，胜败存亡就见分晓了。韩、魏两国战胜秦国，兵力就会损失一半，边境无法防守；要是战而不胜，就会走到灭亡的边缘。所以韩、魏不敢轻易和秦国开战，却容易向秦表示屈服啊。

"今秦攻齐则不然，倍韩、魏之地，过卫阳晋之道①，径亢父之险②，车不得方轨，马不得并行，百人守险，千人不能过也。秦虽欲深入，则狼顾，恐韩、魏之议其后也。是故恫疑虚猲③，高跃而不敢进，则秦不能害齐，亦已明矣。夫不深料秦之不奈我何也，而欲西面事秦，是群臣之计过也。今无臣事秦之名，而有强国之实，臣固愿大王之少留计。"

【注释】

①阳晋：卫地，在今山东郓城西。

②亢父：齐邑，在今山东济宁南五十里。

③猲（hè）：通"吓"，恐吓，吓唬。

【译文】

"如今秦国攻齐却不是这样，背后是韩、魏的地方，穿越卫国阳晋的要道，通过亢父的险路，两车不能并驾，两马不能并行，一百人守住险隘，一千人都不能通过。秦军虽然想深入，老是心中不安，恐怕韩、魏从后面偷袭。所以虚声恫吓，迟疑不敢前进，那么秦国不能危害齐国，也是很明显的事。不考虑秦国不能把我怎么样，而想向西服从秦国，这是群臣的计谋错了。现在没有臣事秦国的名声，而能得到强国的地位，我希望大王稍稍考虑一下。"

　　齐王曰："寡人不敏，今主君以赵王之教诏之，敬奉社稷以从。"

【译文】

　　齐王说："我不够聪明，现在你把赵王的教诲告诉我，我恭敬地把国家托付给你。"

（《齐策一》）

韩、齐为与国

公元前 314 年，诸侯连兵不解，秦、魏攻韩，楚、赵救韩，这场战事把五国都牵连进去。此时恰逢燕国内乱，齐国攻燕，别国不可能干涉，所以田臣思对宣王说："是天以燕赐我也。"就连满口仁义的孟轲，也说是"机不可失，时不再来"。宣王于是出兵，很快扫平了燕国。

韩、齐为与国①。张仪以秦、魏伐韩②。齐王曰③："韩，吾与国也。秦伐之，吾将救之。"田臣思曰④："王之谋过矣，不如听之。子哙与子之国⑤，百姓不戴，诸侯弗与。秦伐韩，楚、赵必救之，是天以燕赐我也。"王曰："善。"乃许韩使者而遣之。

【注释】

①与国：同盟国。

②张仪以秦、魏伐韩：事在公元前314年。

③齐王：指齐宣王。

④田臣思：齐将田忌。

⑤子哙（kuài）：即燕王哙，立七年，被齐军所杀。子之：燕王哙相，齐军攻燕，他和燕王哙都被杀。

【译文】

韩、齐结为同盟。张仪动用秦、魏的兵力攻韩。齐王说："韩是我的盟国，秦国攻打它，我就要出兵援救。"田臣思说："大王的打算错了，不如不加过问。燕王哙把国家让给子之，老百姓不拥戴，诸侯不赞同。秦军攻韩，楚、赵两国必定会去救援，这是上天把燕国赐给我们。"齐王说："对。"就答应韩国使者的要求，送他回去。

韩自以得交于齐，遂与秦战。楚、赵果遽起兵而救韩，齐因起兵攻燕，三十日而举燕国。

【译文】

韩国自认为得到了齐国的支持，就和秦国交战。楚、赵两国果然很快起兵援救韩国，齐国于是出兵攻打燕国，三十天就拿下了燕国。

（《齐策二》）

昭阳为楚伐魏

公元前 323 年，楚将昭阳领兵攻魏，在襄陵大败魏军，接着，又移兵攻齐。陈轸本是齐人，此时见宗国被兵，于是挺身而出，劝说昭阳罢兵，使自己的国家免遭战祸，这也和陈轸谋求齐、楚亲善的一贯主张相吻合。

陈轸的说辞中，讲了一个"画蛇添足"的寓言，它告诫人们，办事应掌握分寸，恰到好处，避免劳而无功。

昭阳为楚伐魏①，覆军杀将得八城，移兵而攻齐。陈轸为齐王使②，见昭阳，再拜贺战胜，起而问："楚之法，覆军杀将，其官爵何也？"昭阳曰："官为上柱国③，爵为上执圭④。"陈轸曰："异贵于此者何也？"曰："唯令尹耳⑤。"陈轸曰："令尹贵矣！王非置两令尹也，臣窃为公譬可也。楚有祠者，赐其舍人卮酒⑥。舍人相谓曰：'数人饮之不足，一人饮之有余。请画地为蛇，先成者饮酒。'一人蛇先成，引酒且饮之，乃左手持卮，右手画蛇，曰：'吾能为之足。'未成，一人之蛇成，夺其卮曰：'蛇固无足，子安能为之足？'遂饮其酒。为蛇足者，终亡其酒。今君相楚而攻魏，破军杀将得八城，不弱兵，欲攻齐，齐畏公甚。公以是为名亦足矣，官之上非可重也。战无不胜而不知止者，身且死，爵且后归，犹为蛇足也。"昭阳以为然，解军而去。

【注释】

①昭阳为楚伐魏：这次战役发生在公元前 323 年。昭阳是楚军主将，官为大司马，掌管军事大权。

②陈轸：齐国人，有名的说客。

③上柱国：即大司马，楚国最高武官。

④上执圭：楚国的最高爵位。圭，上尖下长方的贵重玉器。

⑤令尹：楚国最高官职，是军政首脑，地位相当于别国的相。

⑥舍人：身边的侍从人员。卮（zhī）：古代的一种盛
酒器，泛指酒杯。

【译文】

　　昭阳替楚国攻打魏国，击溃魏军，杀掉魏将，夺得八座城池，接着又调动军队去攻打齐国。陈轸受齐王派遣，去见昭阳，他向昭阳拜了两拜，祝贺他打了胜仗，然后起身问道："根据楚国的规定，击溃敌军，杀死敌将，他能得到什么官爵呢？"昭阳说："官可以做上柱国，爵位可以封上执圭。"陈轸说："比这更尊贵的官爵是什么？"昭阳答道："就只有令尹了。"陈轸说："令尹是最尊贵的了，可是楚王不会设置两个令尹啊！请让我为您打个比方吧。楚国有一个举行祭祀的人，祭毕，赐给他身边的随从们一杯酒。这些人商量道：'这点酒几个人不够喝，一个人喝还有剩余。让我们在地上画蛇吧，先画成的人喝酒。'有一个人先画好了，拿起酒杯准备喝。他左手拿着酒杯，右手仍在继续画着，他说：'我还能给蛇添上脚呢。'蛇脚还没画好，另一个人把蛇画好了，抢过酒杯说：'蛇本没有脚，你怎么能给它添上脚呢！'说着就把酒喝掉了。那个给蛇添脚的人，终于失去了他应得的酒。如今您辅佐楚国攻打魏国，击溃敌军，杀死敌将，又得了八座城池，兵力没有受到什么损耗，您又想去攻打齐国，齐国非常害怕您。您的威名已经远扬，这很够了，上柱国的官位之上再没有什么官职可加了。连战连胜而不知道适可而止的人，将会丧失性命，他的官爵也会留给后来的人，这就像给蛇添上脚一样啊！"昭阳认为陈轸说得对，于是领兵回国。　　（《齐策二》）

孟尝君将入秦

在齐国执政的孟尝君得到信息，秦昭王打算见他，而且用泾阳君作为人质，于是铁了心肠要去，无数门客劝阻他都不起作用。这时，苏秦出马劝驾，充分展现了纵横家能言善辩的才能。

苏秦不是直接去扫孟尝君的兴头，而是从眼前的事实入手，即兴道出了土偶和桃梗交谈的寓言。泾阳君来自西方的秦国，苏秦把他比作西岸的土偶；孟尝君是东方人士，苏秦把他比作东国的桃梗，而淄水则是齐国境内的一条水。苏秦把这些人与景信手拈来，巧妙地组成一个完整的故事，生动形象，情景交融，大大加强了说服力。听了苏秦的一席话，孟尝君终于口服心服而停辔不往。

孟尝君将入秦^①，止者千数而弗听。苏秦欲止之，孟尝曰："人事者，吾已尽知之矣；吾所未闻者，独鬼事耳。"苏秦曰："臣之来也，固不敢言人事也，固且以鬼事见君。"

【注释】

①孟尝君：即田文，靖郭君田婴的儿子，这时做齐相。

【译文】

孟尝君将要到秦国去，上千的人劝阻他，他都不肯听从。苏秦打算劝阻他，孟尝君说："讲人事的话，我通通都知道了；我还没有听说过的，只有鬼神的事罢了。"苏秦说："我这次来，本来不敢谈人事，就是打算和您谈谈鬼神的事。"

孟尝君见之。谓孟尝君曰："今者臣来，过于淄上^①，有土偶人与桃梗相与语^②。桃梗谓土偶人曰：'子，西岸之土也，挺子以为人^③，至岁八月^④，降雨下^⑤，淄水至，则汝残矣。'土偶曰：'不然。吾西岸之土也，吾残则复西岸耳。今子，东国之桃梗也，刻削子以为人，降雨下，淄水至，流子而去，则子漂漂者将何如耳。'今秦，四塞之国^⑥，譬若虎口，而君入之，则臣不知君所出矣。"孟尝君乃止。

【注释】

①淄：水名，源出今山东莱芜东北。

②土偶人：用泥土做成的人形。桃梗：用桃木刻成的人像。

③挺（shān）：用水调和泥土。

④八月：此指周历八月，相当于夏历六月，正值雨季。

⑤降雨：大雨。降，通"淬"。

⑥四塞之国：四面都有高山、要塞的国家。

【译文】

　　孟尝君接见了苏秦。他对孟尝君说："我这次来，经过淄水，遇见有个土偶人和木偶人在互相谈话。木偶人对土偶人说：'你是西岸的泥土，把你做成人形，到了八月间，天降大雨，淄水暴发，你就会被冲坏了。'土偶人说：'不对。我本是西岸的泥土，我被冲坏，不过仍然回到西岸而已。可是你呢，本是东方的桃梗，被雕成了人形，大雨下来，淄水来到，把你冲走，那时你飘飘荡荡，不知哪里才是你的归宿。'如今秦是一个四方都有险塞的国家，就像是虎口，您进去了，我不知道您能从哪里出去呢。"孟尝君就停止了他的行程。

（《齐策三》）

孟尝君在薛

孟尝君大权在握，是齐国的铁腕人物，齐闵王对此深为不满，刚一即位，就对孟尝君说："寡人不敢让先王的大臣屈尊做我的臣下。"孟尝君只好郁郁不乐地回到封地薛邑。

楚国一直认为薛邑威胁到楚的边境安全，这时见到孟尝君失势，就派兵攻薛。

孟尝君礼待淳于髡，让他游说齐王，出兵救薛。淳于髡用来打动齐闵王的话，主要是"清庙在薛"。古代把祭祖看得非常重要，所谓"国之大事，在祀与戎"，就表达了这样的思想。通过祭祀，寄托了人们对先代的怀念和崇德报功的心情，闵王因清庙的原因而派兵驰援薛邑，自是必然的事。淳于髡看准了这一点，他在对闵王进说之前，早已是成竹在胸的。

孟尝君在薛，荆人攻之。淳于髡为齐使于荆^①，还反，过薛。孟尝君令人体貌而亲郊迎之^②。谓淳于髡曰："荆人攻薛，夫子弗忧，文无以复侍矣^③。"淳于髡曰："敬闻命矣。"

【注释】

①淳于髡（kūn）：齐人，复姓淳于，赘婿出身，仕于齐，多次出使诸侯。

②体：通"礼"。

③文无以复侍矣：言时机紧迫。

【译文】

　　孟尝君住在薛邑时，楚人起兵攻薛。淳于髡为齐国出使楚国，回来时经过薛邑。孟尝君率领手下亲自到郊外迎接。孟尝君对淳于髡说："楚人攻打薛邑，你如不为它担忧，恐怕我就不能再招待你了。"淳于髡说："我明白了。"

　　至于齐，毕报，王曰^①："何见于荆？"对曰："荆甚固，而薛亦不量其力。"王曰："何谓也？"对曰："薛不量其力而为先王立清庙^②，荆固而攻之，清庙必危。故曰薛不量力而荆亦甚固。"齐王和其颜色曰："嘻^③！先君之庙在焉。"疾兴兵救之。

【注释】

①王：指齐闵王。

②清庙：宗庙。

③谆（xī）：表示惊讶的叹词。

【译文】

淳于髡返回齐都，向齐王汇报出使的情况。汇报结束后，齐王问："你在楚国有何见闻？"淳于髡说："楚国很强大，而薛邑也太不自量力了。"齐王忙问："这是什么意思？"淳于髡说："薛邑不自量力要替先王建立宗庙，强大的楚国一旦强攻薛邑，先王的宗庙就危险了。所以我说薛邑不自量力，面对的楚国也确实很强大。"齐王紧张地说："啊！先王的宗庙在薛邑。"马上派兵援薛。

颠蹶之请①，望拜之谒②，虽得则薄矣。善说者，陈其势，言其方，人之急也，若自在隘窘之中，岂用强力哉？

【注释】

①颠蹶之请：言其请救之急。颠，倒。蹶，僵也。
②望拜之谒（yè）：远远望见即行叩拜。言极其恭敬。谒，拜见。

【译文】

辛辛苦苦地四处奔走请求，诚心诚意地去拜望，但却事倍功半。而善于游说的人能认清形势，想出解决办法，当别人有急难时就如同自己身处困境一样，难道还用得上强力吗？

（《齐策三》）

孟尝君有舍人而弗悦

金无足赤，人无完人。人都有各自的优缺点，就看怎么对待。人和人相比，水平有高有低。就一个人来看，也有他的长处和短处。鲁仲连和孟尝君的谈话，对如何看待一个人的长处和短处，作了深刻的阐述。

　　孟尝君有舍人而弗悦，欲逐之。鲁连谓孟尝君曰^①："猿猴错木据水，则不若鱼鳖；历险乘危，则骐骥不如狐狸。曹沫之奋三尺之剑^②，一军不能当^③；使曹沫释其三尺之剑，而操铫耨^④，与农夫居垄亩之中^⑤，则不若农夫。故物舍其所长，之其所短，尧亦有所不及矣^⑥。今使人而不能，则谓之不肖^⑦；教人而不能，则谓之拙。拙则罢之，不肖则弃之。使人有弃逐，不相与处，而来害相报者，岂非世之立教首也哉！"孟尝君曰："善。"乃弗逐。

【注释】

①鲁连：即鲁仲连，战国时齐国人，善于出谋划策，排难解纷，终身不肯出来做官。

②曹沫：一作曹刿（guì），春秋时鲁国人，曾在一次盟会上逼齐桓公归还齐国所侵占的鲁国土地。

③一军：一万二千五百人。

④铫（yáo）耨（nòu）：古代除草的两种农具。

⑤垄（lǒng）亩：田亩。垄，田中高处。

⑥尧：传说中古代的圣君。

⑦不肖：没有才能。

【译文】

　　孟尝君不喜欢他身边的一位侍从，打算赶走他。鲁仲连对孟尝君说："猿猴离开树木到了水里，就比不上鱼鳖；经历险地和攀登峭壁，骏马就比不上狐狸。从前鲁将曹沫挥动三尺长剑，一支大军也不能抵挡；假使叫曹沫放下手中的三尺长剑，拿上农具，和农夫一起在田间耕种，他还不如农夫。因而对一个人来说，如果舍弃他的长处，使用他的短处，就是像尧那样的圣人也有不如人的地方啊。现在用人，如果他做不到，就说他没有本领；教他而他没有学会，就说他笨。认为是笨拙的就罢免他，认为是没有本领的就抛弃他。使人受到驱赶，不能很好相处而回头来伤害您、报复您，这哪里是世上的用人之道呢？"孟尝君说："对。"就不赶那个侍从了。

（《齐策三》）

齐欲伐魏

　　本章淳于髡用狗兔相逐，两败俱伤，老农夫从中得利的寓言，劝阻齐王伐魏，比喻生动而形象，充分展示了淳于髡善于辩说的机锋。

　　《战国策》中有许多精彩的寓言，同一主题，可以用多种不同的寓言来表述。本章和鹬蚌相争、两虎争人的寓言，都是说明双方相争，将由第三方得利的道理，但写来各有妙处，各擅胜场，不仅丰富了寓言故事的宝库，对我们行文和谈论也深具启发，引人入胜。

齐欲伐魏①，淳于髡谓齐王曰②："韩子卢者③，天下之疾犬也。东郭逡者④，海内之狡兔也。韩子卢逐东郭逡，环山者三，腾山者五，兔极于前，犬废于后，犬兔俱罢，各死其处。田父见之，无劳倦之苦，而擅其功。今齐、魏久相持，以顿其兵，弊其众，臣恐强秦、大楚承其后，有田父之功。"齐王惧，谢将休士也。

【注释】

①齐欲伐魏：事在公元前340年。

②齐王：指齐威王。

③韩子卢：韩国的良犬，名卢。

④东郭逡：兔名。逡，同"峻"，狡兔之意。

【译文】

齐国想攻打魏国，淳于髡对齐王说："韩国的卢犬以速度快而闻名。东郭俊这种兔以敏捷而著称。韩卢追赶东郭俊，绕山跑三圈，翻山五座，兔在前面已经疲惫不堪，韩卢也追得上气不接下气，兔子和卢犬都累倒在地。农夫这时不费吹灰之力，轻松得到。现在齐、魏相争，士兵和百姓都会为此劳敝。我只怕强大的秦国、楚国会乘虚而入，就像农夫那样轻松得利。"齐王听后，感到害怕，下令撤回了进攻魏国的军队。

（《齐策三》）

齐人有冯谖者

　　本章写孟尝君善待冯谖，冯谖为他"市义"，为他经营"三窟"，使他终身无祸。

　　本章立意甚奇，行文变化莫测，高潮迭起，如入武夷九曲，步步引人入胜。开始写冯谖生活无着，投靠孟尝君，未受重视。其后冯谖三歌长铗，改善了自己和老母的生活，也看出孟尝君待门下是真诚的。到冯谖挺身自任，愿为孟尝君收债，已微露头角，所以孟尝君改容礼谢。冯谖问："以何市而反？"问得好，其实心中早有主意。孟尝君答："视吾家所寡有者。"答得妙，实际上是许他便宜行事。冯谖到薛，矫命焚券，为孟尝"市义"，奇峰突起。他返齐报命，虽竭力解释，孟尝始终不悦，可见是不以为然的。后来孟尝君就国于薛，薛民百里相迎，这才佩服冯谖市义是为他办了一件大好事。冯谖接着游说梁王，设法为孟尝君恢复相位；又为他谋画在薛立宗庙，使孟尝君终身无祸。三窟的经营，显示了冯谖确实是一个高瞻远瞩的谋士。

齐人有冯谖者①，贫乏不能自存，使人属孟尝君，愿寄食门下。孟尝君曰：“客何好？”曰：“客无好也。”曰：“客何能？”曰：“客无能也。”孟尝君笑而受之曰：“诺。”左右以君贱之也，食以草具②。

【注释】

①谖：音 xuān。

②草具：粗劣的饭食。草，不精也。具，馔具。

【译文】

　　齐国有个叫冯谖的人，穷得没法养活自己，就求人向孟尝君请求，在他的门下当一名食客。孟尝君问：“客有什么爱好吗？”冯谖回答说：“没什么爱好。”孟尝君又问：“客有什么才能？”冯谖回答说：“没有什么才能。”孟尝君笑着答应道：“好吧！”孟尝君身边的人因为主人看不起冯谖，就随便拿些粗劣的饭食给他吃。

　　居有顷，倚柱弹其剑。歌曰：“长铗归来乎①！食无鱼。”左右以告。孟尝君曰：“食之，比门下之客。”居有顷，复弹其铗，歌曰：“长铗归来乎！出无车。”左右皆笑之，以告。孟尝君曰：“为之驾，比门下之车客。”于是乘其车，揭其剑，过其友曰：“孟尝君客我。”后有顷，复弹其剑铗，歌曰：“长铗归来乎！无以为家。”左右皆恶之，以为贪而不知足。孟尝君问：“冯公有亲乎？”对曰：“有老母。”

孟尝君使人给其食用，无使乏。于是冯谖不复歌。

【注释】

①铗（jiá）：剑柄，这里指剑。

【译文】

　　住下不久，冯谖靠在廊柱上，弹着他的佩剑歌唱着："长剑啊，咱们回去吧！吃饭没有鱼啊。"随从们把这事报告给孟尝君。孟尝君说："给他鱼吃，把他当中等门客对待。"没过多久，冯谖又弹着剑歌唱道："长剑啊，咱们回去吧！出门没有车坐。"周围的人都笑他，又告诉孟尝君。孟尝君说："给他备车，让他享受乘车门客的待遇。"于是冯谖坐着车，举着剑，去拜访他的朋友说："孟尝君把我当门客看待。"此后不久，冯谖又弹着剑歌唱道："长剑啊，咱们回去吧！没办法养家啊。"孟尝君周围的人都讨厌他，认为他贪心不足。孟尝君问："冯先生有亲属吗？"冯谖回答说："有个老母亲。"孟尝君派人把吃的用的给她送去，不让她感到短缺。于是冯谖也就不再歌唱了。

　　后孟尝君出记①，问门下诸客："谁习计会，能为文收责于薛者乎②？"冯谖署曰："能。"孟尝君怪之，曰："此谁也？"左右曰："乃歌夫'长铗归来'者也。"孟尝君笑曰："客果有能也，吾负之，未尝见也。"请而见之，谢曰："文倦于事，愦于忧，而性懧愚③，沉于国家之事，开罪于先生。先生不羞，乃有意欲为收责于薛乎？"冯谖曰："愿之。"

于是约车治装，载券契而行，辞曰："责毕收，以何市而反④？"孟尝君曰："视吾家所寡有者。"

【译文】

后来孟尝君出了文告，向门客们征询道："有谁熟悉会计业务，能替我到薛邑去收债呢？"冯谖签上自己的名字，说："我能办到。"孟尝君感到奇怪，问道："这人是谁呀？"侍从们告诉他："就是那个歌唱'长剑回去吧'的人啊！"孟尝君笑着说："这位门客真是有本领啊，我对不起他，还从来没有接见过他呢。"就把冯谖请来见面，并向他道歉说："我被各种事务困扰得很疲劳，愁得心烦意乱，我又生性懦弱，陷入国事的忙碌中，以致开罪了先生。先生不见怪，还愿意为我到薛邑收债吗？"冯谖说："我愿意。"于是备车整装，带上契约，准备上路。辞行时问道："收完债，买些什么东西回来呢？"孟尝君说："就看着我家所缺少的东西买吧。"

驱而之薛，使吏召诸民当偿者悉来合券。券遍合，起矫命，以责赐诸民，因烧其券，民称万岁。

【译文】

冯谖驱车来到薛邑，叫差役召集该还债的百姓前来核对契约。核对完毕后，冯谖起身假传孟尝君的命令，宣布免掉百姓所欠的债务，并当众把契约烧掉，百姓们欢呼万岁。

长驱到齐，晨而求见。孟尝君怪其疾也，衣冠而见之，曰："责毕收乎？来何疾也！"曰："收毕矣。""以何市而反？"冯谖曰："君云'视吾家所寡有者'。臣窃计，君宫中积珍宝，狗马实外厩，美人充下陈①。君家所寡有者，以义耳！窃以为君市义。"孟尝君曰："市义奈何？"曰："今君有区区之薛，不拊爱子其民②，因而贾利之③。臣窃矫君命，以责赐诸民，因烧其券，民称万岁。乃臣所以为君市义也。"孟尝君不说④，曰："诺。先生休矣！"

【注释】

①下陈：堂下的庭院。

②拊：抚爱。

③贾（gǔ）利：用商人的手段取利。

④说：同"悦"。

【译文】

冯谖扬鞭催马赶回齐都临淄，一大早就去拜见孟尝君。孟尝君对他很快返回感到奇怪，穿戴好衣帽出来接见他，问道："债收完了吗？回来得好快啊！"冯谖答说："收完了。"孟尝君又问："买了什么回来？"冯谖说："您说'看着我家所缺少的东西买'。我想，您宫中堆放着珍宝，狗马充满了畜圈，美女站满了堂下。您家所缺少的就是义啊！我私下为您把义买回来了。"孟尝君问："买义是怎么一回事呢？"冯谖说："现在您只有一个小小的薛邑，不抚爱那里的百姓，反而像商人一样地在他们身上取利。我已擅自假传您的命令，把债款赐给了百姓，并烧掉了契约，百姓们高呼万岁。这就是我给您买回的'义'啊。"孟尝君听了很不高兴，说："好啦，先生下去休息吧！"

后期年，齐王谓孟尝君曰[①]："寡人不敢以先王之臣为臣。"孟尝君就国于薛，未至百里，民扶老携幼，迎君道中。孟尝君顾谓冯谖曰："先生所为文市义者，乃今日见之。"

【注释】

①齐王：指齐闵王。

【译文】

过了一年，齐闵王对孟尝君说："我不敢把先王的大臣当作自己的臣下。"孟尝君只好回到自己的封地薛邑。在距薛邑还有百多里路的地方，百姓扶老携幼，早已等在路上迎接他了。孟尝君回过头对冯谖说："先生为我买的'义'，我今天算是看到了。"

（《齐策四》）

孟尝君为从

　　齐国将与韩、魏联合攻秦，孟尝君派公孙弘入秦探听虚实。

　　刚一见面，秦昭王就对孟尝君敢和他为难表示不满，公孙弘则提出孟尝君重视人才，是看不见的隐形力量。孟尝君门客数千，不乏奇才异能之士，他们中间，有的志行高洁，有的有治国之才，有的则凛然不屈，不惜用热血来捍卫自己的尊严。公孙弘的话，产生了巨大的威慑力，昭王表示不再和孟尝君计较。

　　文末说公孙弘可算是不可侵犯的人，对他作了很高的评价。

孟尝君为从，公孙弘谓孟尝君曰①："君不以使人先观秦王②？意者秦王帝王之主也，君恐不得为臣，奚暇从以难之？意者秦王不肖之主也，君从以难之，未晚。"孟尝君曰："善，愿因请公往矣。"

【注释】

①公孙弘：齐人。

②秦王：指秦昭王。

【译文】

　　孟尝君要组织合纵，公孙弘对他说："您为什么不派人先去观察秦王？假使秦王是属于帝王那种英明的君主，您恐不够资格给他做臣，哪里有条件组织合纵去和他作对？假使他是平庸的君主，您再组织合纵去和他为难，也为时未晚。"孟尝君说："好，我愿请你前往。"

　　公孙弘敬诺，以车十乘之秦。昭王闻之，而欲愧之以辞。公孙弘见，昭王曰："薛公之地，大小几何？"公孙弘对曰："百里。"昭王笑而曰："寡人地数千里，犹未敢以有难也。今孟尝君之地方百里，而因欲难寡人，犹可乎？"公孙弘对曰："孟尝君好人①，大王不好人。"昭王曰："孟尝君之好人也，奚如？"公孙弘曰："义不臣乎天子，不友乎诸侯，得志不惭为人主，不得志不肯为人臣，如此者三人；而治可为管、商之师②，说义听行，能致其如此者五人③；万乘之严主也，辱其使者，退而自刭，必以其血湾其衣④，如臣者十人。"昭王笑而谢之，曰："客胡为若此，寡人直与客论耳！寡人善孟尝君，欲客之必谕寡人之志也！"公孙弘曰："敬诺。"

【注释】

①好（hào）人：这里可理解为尊重人才。

②管、商：管仲、商鞅。齐、秦两国的著名政治家。

③能致其：此下当补"主霸王"三字。

④湾（wū）：涂染，沾染。

【译文】

公孙弘同意了，带车十辆到了秦国。秦昭王听说他到了，就想对他说些侮辱孟尝君的话，看他有什么反应。公孙弘进见，昭王问他："薛公的地方有多大？"公孙弘回答说："百里。"昭王笑着说："我拥有几千里的土地，还不敢去为难别人。如今孟尝君的土地，方圆不过百里，就想和我作对，办得到吗？"公孙弘回答说："孟尝君尊重人才，大王不尊重人才。"昭王说："孟尝君是怎样尊重人才的？"公孙弘说："他们不愿做天子的臣下，也不和诸侯交朋友，得志时，做君主也当之无愧，不得志时，也不肯屈身做别人的臣子，像这样的有三人；治国的才能可做管仲、商鞅的老师，他们的主张君主照办，能使他们的君主称霸称王，像这样的有五人；万乘大国威严的君主，侮辱了他的使者，当场自杀，不惜血染衣裳，像我这样的有十人。"昭王微笑着向他致歉，说："你何必那样，我不过和你聊天而已！我敬佩孟尝君，希望你一定向他转达我的心意啊！"公孙弘说："谨遵君命。"

公孙弘可谓不侵矣。昭王，大国也^①。孟尝，千乘也^②。立千乘之义而不可陵，可谓足使矣。

【注释】
①大国：指大国之主。
②千乘：千乘之臣。乘，一辆四匹马拉的兵车。

【译文】
公孙弘可算是不能侮辱的人。昭王是大国的君主，孟尝君是千乘的主人，维护千乘的立场不受欺侮，可算得上是出色的使者了。

（《齐策四》）

齐王使使者问赵威后

　　本章写赵威后具有以民为邦本的思想，是很有见解的女政治家。

　　齐威王派使者去慰问赵威后，"书未发"，威后便问，齐国的收成如何？人民是否安宁？齐王是否无恙？这三问中把民放在前，把王放在后，引起了齐使的不满，提出质疑。威后指出，民是本，君是末，不应舍本而先问末。威后的本末观，义正辞严，掷地有声，驳得齐使哑口无言。

　　威后问话中提到北宫氏之女至老不嫁，这其实是齐国的民俗。威后不了解齐国的民间禁忌，所以有此一问。

　　问话中又提到於陵仲子是否已被杀掉的问题。威后认为他应该被砍头，看来她是容不得不肯为国家效力的人。

　　"书未发"三字是关键词，如果拆开书信，不过是说些问候的客套话，就不会有威后下边一段高论了。

齐王使使者问赵威后^①，书未发，威后问使者曰："岁亦无恙耶？民亦无恙耶？王亦无恙耶？"使者不说，曰："臣奉使使威后，今不问王而先问岁与民，岂先贱而后尊贵者乎？"威后曰："不然。苟无岁，何以有民？苟无民，何以有君？故有舍本而问末者耶？"

【注释】

①齐王：指齐襄王，田氏，名法章，齐闵王子，公元前283—前265年在位。赵威后：赵惠文王妻。公元前266年，赵惠文王卒，子孝成王立，年幼，由赵威后摄政。

【译文】

　　齐王派使者去聘问赵威后，书信还未启封，赵威后就问使者道："年成不错吧？百姓平安无事吧？大王身体好吧？"使者听了不大高兴，说："我奉命来聘问太后，如今您不先问齐王却先问年成和百姓，难道能把卑贱的放在前边而把尊贵的放在后边吗？"威后说："不对。如果没有好年成，百姓靠什么生活呢？如果没有百姓，怎么有国君呢？哪有撇开根本而先问枝节的呢？"

　　乃进而问之曰："齐有处士曰钟离子，无恙耶？是其为人也，有粮者亦食^①，无粮者亦食；有衣者亦衣^②，无衣者亦衣。是助王养其民者也，何以至今不业也？叶阳子无恙乎？是其为人，哀鳏寡^③，恤孤独④，振困穷，补不足，是助王息其民者也，何以至今不业也？北宫之女婴儿子无恙耶？彻其环瑱⑤，至老不嫁，以养父母，是皆率民而出于孝情者也，胡为至今不朝也？此二士弗业，一女不朝，何以王齐国、子万民乎？於陵子仲尚存乎⑥？是其为人也，上不臣于王，下不治其家，中不索交诸侯。此率民而出于无用者，何为至今不杀乎？"

【注释】

①食（sì）：动词，供养，拿东西给人吃。

②衣：前一个"衣"为名词，衣服；后一个"衣"为动词，拿衣服给人穿。

③鳏（guān）寡：老而无妻曰鳏，老而无夫曰寡。

④孤独：老而无子曰孤，幼而无父曰独。

⑤彻：通"撤"，除去。环瑱（zhèn）：妇女的首饰。环，指耳环、臂环之类。瑱，垂在耳边的玉饰。

⑥於（wū）陵子仲：齐国隐士，陈氏，又称陈仲子。於陵，地名，齐邑，在今山东邹平西南。

【译文】

于是赵威后又进一步问："齐国有个叫钟离子的隐士，他还好吗？他的为人，不论有粮或无粮的，他都给他们饭吃；不管有衣服还是没有衣服的，他都给他们衣穿。这是个帮助大王养活百姓的人，为什么至今还不给他个官职呢？叶阳子安好吗？他的为人处世，同情鳏寡孤独，救济缺吃少穿的人，是个帮助国君使百姓安宁的人，为什么现在还不让他出来建功立业呢？北宫家的孝女婴子好吗？她摘掉首饰，到老不嫁，为的是奉养父母，这是给百姓做出行孝的表率啊，为什么至今还不让她朝见君王呢？这两个贤士不能为国效力，一个孝女没入朝进见，齐王靠什么来治理国家、抚爱百姓呢？於陵子仲还活着吗？他的为人呀，上不向大王称臣，下不去治理他的家，中不和诸侯交往。这是带领大家无所事事，为什么至今还不杀掉他呢？"

（《齐策四》）

齐人见田骈

社会上有各种各样的人，有的人言行一致，说到做到；有的人说一套，做一套，只开空头支票，并不兑现。

我们要有识别人的本领。怎样识别呢？有一个简单的观察方法，就是把他的言行加以对照和衡量。言行如一的人，可以信任；言行相背的人，最好避而远之，本文的田骈就属于这种人。田骈在受到批评后，谢绝了齐人。其实，被谢绝的倒应该是这位田先生。

齐人见田骈曰①："闻先生高议，设为不宦，而愿为役。"

田骈曰："子何闻之？"

对曰："臣闻之邻人之女。"

田骈曰："何谓也？"

对曰："臣邻人之女，设为不嫁，行年三十而有七子，不嫁则不嫁，然嫁过毕矣。今先生设为不宦，訾养千钟②，徒百人，不宦则然矣，而富过毕矣。"田子辞。

【注释】

①田骈：战国时，齐国有名的学者。

②訾（zī）：资。钟：古代量器，六斛四斗为一钟。

【译文】

有个齐国人去见田骈说："听说您高谈阔论，说是不愿做官，我愿供您差遣。"

田骈说："你在哪里听说的？"

回答说："我是从邻家女儿那里听说的。"

田骈说："你这话是什么意思？"

回答说："我邻人的女儿说是不嫁人，可到了三十岁，就生了七个儿子，不嫁倒是不嫁，可远远超过出嫁的人了。如今先生说是不做官，可受到千钟的供养，有上百名随从，不做官倒是不错，可是富裕生活远远超过做官的人啊！"田骈辞谢。

（《齐策四》）

苏秦谓齐王

公元前 288 年，齐、秦相约共同称帝，这使它们成为两个超级大国，突出于各国之上。两帝并立，不是徒有虚名，而是有伐赵而瓜分其地的约定。苏秦为燕昭王在齐国活动的目的有二：一是破坏齐国和各国的关系，使齐国孤立；二是劝齐闵王攻宋，把齐国这股祸水引向南方，以便为燕国破齐报仇创造机会。苏秦劝齐闵王放弃帝号，背约摈秦，南下攻宋，就是围绕这两点进行的。

苏秦谓齐王曰："齐、秦立为两帝①，王以天下为尊秦乎？且尊齐乎？"王曰："尊秦。""释帝则天下爱齐乎？且爱秦乎？"王曰："爱齐而憎秦。""两帝立，约伐赵②，孰与伐宋之利也？"王曰："伐宋利。"对曰："夫约然与秦为帝③，而天下独尊秦而轻齐；齐释帝，则天下爱齐而憎秦；伐赵不如伐宋之利。故臣愿王明释帝，以就天下；倍约傧秦④，勿使争重；而王以其间举宋。夫有宋则卫之阳城危⑤；有淮北则楚之东国危；有济西则赵之河东危；有阴、平陆则梁门不启⑥。故释帝而贰之以伐宋之事，则国重而名尊，燕、楚以形服，天下不敢不听，此汤、武之举也。敬秦以为名，而后使天下憎之，此所谓以卑易尊者也！愿王之熟虑之也！"

【注释】

①两帝：齐称东帝，秦称西帝。

②两帝立，约伐赵：称帝不是空有名号，当有伐赵而分其地的约定。

③约然："然"字当移至下句"而"字上。

④傧：同"摈"，摈弃。

⑤阳城：当作"阳地"，指今河南濮阳之地。

⑥阴：即陶，在今山东定陶西北。平陆：今山东汶上北。梁门：大梁之门。

【译文】

苏秦对齐王说："现在齐国和秦国都已称帝，大王认为天下是尊重秦国还是尊重齐国？"齐王说："尊重秦国。""如果放弃帝号，那天下是亲近齐国还是亲近秦国？"齐王说："亲近齐国而痛恨秦国。"苏秦说："齐、秦称帝后共同伐赵，和伐宋相比，哪个更有利呢？"齐王说："伐宋更有利。"苏秦说："现在齐国、秦国相约共同称帝，但天下却尊重秦国而看轻齐国；齐放弃帝号，则天下亲近齐国而憎恨秦国；攻伐赵国显然不如攻打宋国。所以我希望大王公开放弃帝号，让天下都亲近齐国；解除盟约，摈弃秦国，不与秦国争雄；大王趁此时机一举灭宋。一旦占领了宋国，卫国的阳城就危急了；占领了淮北，楚国的东国就会受到威胁；济西之地在手，赵国的河东就危险了；陶邑、平陆在手，魏国就只好闭关防守。因此，放弃帝号，背弃和秦国的盟约而攻打宋国，那么齐国就可以名震诸侯，燕国、楚国都会畏服齐国，天下诸侯都不敢不听齐国的指挥，这是商汤、周武王那样的伟业啊！以尊重秦国为名，而让天下憎恨秦国，这就是用自卑换来各国的尊重啊！请大王深思熟虑吧！"

（《齐策四》）

苏秦说齐闵王

在本章中，苏秦提出不可用兵不休和突出于诸侯之上。他强调善于用兵的人，能够拔城于尊俎之间，折冲于衽席之上。

他以商鞅为秦破魏的事为例，阐明他的主张。魏惠王曾经拥有土地千里，有甲士三十万，拔邯郸，围定阳，随后又召集逢泽之会，率领泗上十二诸侯朝见天子，对秦造成威胁。商鞅劝魏王先行王服，宫室、衣服、车旗都采用天子制度，这就引起齐、楚的不满，爆发了齐、魏马陵之战。结果魏军大败，太子被杀。魏惠王不得不折节朝齐，秦国轻易就取得了魏国西河之外的大片土地。从这一段叙述，可以帮助我们了解魏惠王的霸业是怎么由盛转衰的。

苏秦说齐闵王曰："臣之所闻，攻战之道非师者①，虽有百万之军，北之堂上；虽有阖闾、吴起之将②，禽之户内；千丈之城，拔之尊俎之间③；百尺之冲，折之衽席之上。故钟鼓竽瑟之音不绝，地可广而欲可成；和乐倡优侏儒之笑不乏④，诸侯可同日而致也。故名配天地不为尊，利制海内不为厚。故夫善为王业者，在劳天下而自佚，乱天下而自安。……佚治在我，劳乱在天下，则王之道也。锐兵来则拒之，患至则趋之，使诸侯无成谋，则其国无宿忧矣。何以知其然矣？

【注释】

①非师：不用兵。

②阖闾（hélú）、吴起：春秋时，吴王阖闾善于用兵，故此处把他和名将吴起并举。

③尊俎（zǔ）：尊以盛酒，俎以放肉。尊俎借指宴会。

④倡优侏儒：歌舞杂技艺人。

【译文】

苏秦游说齐闵王道："我听说攻战之道不在于用兵，就算对方拥兵百万，也可败之于庙堂之上；就算对手有阖闾、吴起那样的将才，照样可以手到擒来；周围千丈的大城，在宴席之上，不用一兵一卒就可拿下；百尺之高的攻城器具，在坐席之上就可以摧毁它。所以钟鼓竽瑟的音乐不绝于耳，也可以扩充土地，达到心中的愿望；歌舞杂技艺人在堂前表演不断，而诸侯都会一起来归顺。因此名配天地也不算尊贵，富甲天下也不算富有。所以善于建立王业的人，让诸侯劳顿而自身悠闲，让诸侯混乱而自身安定。……悠闲而安定的是我方，劳顿混乱的是诸侯，那才是建立王业的办法。强敌来攻就抵抗，祸患来了就避开，让诸侯不能对自己有所图谋，那么国家就会安定无忧了。怎么知道会是这样呢？

"昔者魏王拥土千里①，带甲三十六万，其强而拔邯郸②，西围定阳③，又从十二诸侯朝天子以西谋秦④。秦王恐之⑤，寝不安席，食不甘味，令于境内，尽堞中为战具⑥，竟为守备⑦，为死士置将，以待魏氏。

【注释】

①魏王：魏惠王，名䓨。

②其强："其"上当有"恃"字。

③定阳：今陕西洛川北。

④从十二诸侯朝天子：指公元前344年，魏惠王在逢泽（今河南开封东南）召集诸侯会盟，会后，魏率诸侯朝周。十二诸侯，泗水流域的一些小国。

⑤秦王：此时秦君为孝公，称"秦王"是事后追称。

⑥堞（dié）中：城中。堞，城上齿状的矮墙。

⑦竟：通"境"。

【译文】

"当年魏国拥有千里之地，数十万强兵，仗恃它的国力强大，攻下了赵国首都邯郸，西围定阳，又率领诸侯朝拜周天子，商量对付秦国。秦王为此感到害怕，寝不安席，食不甘味，下令秦国全国城市积极备战，加强防守，组织死士，广布重兵，防范魏国的进攻。

"卫鞅谋于秦王曰：'夫魏氏其功大而令行于天下，有十二诸侯而朝天子，其与必众，故以一秦而敌大魏，恐不如。王何不使臣见魏王，则臣请必北魏矣。'秦王许诺。

【译文】

"卫鞅对秦王献计说：'魏国因功劳大而令行天下，又率诸侯朝拜周天子，诸侯都拥护他，现在以秦国一国之力来对付强大的魏国，恐怕不行。大王何不让我去见魏王，那我就有办法打败魏国。'秦王答应了卫鞅的请求。

"卫鞅见魏王曰：'大王之功大矣，令行于天下矣。今大王之所从十二诸侯，非宋、卫也，则邹、鲁、陈、蔡，此固大王之所以鞭箠使也[①]，不足以王天下。大王不若北取燕，东伐齐，则赵必从矣；西取秦，南伐楚，则韩必从矣。大王有伐齐、楚心，而从天下之志，则王业见矣。大王不如先行王服，然后图齐、楚。'魏王说于卫鞅之言也，故身广公宫，制丹衣，柱建旄九斿[②]，从七星之旟[③]，此天子之位也，而魏王处之。于是齐、楚怒，诸侯奔齐，齐人伐魏，杀其太子，覆其十万之军④。魏王大恐，跣行按兵于国而东次于齐，然后天下乃舍之。当是时，秦王垂拱受西河之外⑤，而不以德魏王。

【注释】

①箠（chuí）：马鞭。

②斿（liú）：旗上的飘带。

③七星之旟（yú）：画有朱雀七星的旗。

④覆其十万之军：指公元前341年，魏、齐马陵之战。魏败，太子申被杀。

⑤西河之外：今陕西大荔、宜川一带。西距黄河，东依洛水。

【译文】

"卫鞅见到魏王说：'大王功劳大，可以号令天下了。现在大王所率领的十二个诸侯，不是宋、卫，就是邹、鲁、陈、蔡这些小国，他们本来就是受大王驱使的，不能让大王成就王业。大王不如向北攻打燕国，向东攻打齐国，那么赵国就会归附魏国；向西攻打秦国，向南攻打楚国，那么韩国就会归附魏国。大王有伐齐、楚之心，并使天下归顺的大志，那么称王大业就可以实现了。大王不如先穿上王者服饰，然后再去攻打齐、楚。'魏王听信了卫鞅的说辞，其宫室、衣服、车旗等都按照王者的规格来配置，天子能享受的，魏王都享受了。齐、楚两国为此大为愤怒，诸侯都投向齐国。齐国出兵攻魏，杀魏太子，大败魏军。

魏王大为恐慌，光着脚下令全国不要出兵，屈身朝齐，然后诸侯才放弃攻魏。这时，秦王不费吹灰之力就得到了魏国西河之外的大片土地，但并不感谢魏王。

"故卫鞅之始与秦王计也，谋约不下席，言于尊俎之间，谋成于堂上，而魏将以禽于齐矣①；冲橹未施，而西河之外入于秦矣。此臣之所谓北之堂上，禽将户内，拔城于尊俎之间，折冲席上者也。"

【注释】

①魏将：指庞涓。

【译文】

"所以，这一开始就是卫鞅和秦王商量好的计策。在酒席宴间订好计谋，在庙堂之上订好计策，就让魏将被齐国活捉；攻城的武器都未使用，魏国西河之外的土地都归了秦国。这就是我所说的败敌于庙堂之上，擒敌将于户内，拔城于酒宴之间，摧毁城市于坐席之上的策略。"

（《齐策五》）

田单将攻狄

作为一个指挥者，应具备多种条件，"勇"是其中之一。勇是要善于激励士气，鼓舞战士决战决胜的勇气。勇是要果敢决断，不退缩，不犹豫，不迟疑，对战局的前景充满必胜的信心。

吃苦在先，享乐在后，一切行为都是战士的表率，这是一个优秀指挥者应具备的基本素质。田单在攻狄之战中，最初居功自傲，意志消沉，使战斗遭受挫折。后经鲁仲连批评，幡然改过，终于拿下狄城。

田单将攻狄^①，往见鲁仲子^②。仲子曰："将军攻狄，不能下也。"田单曰："臣以五里之城，七里之郭，破亡余卒，破万乘之燕，复齐墟，攻狄而不下，何也？"上车弗谢而去，遂攻狄，三月而不克之也。

【注释】

①田单：战国时齐国临淄人。公元前284年，燕军破齐，他率众坚守即墨，用火牛阵大破燕军，尽复失地，后被任为齐相，封安平君。狄：在今山东高青东南。

②鲁仲子：即鲁仲连，齐国高士。

【译文】

田单将要攻打狄城，他去拜访鲁仲连。鲁仲连说："将军此去攻打狄城，不能攻下。"田单说："我曾凭借内城五里、外城七里的小地方，率领国家破亡后的残军，打败拥有万辆战车的燕国，恢复齐国故土，你却说我不能攻下狄城，这是为什么呢？"话音刚落就掉头登车，不辞而别，去攻打狄城，连攻三个月，不能拿下。

齐婴儿谣曰："大冠若箕，修剑拄颐，攻狄不能下，垒枯丘^①。"田单乃惧，问鲁仲子曰："先生谓单不能下狄，请闻其说。"鲁仲子曰："将军之在即墨^②，坐而织蒉，立则丈插，为士卒倡曰：'可往矣，宗庙亡矣，魂魄惝矣^③，归于何党矣？'当此之时，将军有死之心，而士卒无生之气，闻若言，莫不挥泣奋臂而欲战，此所以破燕也。当今将军东有夜邑之奉④，西有菑上之虞⑤，黄金横带而驰乎淄、渑之间⑥，有生之乐，无死之心，所以不胜者也。"田单曰："单有心，先生志之矣。"明日，乃厉气循城，立于矢石之所及，援枹鼓之⑦，狄人乃下。

【注释】

①垒枯丘：当依别本作"垒枯骨成丘"。

②即墨：在今山东平度东南。

③惝（chǎng）：怅惘之意。这里是魂魄没了的意思。

④夜邑：在今山东掖县。

⑤菑：通"淄"，水名。虞：通"娱"，娱乐。

⑥淄、渑（shéng）：二水名，在今山东淄博附近。

⑦枹（fú）：击鼓杖。

【译文】

　　齐国的小孩子们唱着一首歌谣道："帽儿像簸箕，长剑挂下巴，狄城攻不下，白骨成山没办法。"田单听了，害怕完不成任务，又去请教鲁仲连，说："先生说我攻不下狄城，请把原因告诉我吧。"鲁仲连说："将军在困守即墨时，一坐下来就编织草筐，一站起来就拿铲铲土，还教导战士们说：'我们已没处可去了，国家已经灭亡了，但是我们的魂魄不在，我们将到何处安生呢？'那时，将军有死战的决心，战士们都不想苟且偷生，听到您这样的话，全都擦着眼泪，振臂高呼，要求一战，这就是能打败燕国的原因啊。如今，您东有夜城丰厚的收入，西有淄水的景色可以娱目，腰系黄金的带钩，驱车在淄水、渑水一带观赏，充满人生的乐趣，没有拼死的决心，这就是不能胜敌的原因啊。"田单说："我决心已下，先生您就等着瞧吧。"第二天，田单亲自到战场激励士气，巡视地形，并站在能被敌军弓箭和石块击中的地方，擂鼓攻城，狄城终被攻下。

（《齐策六》）

齐闵王之遇杀

  有人说"巾帼不让须眉",这话在君王后身上得到了验证。

  君王后年青时,能冲破旧礼教束缚,自主择婿,有眼光。父亲宣布和她断绝关系,她仍然礼数有加,有孝行。她主持大局,和各国长期友好相处,有才干。她死后,齐国不久就被秦国灭掉,可见她身系齐国安危,真可算是一位了不起的女英雄。捶破玉连环的举动,更显示出君王后智慧过人。一槌震敌胆,强于百万兵。这一槌给后人留下了无穷的思考。

齐闵王之遇杀①，其子法章变姓名，为莒太史家庸夫②。太史敫女③，奇法章之状貌，以为非常人，怜而常窃衣食之，与私焉。莒中及齐亡臣相聚，求闵王子，欲立之。法章乃自言于莒。共立法章为襄王。

【注释】

①齐闵王之遇杀：公元前284年，燕军攻入齐都临淄，闵王逃亡，被楚将淖齿所杀。

②莒（jǔ）：齐邑，在今山东莒县南。

③敫：音jiǎo。

【译文】

齐闵王被杀后，他的儿子法章改变姓名，在莒地太史敫家做了佣人。太史敫的女儿觉得法章的相貌不同寻常，认为他不是一般的人，于是怜爱他，常常暗地里拿些衣服和食物给他，并和他私通。后来莒城中的人和从齐都逃亡出来的臣子在一起聚会，寻找闵王的儿子，准备立他为王。法章向莒城的人说明了自己的身份。他们就共同拥立法章做齐襄王。

襄王立，以太史氏女为王后，生子建。太史敫曰："女无媒而嫁者，非吾种也，污吾世矣。"终身不睹。君王后贤，不以不睹之故，失人子之礼也。

襄王即位后，就立太史家的女儿为王后，生下一子名叫建。太史敫说：“我的女儿没有媒人而自行出嫁，不是我的后代，她污辱了我一世清名。”太史敫终身不肯见君王后。君王后很贤慧，不因父亲不见她而失去做子女的礼节。

襄王卒，子建立为齐王。君王后事秦谨，与诸侯信，以故建立四十有余年不受兵。

【译文】

齐襄王死后，儿子建继立为齐王。君王后事奉秦国小心谨慎，和诸侯交往讲信用，因而齐王建在位有四十多年没有遭受战祸。

秦始皇尝使使者遗君王后玉连环①，曰：“齐多知，而解此环不②？”君王后以示群臣，群臣不知解。君王后引椎椎破之③，谢秦使曰：“谨以解矣。”

【注释】

①秦始皇：当从别本作“秦昭王”。君王后死时，秦始皇尚未即位。遗（wèi）：送给。

②不：同“否”。

③椎（chuí）：前面的“椎”为名词，捶击的工具；后一个“椎”，动词，捶击。

【译文】

秦始皇曾派遣使臣送给君王后一副玉连环，说："齐国人足智多谋，能够解开这连环吗？"君王后把连环给群臣看，群臣不知道怎样才能解开。君王后用槌子击破连环，告诉秦国使臣说："已经解开了。"

及君王后病且卒，诫建曰："群臣之可用者某。"建曰："请书之。"君王后曰："善。"取笔牍受言。君王后曰："老妇已亡矣①！"

【注释】

①亡：通"忘"。

【译文】

君王后病危将死，她告诫齐王建说："群臣中可以重用某人。"齐王建说："请让我写下来。"君王后说："好。"齐王建取过笔和木简，准备记下遗言。君王后说："老妇已经忘记了。"

君王后死，后后胜相齐，多受秦间金玉，使宾客入秦，皆为变辞，劝王朝秦，不修攻战之备。

【译文】

君王后死后，后胜为齐相，收受了许多秦国间谍的金玉，他派到秦国去的宾客，回来都用变诈的言辞，劝齐王建入秦朝见，不考虑整顿战备。　　　　（《齐策六》）

齐王建入朝于秦

公元前 221 年，东方六国中，五国已亡，唯齐独存，齐王建眼看大势已去，只好入秦朝拜。这时，被灭各国的残余力量和合纵派都并不甘心，想寻找机会，作最后一搏，雍门司马和即墨大夫，就是他们中的代表人物。

他们提出，齐国地方数千里，甲士数十万，这是抗秦的基本力量。三晋的残余势力散布在阿、鄄之间，配备兵力，用他们收复故地，从河东攻秦，可以直入秦的临晋关。楚国的残余势力散布在南城之下，配以适当兵力，收复故地，可以从南阳直插秦的武关。如此，齐国可以大振军威，灭亡秦国。可惜齐王建是个庸才，不能采纳。合纵的企图灰飞烟灭，齐国的基业也终于葬送在"松耶、柏耶"的挽歌声中。

齐王建入朝于秦，雍门司马前曰①："所为立王者，为社稷耶？为王立王耶？"王曰："为社稷。"司马曰："为社稷立王，王何以去社稷而入秦？"齐王还车而反。

【注释】

①雍门司马：雍门，齐城门名。司马，武官，位在将军之下。

【译文】

齐王建到秦国去朝见秦王，齐都城门的司马挡住齐王说："我们是为社稷立王，还是为大王您个人立王？"齐王答道："为了国家社稷。"司马说："既然是为国家社稷立王，大王为何抛弃社稷到秦国去呢？"齐王听后，掉转马头，折回王宫去了。

即墨大夫与雍门司马谏而听之，则以为可与为谋，即入见齐王曰："齐地方数千里，带甲数百万。夫三晋大夫皆不便秦，而在阿、鄄之间者百数①，王收而与之百万之众，使收三晋之故地，即临晋之关可以入矣②。鄢、郢大夫不欲为秦，而在城南下者百数，王收而与之百万之师，使收楚故地，即武关可以入矣③。如此，则齐威可立，秦国可亡。夫舍南面之称制，乃西面而事秦，为大王不取也。"

【注释】

①阿：今山东阳谷东北五十里。鄄（juàn）：今山东鄄城北二十里。

②临晋之关：临晋关，在今陕西朝邑西二十里。

③武关：在今陕西丹凤东南。

【译文】

即墨大夫知道了齐王听从了城门司马官的劝告，认为可以与齐王谋事，于是他进宫拜见齐王。他对齐王说："齐国方圆千里，雄兵数百万，赵、魏、韩三国的官员们不愿为秦效力而在阿城和鄄城两地聚集了数百人，大王将他们招揽过来，给他们百万大兵，让他们收复三国的旧地，就可以攻击秦国东边的临晋关。鄢、郢的官员不愿屈从秦国的，有数百人聚集在齐国的南城，大王将他们招揽过来，给他们百万将士，让他们收复楚国被秦国占领的土地，就可以攻击秦国南边的武关了。这样，齐国就能树立国威，秦国就会灭亡。大王如果舍弃称王于天下的机会而甘愿听命于秦国，实在太不值得了。"

齐王不听。秦使陈驰诱齐王内之①，约与五百里之地。齐王不听即墨大夫而听陈驰，遂入秦，处之共松柏之间，饿而死。先是齐为之歌曰："松邪！柏邪！住建共者②，客耶！"

【注释】

①陈驰：齐国入仕秦国的人。

②共：今河南辉县东北九里。

【译文】

　　齐王没有采纳即墨大夫的建议。秦国派陈驰诱使齐王入秦，假装答应给齐王五百里土地。齐王不听即墨大夫的话却听信了陈驰，到了秦国之后，秦王把齐王流放到共邑，处在松柏之间，最终饥饿而死。在这之前，齐国有人作了一首歌谣："松树啊！柏树啊！让齐王死在共邑的，就是那些能言善辩的说客啊！"

（《齐策六》）

楚　策

荆宣王问群臣

　　本章中，江乙在回答楚宣王的问题时，讲了一个有名的"狐假虎威"的寓言。这则故事告诉人们，要透过现象看本质，要擦亮眼睛辨别真假。

　　昭奚恤身为令尹，掌握着楚国的大权，楚国的内外大事，都需要他的点头。楚国地方五千里，带甲数十万，对北方虎视眈眈，以昭奚恤所处的地位，北方害怕他是很自然的。

　　江乙从魏国来到楚国，想动摇楚王对昭奚恤的信任，故把他比成狐，百兽（北方）怕他，只不过是借用了虎（楚王）的威势，以此来说明昭奚恤并没有什么了不起。尽管如此，昭奚恤被北方畏惧，毕竟是无法改变的客观事实。

荆宣王问群臣曰^①："吾闻北方之畏昭奚恤^②，果诚何如？"群臣莫对。

【注释】

①荆宣王：即楚宣王，熊姓，名良夫，公元前 369—前 340 年在位。

②昭奚恤：楚国的令尹（相）。

【译文】

楚宣王问群臣道："我听说北方各国都害怕昭奚恤，真是这样吗？"群臣无人回答。

江乙对曰^①："虎求百兽而食之，得狐。狐曰：'子无敢食我也。天帝使我长百兽，今子食我，是逆天帝命也。子以我为不信，吾为子先行，子随我后，观百兽之见我而敢不走乎？'虎以为然，故遂与之行。兽见之皆走。虎不知兽畏己而走也，以为畏狐也。今王之地方五千里，带甲百万，而专属之昭奚恤；故北方之畏奚恤也，其实畏王之甲兵也，犹百兽之畏虎也。"

【注释】

①江乙：魏国人，当时在楚国做官。

【译文】

江乙回答道："老虎寻找各种野兽吃，得到一只狐狸。狐狸说：'你可不敢吃我啊。老天爷派我做群兽的首领，如今你要是吃了我，这就是违抗老天爷的命令啊。如果你认为我的话不可靠，我走在前面，你跟在我身后，看看野兽们见了我有敢不跑的吗？'老虎认为它说得对，就和它一起走。野兽见到它们，都逃跑了。老虎不知道野兽是因为害怕自己才逃跑的，以为是害怕狐狸。如今大王的国土纵横五千里，精兵百万，都交给昭奚恤统领；所以北方各国害怕昭奚恤，其实是害怕大王的精兵，就好像野兽害怕老虎啊。"

（《楚策一》）

江乙为魏使于楚

　　本章主要说明应当倾听来自各方的不同意见。人们在发表意见时，受各种条件的制约，从不同的角度出发，往往各有所得，也各有所失。偏听偏信，常常会把事情弄糟。古语说，"兼听则明，偏听则暗"，江乙所要表达的，就是这种意思。

江乙为魏使于楚，谓楚王曰："臣入竟①，闻楚之俗，不蔽人之善，不言人之恶，诚有之乎？"王曰："诚有之。"江乙曰："然则白公之乱得无遂乎②？诚如是，臣等之罪免矣。"楚王曰："何也？"江乙曰："州侯相楚③，贵甚矣而主断，左右俱曰'无有'，如出一口矣。"

【注释】

①竟：通"境"。

②白公：春秋时人，楚平王的孙子。楚惠王时，曾在楚国作乱，杀令尹，劫持楚王，后被叶公子高所平。

③州侯：楚国得宠的大臣，州是他的封邑，地在今湖北洪湖东北。

【译文】

　　江乙为魏国到楚国出使，对楚王说："我进了楚国境内，听说楚国的习俗是不掩盖别人的优点，不谈别人的缺点，真有这回事吗？"楚宣王说："真是这样。"江乙说："那么像白公那样的乱事能不成功吗？真要是这样，我们的罪过也就可以免除了。"楚王说："为什么呢？"江乙说："州侯做楚相，地位尊贵而专断，您周围的人都说他'没有专权的事'，就像从一个人口里说出来的话啊！"

（《楚策一》）

楚王问于范环

　　战国时，国君为了在别国培养亲近自己的势力，往往推荐自己中意的人担任要职，所以楚怀王向范环提出应当支持谁出任秦相的问题。

　　范环认为应当支持公孙郝，而不能支持甘茂。因为甘茂是贤才，他在秦得势，对楚国不利。公孙郝是秦王亲信，碌碌无能，才是最佳人选。邻国有贤人是己国的隐患，看来范环是深明此理的。

楚王问于范环曰①："寡人欲置相于秦，孰可？"对曰："臣不足以知之。"王曰："吾相甘茂可乎？"范环对曰："不可。"王曰："何也？"曰："夫史举，上蔡之监门也②，大不知事君，小不知处室，以苛廉闻于世，甘茂事之顺焉。故惠王之明，武王之察，张仪之好谮，甘茂事之，取十官而无罪。茂，诚贤者也，然而不可相秦。秦之有贤相也，非楚国之利也。且王尝用召滑于越而纳句章③，昧之难④，越乱，故楚南塞濑胡而野江东⑤。计王之功，所以能如此者，越乱而楚治也。今王以用之于越矣，而忘之于秦，臣以为王巨速忘矣。王若欲置相于秦乎？若公孙郝者可⑥。夫公孙郝之于秦王，亲也。少与之同衣，长与之同车，被王衣以听事，真大王之相已。王相之，楚国之大利也。"

【注释】

①楚王：即楚怀王。范环：楚臣。

②上蔡："上"当为"下"。下蔡，今安徽凤台。

③滑：指楚臣召滑。句章：越地，在今浙江余姚东南。

④昧：越地，今地不详。

⑤濑胡：当作"厉门"，是通往岭南的要道。江东：指今江苏南部、浙江北部地区。

⑥公孙郝：秦昭王的亲信大臣。

【译文】

楚怀王问范环说："我想推荐人担任秦相，你看谁可

以？"范环回答说："我对此难于作答。"楚王说："我推荐
甘茂可以吗？"范环回答说："不可以。"楚王问："为什
么？"范环回答说："史举是下蔡的守门人，性格怪僻，大
则不懂得事君，小则不懂得处家，以对人苛刻著称，但甘
茂能和他相处融洽。以惠王的英明，武王的洞察，张仪的
善于诽谤人，甘茂在他们手下办事，顺利地升官十次而不
曾获罪。甘茂确实是个人才，但不可以让他相秦。秦国有
贤才担任相国，对楚国是不利的。况且大王曾用召滑在越
办事，得到了句章之地。昧地有祸事，乘着越国这场乱事，
所以楚国能控制厉门并在江东设郡。计算大王的功劳，所
以能有这样的业绩，是因为越国混乱而楚国政治清明的缘
故。这种做法，大王曾在越使用而收到成效，却忘记在秦
国使用，我认为大王未免忘得太快了。您要问推荐谁担任
秦相恰当？像公孙郝就是适当的人选。公孙郝和秦王是亲
戚关系。小时候和秦王一起穿衣，长大了和秦王一同乘车，
穿上秦王的衣服入朝听政，真是大王理想中的秦相啊。大
王推荐他担任秦相，才是对楚国最有利的。"

（《楚策一》）

楚襄王为太子之时

　　楚怀王入秦被拘，楚国国内无君，在齐做人质的太子，要求返国继位。齐国乘机要挟，要他献出东地五百里，才放他回国，这是一种绑架人质、勒索赎金的做法。作为一种权宜之计，他的师傅慎子叫他先答应了再说。

　　襄王返国，齐国派人索地。襄王召集群臣问计，子良、昭常、景鲤分别提出不同的方案。子良说是"与而复攻之"，昭常说是"不可与"，景鲤说，应向秦国求救。究竟采取哪条计更好？襄王拿不定主意。慎子建议三策并用，终于化解齐患，保全了东地。

　　从表面上看，三策是互相矛盾的，慎子却巧妙地三管齐下，兼收并蓄，表现了过人的机智。

楚襄王为太子之时，质于齐。怀王薨，太子辞于齐王而归^①，齐王隘之^②："予我东地五百里^③，乃归子。子不予我，不得归。"太子曰："臣有傅，请追而问傅^④。"傅慎子曰："献之地，所以为身也。爱地不送死父，不义。臣故曰献之便。"太子入，致命齐王曰："敬献地五百里。"齐王归楚太子。

【注释】

①齐王：齐闵王，名地。

②隘：拦阻。

③东地：即东国，楚淮北近齐之地。

④追：当作"退"。

【译文】

楚襄王做太子时，被送往齐国做人质。楚怀王死后，太子就向齐王请辞，要求回到楚国，齐王不同意。齐王说："你要割让给我东地五百里，我才放你回去。如果你不给，就不可能回去。"太子说："我有位老师，请让我去问问他。"老师慎子说："为了你自己，你应该答应献出这块地。如果你因爱地而不能为父亲送葬，这就是不义，所以我说献地有利。"太子回复齐王说："我愿献地五百里。"齐王于是放太子回楚国。

太子归，即位为王。齐使车五十乘，来取东地于楚。楚王告慎子曰："齐使来求东地，为之奈何？"慎子曰："王明日朝群臣，皆令献其计。"

太子回到楚国就即位当了楚王。齐王派车五十辆来向楚国索取东地。楚王告诉慎子说："齐国派使臣来索取东地，怎么办呢？"慎子说："大王明天召见群臣，让他们提出自己的意见。"

上柱国子良入见。王曰："寡人之得求反，王坟墓、复群臣、归社稷也，以东地五百里许齐。齐今使来求地，为之奈何？"子良曰："王不可不与也。王身出玉声，许强万乘之齐而不与，则不信，后不可以约结诸侯。请与而复攻之。与之信，攻之武，臣故曰与之。"

【译文】

上柱国子良入宫拜见楚王。楚王问："我之所以能回来见到先王的坟墓，见到众位大臣，主持国政，那是因为答应献出东地五百里给齐国。现在齐国派使臣来索取，我该怎么办呢？"子良答道："大王不能不给啊！大王金口玉言，答应了强大的齐国却又反悔，就是不讲信用，以后就很难与诸侯打交道了。请先给予再攻打。献出东地是讲信用，攻打是显示力量，所以我说给予齐国。"

子良出，昭常入见。王曰："齐使来求东地五百里，为之奈何？"昭常曰："不可与也。万乘者，以地大为万乘。今去东地五百里，是去战国之半也，有万乘之号而无千乘之用也，不可。臣故曰勿与。常请守之。"

【译文】

子良走后，昭常进见楚王。楚王问："齐国使臣来索要东地五百里，怎么办呢？"昭常答道："不能给。楚号称万乘大国，就是因为地大。现在割掉东地五百里，这就等于去掉了国家的一半，楚国就徒有万乘的虚名而无其实了，不能这样。所以我说不能给。我愿意去守卫东地。"

昭常出，景鲤入见。王曰："齐使来求东地五百里，为之奈何？"景鲤曰："不可与也。虽然，楚不能独守。王身出玉声，许万乘之强齐也。而不与，负不义天下。楚亦不能独守，臣请西索救于秦。"

【译文】

昭常出宫后，景鲤进见楚王。楚王问："齐国派使臣来索要东地五百里，该怎么办呢？"景鲤说："不能给。但是，楚国不可能独立防守，大王曾经郑重答应强大的齐国。现在又反悔，不想给它，会失去天下的信任。楚国既然不能单独防守，我愿西行向秦国求救。"

景鲤出，慎子入，王以三大夫计告慎子曰："子良见寡人曰：'不可不与也，与而复攻之。'常见寡人曰：'不可与也，常请守之。'鲤见寡人曰：'不可与也，虽然，楚不能独守也，臣请索救于秦。'寡人谁用于三子之计？"慎子对曰："王皆用之。"王怫然作色曰①："何谓也？"慎子曰："臣请效其说，而王且见其诚然也。王发上柱国子良车五十乘，而北献地五百里于齐。发子良之明日，遣昭常为大司马，令往守东地。遣昭常之明日，遣景鲤车五十乘，西索救于秦。"王曰："善。"乃遣子良北献地于齐。遣子良之明日，立昭常为大司马，使守东地，又遣景鲤西索救于秦。

【注释】

①怫（fú）然：不高兴的样子。

【译文】

　　景鲤出宫后，慎子入见楚王。楚王把三位大臣的意见告诉慎子说："子良对我说：'不能不给，给了再攻打。'昭常对我说：'不能给，我愿防守东地。'景鲤说：'不能给，但是楚国不可能单独防守，我愿去向秦国求救。'我到底用他们三人谁的计策呢？"慎子答道："大王全都采用。"楚王很不高兴地说："这是什么意思？"慎子说："大王请听我解释，就知道确实如此。大王派上柱国子良带车五十辆往北向齐国献东地五百里；子良出发的次日，大王任命昭常为大司马，让他去防守东地；在昭常出发的次日，大王派景鲤带车五十辆，西去向秦国求救。"楚王说："很好。"于是派子良到齐国献地，在派遣子良的次日，又立昭常为大司马，让他去守卫东地，还派遣景鲤往西向秦求救。

　　子良至齐，齐使人以甲受东地。昭常应齐使曰："我典主东地，且与死生。悉五尺至六十①，三十余万，弊甲钝兵，愿承下尘。"齐王谓子良曰："大夫来献地，今常守之，何如？"子良曰："臣身受命弊邑之王，是常矫也。王攻之。"齐王大兴兵攻东地，伐昭常。未涉疆，秦以五十万临齐右壤。曰："夫隘楚太子弗出，不仁；又欲夺之东地五百里，不义。其缩甲则可，不然，则愿待战。"

【注释】

①五尺至六十：此言老幼俱被征发。五尺，谓幼童。六十，谓老人。

【译文】

　　子良到了齐国，齐国派人带兵去接收东地。昭常对齐国使臣说："我负责防守东地，要与东地共存亡。我已调动了全国的老幼三十多万人参战，虽然兵器不利，但也要一决高下。"齐王问子良："你来献地，昭常却在那里防守，怎么回事？"子良说："我受敝国君主的派遣，一定是昭常假传命令，大王可以去攻打他。"齐王调动大军进攻东地，讨伐昭常。齐军还未进入楚境，秦国已派大军五十万逼近齐国的西境。秦将说："你们不让楚太子回国是不仁，又想抢夺楚国的东地五百里是不义。你们退兵则罢，否则让我们决一死战。"

　　齐王恐焉，乃请子良南道楚，西使秦，解齐

患。士卒不用，东地复全。

【译文】

齐王害怕了，就请子良南边到楚国，西边到秦国，解救齐国的灾难。楚国不用一兵一卒就保全了东地。

(《楚策二》)

苏子谓楚王

　　推荐贤才对国家、对人民都是一件好事，可是在封建社会里，做官的人要做到这一点是十分困难的。贤才受到重用，将影响自己的地位和前途，怀挟私心、只图私利的人，怎么可能做到无妒而进贤呢？苏子的说法，只能是一个善良的愿望。

苏子谓楚王曰①："仁人之于民也，爱之以心，事之以善言。孝子之于亲也，爱之以心，事之以财。忠臣之于君也，必进贤人以辅之。今王之大臣父兄，好伤贤以为资，厚赋敛诸臣百姓，使王见疾于民，非忠臣也。大臣播王之过于百姓，多赂诸侯以王之地，是故退王之所爱，亦非忠臣也，是以国危。臣愿无听群臣之相恶也，慎大臣父兄，用民之所善，节身之嗜欲，以百姓②。

【注释】

①苏子谓楚王：这里的苏子和楚王都是假托人物，不能指实。

②以百姓："以"下恐有缺文。

【译文】

苏子对楚王说："有仁爱的人对于百姓，总是实心实意去爱他们，用善良的言辞为他们办事。孝子对于父母，总是敬爱他们，用财物供给他们。忠臣对于君主，一定推荐贤人去辅佐他。如今大王的大臣父兄们，喜欢攻击贤人作为提高自己的资本，对百姓加重剥削，使大王受到百姓的怨恨，这可不是忠臣啊。大臣把大王的错误向百姓散播，又把大王的很多土地割给诸侯，因而排斥受到大王重视的人，这也不是忠臣，所以国家危险。我希望你不听任群臣的互相攻击，慎用大臣父兄，要用百姓喜欢的人，节制嗜欲，来亲附百姓。

"人臣莫难于无妒而进贤。为主死易，垂沙之事①，死者以千数。为主辱易，自令尹以下，事王者以千数。至于无妒而进贤，未见一人也。故明主之察其臣也，必知其无妒而进贤也。贤臣之事其主也，亦必无妒而进贤。夫进贤之难者，贤者用且使己废，贵且使己贱，故人难之。"

【注释】

①垂沙之事：指公元前301年，秦和齐、韩、魏共同攻楚，杀死楚将，攻占垂沙的事。垂沙，在今河南唐河西南，地当秦、楚边境。

【译文】

"作为臣子，难的是不忌妒而推荐贤才。为君主牺牲并不难，垂沙之战，牺牲的有好几千。为君主忍辱也容易，从令尹以下，为大王办事的人有几千。至于能不妒忌而推荐贤才的，没有见到一人。所以明主考察他的臣下，一定要看他能否不妒忌而举荐贤才。贤臣为他的君主办事，一定要做到不妒忌而推荐贤才。推荐贤才之所以难于做到，因为贤才受重用会使自己靠边，贤才受尊崇会使自己的地位降低，所以人们难于这样做。"

（《楚策三》）

五国伐秦

公元前 318 年，五国攻秦不利，魏、楚都想与秦媾和，以便脱身。魏派惠施入楚，通报这一想法。楚谋士杜赫向昭阳建议，最好是拒绝惠施，然后暗中与秦讲和，因为谁先迈出这一步，谁就和秦国改善了关系。杜赫的计谋，提供了处在不利情况下，如何争取主动，摆脱孤立困境的做法。

　　五国伐秦①，魏欲和，使惠施之楚②。楚将入之秦而使行和。

【注释】

①五国伐秦：事在公元前318年。五国，三晋与楚、燕。

②惠施：宋人，时为魏相。

【译文】

　　楚、赵、魏、韩、燕五国攻秦不利，魏国想媾和，派惠施到楚国。楚国准备把他送到秦国去讲和。

　　杜赫谓昭阳曰①："凡为伐秦者楚也。今施以魏来，而公入之秦，是明楚之伐而信魏之和也。公不如无听惠施，而阴使人以讲德秦。"昭子曰："善。"因谓惠施曰："凡为攻秦者魏也，今子从楚为和，楚得其利，魏受其怨。子归，吾将使人因魏而和。"

【注释】

①杜赫：楚臣，游说之士。

【译文】

　　杜赫对昭阳说："这次攻秦是楚国主持的。如今惠施奉魏王之命前来，你把他送到秦国，不是说明楚国主张攻秦而让秦相信魏国是主张讲和的吗？你不如不要听从惠施的安排，而暗中派人用讲和来拉拢秦国。"昭阳说："很好。"于是对惠施说："主持攻秦的是魏国，现在你跟在楚国后面讲和，楚国得利，魏国会遭秦怨恨。你先回去，我将派人联系，让魏国主持和议。"

惠子反，魏王不说①。杜赫谓昭阳曰："魏为子先战，折兵之半，谒病不听，请和不得，魏折而入齐、秦，子何以救之？东有越累，北无晋②，而交未定于齐、秦，是楚孤也，不如速和。"昭子曰："善。"因令人谒和于魏。

【译文】

惠施返国，魏襄王很不高兴。杜赫对昭阳说："魏国为你冲在前面，兵力损失一半，告诉你处境艰难，你不加援手，求和又不成功，魏国转而倒向齐、秦，你用什么办法来挽救呢？越人在东边制造麻烦，北边失去魏国，和齐、秦的邦交也不稳定，楚将受到孤立，不如赶快讲和。"昭阳说："好。"就派人告诉魏国，请与秦国讲和。

（《楚策三》）

魏王遗楚王美人

郑袖是楚王的宠妃，她妒忌魏国新来的美女，巧施毒计，进行残害。

郑袖外表美丽而心如蛇蝎。她先是装作对新人关心呵护，骗取对方的信任。回过头来，又蒙蔽楚王，让楚王也相信她。她口蜜腹剑，两面三刀，胸藏杀机，制造机会，终于使新人受到残害，其阴险狠毒，令人发指。

魏王遗楚王美人[1]，楚王说之[2]。夫人郑袖知王之说新人也[3]，甚爱新人。衣服玩好，择其所喜而为之；宫室卧具，择其所善而为之。爱之甚于王。王曰："妇人所以事夫者，色也；而妒者，其情也。今郑袖知寡人之说新人也，其爱之甚于寡人，此孝子之所以事亲，忠臣之所以事君也。"

【注释】

①魏王：不能确指何王。楚王：指楚怀王，名槐，公元前328—前299年在位。遗（wèi）：送。

②说：同"悦"。

③郑袖：楚怀王夫人。

【译文】

　　魏王送给楚王一位美人，楚王很喜欢她。夫人郑袖知道楚王宠爱这位美人，也就装作很喜欢她。一切服饰珍玩，都挑美人喜欢的送去；住室和卧具，都按美人中意的来置办。表面看来，郑袖比楚王还喜欢她。楚王说："女人用来侍奉丈夫的是美貌，而有妒忌心也是女人的常情。现在郑袖知道我喜欢新人，她喜欢的程度居然胜过我，这简直像孝子侍奉父母、忠臣侍奉君主一样啊！"

　　郑袖知王以己为不妒也，因谓新人曰："王爱子美矣。虽然，恶子之鼻[1]。子为见王，则必掩子鼻。"新人见王，因掩其鼻。王谓郑袖曰："夫新人见寡人，则掩其鼻，何也？"郑袖曰："妾知也。"

王曰："虽恶必言之。"郑袖曰："其似恶闻君王之臭也。"王曰："悍哉！"令劓之^②，无使逆命。

【注释】

①恶（wù）：厌恶。下文"恶闻君王之臭"中的"恶"同。

②劓（yì）：割去鼻子。

【译文】

郑袖知道楚王认为自己没有忌妒心了，就对新人说："大王喜欢你的美丽，可是却不喜欢你的鼻子。你如果去见大王，一定要捂住你的鼻子。"新人见到楚王，果真捂住自己的鼻子。楚王问郑袖："新人每次见到我，就捂住她的鼻子，不知是什么原因？"郑袖说："我知道为什么。"楚王说："即使是很难听的话，你也一定要告诉我。"郑袖说："她好像是讨厌闻到大王身上的气味吧。"楚王说："真胆大啊！"下令割掉美人的鼻子，不许违抗命令。

（《楚策四》）

庄辛谓楚襄王

　　楚国土地广大，在七国中首屈一指，但到了楚襄王时，连遭挫败，首都沦陷，迭失名城。庄辛指出，问题在于襄王享乐腐化，爱幸佞臣，不顾国事，以致秦军步步深入，国家濒于危亡。他善于进说，终使襄王感悟，改弦易辙，因而能稳定局势，继续和秦国对峙。

　　本文因小及大，由物到人，环环相扣，层层递进，行文铺张扬厉，开启了汉赋的先声。

　　庄辛谓楚襄王曰^①："……王独不见夫蜻蛉乎^②？六足四翼，飞翔乎天地之间，俯啄蚊虻而食之，仰承甘露而饮之，自以为无患，与人无争也。不知夫五尺童子，方将调饴胶丝，加己乎四仞之上^③，而下为蝼蚁食也。

【注释】

①庄辛：楚庄王的后代，故以庄为姓。楚襄王：即楚顷襄王熊横，公元前 298—前 263 年在位。

②蜻蛉（líng）：即蜻蜓。

③仞：古代长度单位，八尺为一仞。

【译文】

　　庄辛对楚襄王说："……大王难道没有见过蜻蜓吗？它有六足四翅，在天地之间飞翔，俯身捕食蚊虻，抬头吸吮甘露，自以为没有灾祸，和人也没有争端。它哪知五尺来高的小孩儿，正用糖浆涂着丝网，要把自己从两三丈高的地方粘下来，丢给蝼蛄和蚂蚁吃啊。

　　"蜻蛉其小者也，黄雀因是以。俯噣白粒^①，仰栖茂树，鼓翅奋翼，自以为无患，与人无争也。不知夫公子王孙，左挟弹，右摄丸，将加己乎十仞之上，以其颈为招。昼游乎茂树，夕调乎酸咸，倏忽之间^②，坠于公子之手。

【注释】

①噣：同“啄”。

②俄忽：顷刻。

【译文】

“蜻蜓还算是小的，黄雀也是如此啊。它俯身啄食白米粒，仰头飞到茂密的树间栖息，张开翅膀，奋力飞翔，自以为没有灾祸，跟谁也没有争端。它哪知那些公子王孙左手持弹弓，右手握弹丸，准备从七八丈的高空把它弹下来，正拿它的颈脖做箭靶子。它白天还在茂密的树间嬉游，晚上已被调上作料，做成菜肴，真是一转眼工夫，就掉在公子王孙的手里了。

“夫黄雀其小者也，黄鹄因是以①。游于江海，淹乎大沼，俯噣鳝鲤，仰啮菱衡②，奋其六翮而凌清风③，飘摇乎高翔，自以为无患，与人无争也。不知夫射者，方将修其碆卢④，治其矰缴⑤，将加己乎百仞之上。被礛磻⑥，引微缴，折清风而抎矣⑦。故昼游乎江河，夕调乎鼎鼐⑧。

【注释】

①黄鹄（hú）：天鹅。

②衡：同“荇（xìng）”，水草。

③翮（hé）：鸟翅上的长羽毛。

④碆（bō）卢：弓箭。碆，石箭头。卢，黑色的弓。

⑤矰缴（zēngzhuó）：系在箭尾的细绳，以便把箭收回。

⑥碈磻（jiānbō）：锐利的箭。碈，锐利。磻，同"砮"。

⑦扡：同"陁"。

⑧鼐（nài）：大鼎。

【译文】

"黄雀还算是小的，天鹅也是如此啊。它在江海间遨游，在湖沼里栖息，低头捕食鱼类，仰头嚼着菱角和荇菜，奋翅振羽，乘着清风在高空中翱翔，自以为不会有灾祸，和谁也没有争端。哪知那猎人正在修治弓箭，系好拴箭的丝绳，要从七八十丈的高空捕捉自己。它中了箭，拖着细细的丝绳，逆着清风栽落下来。它白天还在江河中嬉游，晚上已被煮在鼎里。

"夫黄鹄其小者也，蔡圣侯之事因是以①。南游乎高陂②，北陵乎巫山③，饮茹溪之流④，食湘波之鱼⑤，左抱幼妾，右拥嬖女，与之驰骋乎高蔡之中⑥，而不以国家为事。不知夫子发方受命乎宣王⑦，系己以朱丝而见之也。

【注释】

①蔡圣侯：蔡国末代君主。

②陂（bēi）：山坡。

③巫山：山名，在今重庆巫山东。

④茹溪：水名，巫山中的溪流。

⑤湘波：湘水。

⑥高蔡：今河南上蔡。

⑦子发：楚宣王将。宣王：指楚宣王，公元前369—前340年在位。

【译文】

"天鹅还算是小的，蔡圣侯的事也是如此啊。他南游高陂，北登巫山，饮马茹溪，食鱼湘江，左手抱着年轻的妃子，右手搂着心爱的美人，和她们一同驱车在高蔡一带游乐，不把国事放在心上。他哪知楚将子发正接受楚宣王的命令，要用红绳子绑他去见楚宣王了。

"蔡圣侯之事其小者也，君王之事因是以。左州侯，右夏侯，辇从鄢陵君与寿陵君①，饭封禄之粟，而载方府之金②，与之驰骋乎云梦之中，而不以天下国家为事。不知夫穰侯方受命乎秦王③，填黾塞之内④，而投己乎黾塞之外。"

【注释】

①"左州侯"几句：州侯、夏侯、鄢陵君、寿陵君，皆楚襄王宠臣。

②方府：楚国藏金的府库。

③秦王：指秦昭王。

④黾塞：在今河南信阳东南的平靖关。

【译文】

"蔡圣侯的事还算是小的，大王的事也是如此啊。大王左边是州侯，右边是夏侯，车后跟着鄢陵君和寿陵君，吃着封地的粮食，车上载着国库里的钱财，和他们在云梦泽中纵马驱车，游猎玩乐，不把国事放在心上。大王哪里知道穰侯正接受秦王的命令，准备攻进楚国黾塞以南，而把大王赶到黾塞以北去啊。"

襄王闻之，颜色变作，身体战栗。于是乃以执珪而授之，封之为阳陵君，与淮北之地也[1]。

【注释】

[1]与：通"举"，攻取。

【译文】

楚襄王听了这番话，脸色大变，身子发抖。于是把执圭的爵位授给庄辛，并封他为阳陵君，随着攻占了淮河以北的土地。

（《楚策四》）

有献不死之药于荆王者

　　不死之药本来并不存在，可是楚王却相信它。中射之士为了证明并没有什么不死之药，就把这种药抢过来吞了。楚王要想杀他吧，不死之药就变成了必死之药，只好放过他。中射之士用迂回的手段，点明了求仙的无益，金丹的虚妄。

有献不死之药于荆王者①，谒者操以入②。中射之士问曰③："可食乎？"曰："可。"因夺而食之。王怒，使人杀中射之士。

【注释】

①荆王：楚王。本篇近似寓言，此楚王不能确指。

②谒者：为国宾掌管传达的人。

③中射之士：善射的人，负责宫廷保卫。

【译文】

有人向楚王进献长生不死的仙药，谒者拿着进入宫中。中射之士问道："可以吃吗？"谒者回答说："可以。"于是中射之士夺过来就吃了。楚王很生气，派人去杀中射之士。

中射之士使人说王曰："臣问谒者，谒者曰可食，臣故食之，是臣无罪，而罪在谒者也。且客献不死之药，臣食之而王杀臣，是死药也。王杀无罪之臣，而明人之欺王。"王乃不杀。

【译文】

中射之士叫人向楚王进说道："我问过谒者，谒者说可以吃，我这才把它吃掉，可见我并没有过错，错误在谒者身上。况且宾客献上不死的仙药，我吃了，大王把我杀掉，这分明是死药啊。大王杀掉无罪的我，不是证明大王受骗上当了吗！"楚王就不杀他了。

（《楚策四》）

天下合从

公元前 241 年，楚、燕和三晋五国攻秦，牵头的是楚国，这时，春申君已在楚国做了二十二年的令尹。东方诸国连年受到秦的攻打，看不到何时才是尽头，于是决定联合出兵，作困兽之斗。本章所说"天下合从"，就在此时。

春申君打算让临武君统兵，赵使魏加用"惊弓之鸟"作比喻，说临武君是秦的手下败将，不能担此重任，春申君不听。秦国开关迎战，诸侯兵败走，伐秦以失败告终，楚国也被迫把都城由陈（今河南商丘睢阳区）东徙到寿春（今安徽寿县），处境更加艰难。事实证明，魏加的预测具有先见之明。

天下合从。赵使魏加见楚春申君曰^①："君有将乎？"曰："有矣，仆欲将临武君^②。"魏加曰："臣少之时好射，臣愿以射譬之，可乎？"春申君曰："可。"

【注释】

①魏加：赵臣。春申君：黄歇的封号。他是楚考烈王的相，被封在吴（今江苏苏州）。

②临武君：赵将庞煖（xuān）。

【译文】

东方各国准备合纵攻秦。赵国派遣魏加去见楚国的春申君，问道："您有将领了吗？"春申君回答说："有了，我打算用临武君做将领。"魏加说："我年轻时喜欢射箭，我希望用射箭来作比喻，可以吗？"春申君说："可以。"

加曰："异日者，更羸与魏王处京台之下^①，仰见飞鸟。更羸谓魏王曰：'臣为王引弓虚发而下鸟。'魏王曰：'然则射可至此乎？'更羸曰：'可。'有间，雁从东方来，更羸以虚发而下之。魏王曰：'然则射可至此乎？'更羸曰：'此孽也^②。'王曰：'先生何以知之？'对曰：'其飞徐而鸣悲。飞徐者，故疮痛也；鸣悲者，久失群也。故疮未息而惊心未忘也。闻弦音，引而高飞，故疮裂而陨也。'今临武君尝为秦孽，不可为拒秦之将也。"

【注释】

①更羸（léi）与魏王：都是假托的人。京台：台名，
　游玩观赏的地方。

②孽：未愈的隐伤。

【译文】

魏加说："从前，更羸和魏王处在京台的下面，抬头看见飞鸟。更羸对魏王说：'我愿为大王拉满空弓，做一个弹射的动作，就可使鸟掉下来。'魏王说：'射箭的技巧竟可达到如此神妙的地步吗？'更羸说：'可以。'不久，一只雁从东方飞来，更羸拉弓虚弹一下就使它掉下来。魏王问：'射箭的技巧真可达到如此的程度吗？'更羸答道：'因它有隐伤在身。'魏王说：'先生是怎么知道的？'更羸答道：'因它飞得慢而叫声悲哀。飞得慢，是因它的旧伤疼痛；叫声悲哀，是因它失群已久，旧伤未愈，而惊恐之心还没有忘掉啊。听到弓弦声就奋力高飞，使旧的伤口迸裂就掉了下来。'眼下的临武君，曾被秦军打败过，他可是不能担任抗秦的将领啊！"

（《楚策四》）

汗明见春申君

　　汗明在和春申君的交谈中，用老骥拖着盐车上太行，白汗交流，举步维艰，比喻贤士怀才不遇，不能发挥所长的悲愤心情，真是满腔抑郁，谁可倾诉？老骥一旦遇到伯乐，了解它，关心它，爱护它，就激动得不能自已，仰首长鸣，声达九天。真所谓"世上岂无千里马，人间难得是孙阳"。美玉被看作顽石，良骥被看作驽马，怎不叫人扼腕长叹！

汗明见春申君①，候问三月，而后得见。谈卒，春申君大说之。汗明欲复谈，春申君曰："仆已知先生，先生大息矣。"汗明愀焉曰②："明愿有问君而恐固。不审君之圣，孰与尧也③？"春申君曰："先生过矣，臣何足以当尧！"汗明曰："然则君料臣孰与舜④？"春申君曰："先生即舜也。"汗明曰："不然。臣请为君终言之。君之贤实不如尧，臣之能不及舜。夫以贤舜事圣尧，三年而后乃相知也。今君一时而知臣，是君圣于尧而臣贤于舜也。"春申君曰："善。"召门吏为汗先生著客籍，五日一见。

【注释】

①汗明：事迹不详。

②愀（cù）焉：不安的样子。

③尧：传说中上古时代的明君。

④舜：尧臣，后继尧为君。

【译文】

　　汗明去见春申君，等了三个月才被接见。交谈完毕，春申君非常高兴。汗明想继续再谈，春申君说："我已经了解先生了，请先生休息吧。"汗明不安地说："我想问一个问题，又怕问得太肤浅了。不知道您的圣明比尧怎么样？"春申君说："先生说得过分了，我怎么比得上尧呢！"汗明说："那么您看我和舜相比怎么样？"春申君说："先生就是舜啊。"汗明说："不对。请让我把话说完吧。您的圣明确实比不上尧，我的才能也比不上舜。即使贤能的舜在圣明的尧手下做事，三年以后尧才了解舜。现在您顷刻之间就说了解我，那就是您比尧更圣明而我比舜更贤能了。"春申君说："说得好。"就叫手下的办事人员把汗先生的名字登载在宾客名册上，每五天接见他一次。

汗明曰："君亦闻骥乎？夫骥之齿至矣，服盐车而上太行①。蹄申膝折②，尾湛胕溃③，漉汁洒地④，白汗交流，中坂迁延，负辕不能上。伯乐遭之⑤，下车攀而哭之，解纻衣以幂之⑥。骥于是俯而喷，仰而鸣，声达于天，若出金石声者，何也？彼见伯乐之知己也。今仆之不肖，厄于州部，堀穴穷巷⑦，沉洿鄙俗之日久矣⑧，君独无意湔拔仆也⑨，使得为君高鸣屈于梁乎？"

【注释】

①太行：山名，绵延于山西、河北两省。

②申：伸展。

③湛（chén）：下垂。胕（fū）：同"肤"。

④漉汁：渗出的液汁。

⑤伯乐：姓孙名阳，字伯乐，春秋时善相马的人。

⑥纻（zhù）衣：麻布衣。幂（mì）：覆盖。

⑦堀：通"窟"。

⑧沉洿（wū）：同"沉污"。

⑨湔（jiān）：洗涤。

【译文】

汗明对春申君说:"您曾经听说过千里马的故事吗?千里马快老了,主人驱使它驾着盐车,翻越太行山路。它伸着蹄,弯着腿,尾巴下垂,皮肤溃烂,口涎流在地上,身上汗水交流,在半山坡上艰难地挣扎,驾着车辕,怎么也上不去。这时伯乐遇见了它,就下车牵着它哭泣,解下自己的麻布衣盖在它身上。于是千里马低头喷气,然后昂首嘶鸣,声彻长空,那声音就像是从钟磬等乐器里发出来的,为什么这样?因为它看到伯乐了解自己啊。如今我不成材,在地方上受着压抑,住在洞穴中,生活在简陋的里巷内,沉浸在污浊鄙俗的环境已经很久了,您难道不想为我涤除污秽,让我也能在山梁上高声吐露出心里的委屈吗?"

(《楚策四》)

楚考烈王无子

　　战国时的宫廷斗争，尖锐而残酷，刀光剑影，血雨腥风，权谋和诡计层出不穷。楚国的资深大臣春申君，由于丧失警惕，不知不觉掉进"美人计"的圈套，丧身亡家，成为野心家李园夺取楚国大权的一枚棋子。

　　楚考烈王无子，李园欲将其妹献进宫中，又恐怕无子而失宠，他就先求做春申君的舍人，作为进身之阶。接着，他把妹妹进给春申君，知道她有孕后，又与其妹合谋，由春申君将其妹转献楚王，生子后，立为太子。李园以国舅身份，亲近用事，他怕春申君泄漏真情，欲杀之灭口。

　　不久，楚考烈王死，李园果然埋伏杀手，刺杀春申君，并杀掉春申君全家。楚太子立，是为幽王。李园妹成为太后，楚国大权落入李园的手中。

楚考烈王无子①，春申君患之，求妇人宜子者进之，甚众，卒无子。

【注释】

①楚考烈王：熊完，楚顷襄王之子，公元前262—前238年在位。

【译文】

楚考烈王没有儿子，春申君很担忧这件事，寻求能生育的妇女献给楚王，为数很多，但还是没有孩子。

赵人李园，持其女弟欲进之楚王，闻其不宜子，恐又无宠。李园求事春申君为舍人。已而谒归，故失期。还谒，春申君问状。对曰："齐王遣使求臣女弟，与其使者饮，故失期。"春申君曰："聘入乎？"对曰："未也。"春申君曰："可得见乎？"曰："可。"于是园乃进其女弟，即幸于春申君。

【译文】

赵国人李园带来他的妹妹，准备献给楚王。听说楚王不能生孩子，恐怕自己的妹妹进宫后也因不能怀孕而得不到楚王的宠爱。李园求见春申君，请求做他的随从。不久，李园请假回家，故意超过期限。在他回来拜见时，春申君问他的情况。他回答说："齐王派使臣来聘娶我的妹妹，我和使者一起喝酒，所以没有如期返回。"春申君问："受聘礼了吗？"李园回答说："还没有。"春申君说："可让我见一下你妹妹吗？"李园回答说："可以。"于是李园就把他的妹妹送来，她随即受到了春申君的宠爱。

知其有身，园乃与其女弟谋。园女弟承间说春申君曰："楚王之贵幸君，虽兄弟不如。今君相楚王二十余年，而王无子，即百岁后，将更立兄弟。即楚王更立，彼亦各贵其故所亲，君又安得长有宠乎！非徒然也，君用事久，多失礼于王兄弟。兄弟诚立，祸且及身，奈何以保相印、江东之封乎①？今妾自知有身矣，而人莫知。妾之幸君未久，诚以君之重而进妾于楚王，王必幸妾。妾赖天而有男，则是君之子为王也，楚国封尽可得，孰与其临不测之罪乎？"春申君大然之，乃出园女弟，谨舍而言之楚王。楚王召入，幸之。遂生子男，立为太子，以李园女弟立为王后。楚王贵李园，李园用事。

【注释】

①江东之封：春申君初封淮北十二县，后徙封吴（今江苏苏州）。

【译文】

李园知道妹妹怀孕了，就和她一起策划。李园的妹妹找机会对春申君说："楚王重用您，超过了他的亲兄弟。如今您辅佐楚王二十多年，而楚王没有儿子，他去世后，就会另立他的兄弟做国君。新君即位，会各自提拔他们原先的亲信，你又怎能长期得宠呢？不仅如此，您当权的时间长，有很多得罪楚王兄弟的地方。楚王兄弟真的做了国君，您就会大祸临头，又怎么能保住您的相印和江东的封邑呢？现在我知道自己已经怀孕了，而别人都不知道。我在您身边的时间不长，果真能凭借您的地位把我献给楚王，楚王定会喜欢我。我如能得到上天保佑生个男孩，那么您的儿子就会成为楚王，楚国全境都会得到，这不比您面临不测之罪强吗？"春申君认为她说得很对，就把李园的妹妹迁到府外，另行安置后推荐给楚王。楚王召她进宫，很宠爱她。后来生了个男孩，被立为太子，李园的妹妹被立为王后。楚王因此重用李园，李园就执掌了大权。

李园既入其女弟为王后，子为太子。恐春申君语泄而益骄，阴养死士[1]，欲杀春申君以灭口，而国人颇有知之者。

【注释】

①死士：杀手。

【译文】

李园使自己的妹妹进宫当了王后，她的儿子成了太子。他担心春申君口风不紧而骄傲，于是暗中畜养刺客，企图杀死春申君灭口。楚国国都中已经有些人知道了这件事。

春申君相楚二十五年……楚考烈王崩，李园果先入，置死士，止于棘门之内[1]。春申君后入，止棘门，园死士夹刺春申君，斩其头，投之棘门外。

于是使吏尽灭春申君之家。而李园女弟初幸春申君有身，而入之王所生子者，遂立为楚幽王也②。

【注释】

①棘门：宫门名。

②楚幽王：名悍，公元前237—前228年在位。

【译文】

春申君做楚相的第二十五年……楚考烈王死了，李园果然抢先进宫，安排刺客，埋伏在宫门里面。春申君随后进宫，刚走进宫门，李园的刺客就从两旁冲出把他刺死，并割下他的头，扔在宫门外边。接着又派人把春申君满门抄斩。李园的妹妹当初与春申君同居怀孕，进宫后生下的那个男孩子，被立为楚国国君，就是楚幽王。

（《楚策四》）

虞卿谓春申君

公元前 251 年，燕王喜派将军栗腹攻赵，赵连续四年展开反击，并在公元前 248 年，派虞卿出使，寻求楚国支援。

虞卿建议春申君乘楚考烈王年迈，选定自己的封邑，以取得春申君的好感。接下来又说："今燕之罪大，赵之怒深"，劝春申君出兵助赵攻燕。但楚国助赵，必取道魏国，虞卿又马不停蹄，赶往魏国，说服魏让楚借道，所有这一切，都是为了配合赵国反击燕国的军事行动。虞卿凭借辩才，出色地完成了使命。

虞卿谓春申君曰①："臣闻之《春秋》，于安思危，危则虑安。今楚王之春秋高矣，而君之封地不可不早定也。为主君虑封者，莫如远楚。秦孝公封商君，孝公死，而后不免杀之。秦惠王封冉子②，惠王死，而后王夺之。公孙鞅，功臣也；冉子，亲姻也，然而不免夺死者，封近故也。太公望封于齐，邵公奭封于燕，为其远王室矣。今燕之罪大而赵怒深③，故君不如北兵以德赵，践乱燕以定身封④，此百代之一时也。"

【注释】

①虞卿：赵国上卿。

②冉子：魏冉，昭王母宣太后弟，封穰侯。魏冉受封及被废，均在秦昭王时，不在秦惠王时，本文误记。

③燕之罪大：指燕王喜用栗腹之谋伐赵，引起燕、赵连年战争事。

④践：通"翦"，伐。定身封：指公元前259年，赵以灵丘（今山东高唐南）封春申君事。

【译文】

虞卿对春申君说："我听史书上说，安定时要想到危急，危急时要考虑转危为安。如今楚王年老，您的封地可不能不早日定下来啊。我为您考虑封地，最好远离楚国。秦孝公把商鞅封在商邑，孝公一死，商鞅最终不可避免地遭到杀害。秦惠王封魏冉，惠王死，后王就把魏冉的封邑夺去。公孙鞅是功臣，魏冉是姻亲，但他们都不免封地被夺或被杀，就是因为封地太近的缘故。太公望封在齐国，邵公奭封在燕国，因为远离王室，所以都能享国久长。如今燕国的罪大而赵国对它则非常愤恨，所以你不如引兵北上，对赵国表示友好，讨伐无道的燕国以确定自己的封邑，这是几百年难逢的机会啊。"

君曰："所道攻燕，非齐则魏。魏、齐新怨楚，楚君虽欲攻燕，将道何哉？"对曰："请令魏王可①。"君曰："何如？"对曰："臣请到魏，而使所以信之②。"

【注释】

①魏王：魏安釐王，名圉（yǔ）。

②使所以信之：当作"便所以言之"。

【译文】

春申君说："所要攻燕的道路，不是经过齐国就是经过魏国。魏、齐新近和楚国结怨，楚国军队即便要攻燕，又经过哪条路线呢？"虞卿回答说："请让魏王同意借道。"春申君说："怎么办？"虞卿回答说："我愿到魏国去，寻找机会进言。"

乃谓魏王曰："夫楚亦强大矣，天下无敌，乃且攻燕。"魏王曰："乡也①，子云天下无敌；今也，子云乃且攻燕者，何也？"对曰："今为马多力则有矣②，若曰胜千钧则不然者③，何也？夫千钧非马之任也。今谓楚强大则有矣，若越赵、魏而斗兵于

燕，则岂楚之任也哉！非楚之任而楚为之，是敝楚
也。敝楚是强魏也，其于王孰便也？”

【注释】

①乡：通“向”，先前。

②为马：即“谓马”。为，通“谓”。

③钧：三十斤。

【译文】

虞卿就对魏王说：“楚国也算是强大了，号称天下无
敌，将要攻打燕国。”魏王说：“先前你说楚国天下无敌，
如今你又说它要去攻燕，这怎么说呢？”虞卿回答说：“如
今说马的力量大这是有的，如果说它能负千钧重则是不可
能的，为什么？因为千钧不是马能承受的。如今说楚强大
是确实的，要是越过赵、魏和燕国作战，哪里是楚国所能
胜任的呢！楚国不能胜任却要去攻打燕国，这是使楚国疲
敝啊。使楚国疲敝是加强了魏国的力量，难道这对大王不
是有利的吗？”

（《楚策四》）

赵　策

知伯帅赵、韩、魏而伐范、中行氏

　　晋阳之围有三个重要人物：知伯骄傲自大而贪得无厌，赵襄子沉着冷静而善于用人，张孟谈聪明机警而老谋深算。三个人的不同性格决定了晋阳攻防战的命运，最终，知伯身死国亡，成为天下人的笑柄。赵襄子、张孟谈君臣一心，在敌强我弱的形势下，争取到韩、魏反戈一击，扭败为胜。

　　只要团结一致，把利害相同的各方联合起来，就能征服险滩，渡过湍流，战胜顽敌。

赵襄子召张孟谈而告之曰^①："夫知伯之为人^②，阳亲而阴疏，三使韩、魏而寡人弗与焉，其移兵寡人必矣。今吾安居而可？"张孟谈曰："夫董阏于^③，简主之才臣也^④，世治晋阳^⑤，而尹铎循之^⑥，其余政教犹存，君其定居晋阳。"君曰："诺。"……

【注释】

①赵襄子：战国初人，晋国六卿之一，名无恤，赵鞅之子。张孟谈：赵襄子的谋臣。

②知伯：名瑶，晋国六卿之一。公元前458年，他联合韩、赵、魏三家灭掉范氏、中行氏，其势最强。"知"或作"智"。

③董阏于：春秋时人，晋卿赵鞅的家臣。

④简主：即赵简子，春秋末晋国大夫，名鞅，他奠定了建立赵国的基础。

⑤晋阳：今山西太原南。

⑥尹铎（duó）：春秋时人，晋卿赵鞅家臣。

【译文】

赵襄子召见张孟谈，对他说："知伯的为人，表面对你友好，暗中却和你保持着距离，他屡次派人和韩、魏联系，单单避开我们，看来他一定调兵攻打我们。现在我们在哪里据守为好？"张孟谈说："那董阏于是先君简主得力的臣子，世代治理晋阳，其后由尹铎继任，他们的影响至今还保留着，你就驻守在晋阳吧。"赵襄子说："就这么办。"……

三国之兵乘晋阳城，遂战。三月不能拔，因舒军而围之，决晋水而灌之①。围晋阳三年，城中巢居而处，悬釜而炊，财食将尽，士卒病羸。襄子谓张孟谈曰："粮食匮，财力尽，士大夫病，吾不能守矣，欲以城下，何如？"张孟谈曰："臣闻之，亡不能存，危不能安，则无为贵知士也。君释此计，勿复言也。臣请见韩、魏之君。"襄子曰："诺。"

【注释】

①晋水：在晋阳附近，今名晋河，东北流入汾河。

【译文】

知、韩、魏三家的军队开到晋阳城下，战斗就打响了。三个月没有攻下，他们就散开军队把城包围起来，并掘晋水淹城。晋阳被围困了三年，城中的人被逼得在高处搭棚架栖身，吊起锅煮饭，吃的和用的都快没了，士兵们精疲力尽。赵襄子对张孟谈说："眼下粮缺财尽，臣民疲敝，我守不住了，想开城投降，你看怎么样？"张孟谈说："我听说，国家将亡而不能使它保存，局势危险而不能使它安定，那就用不着重视智谋之士了。请您放弃这个打算，别再说了。我要求去见韩、魏的君主。"襄子说："好。"

张孟谈于是阴见韩、魏之君曰："臣闻唇亡则齿寒，今知伯帅二国之君伐赵，赵将亡矣，亡则二君为之次矣。"二君曰："我知其然。夫知伯为人也，粗中而少亲，我谋未遂而知，则其祸必至，为之奈何？"张孟谈曰："谋出二君之口，入臣之耳，人莫之知也。"二君即与张孟谈阴约三军，与之期日，夜遣入晋阳。张孟谈以报襄子，襄子再拜之。

【译文】

张孟谈就秘密地会见了韩、魏两国的君主，对他们说："我听说'唇亡齿寒'，如今知伯率领二位伐赵，赵氏即将灭亡。赵亡就会轮到二位了啊。"他俩说："我们知道会是这样。那知伯的为人，粗暴而狠毒，我们的计谋还未成功，如被他发觉，就会大祸临头，你看怎么办？"张孟谈说："计谋从二位口中说出，进入我的耳里，别人是不会知道的。"他们俩就和张孟谈秘密部署好部队，约定了举事的日期，夜里把张孟谈送回晋阳城内。张孟谈把情况向赵襄子汇报，赵襄子对他拜了二次以致谢。

襄子……使张孟谈见韩、魏之君曰："夜期杀守堤之吏，而决水灌知伯军。"知伯军救水而乱，韩、魏翼而击之，襄子将卒犯其前，大败知伯军而禽知伯。

【译文】

赵襄子……派张孟谈去见韩、魏两国君主说："就在今夜杀掉守堤的人，放水去淹知伯的军营。"知伯军队忙着去救冲来的水，乱作一团，韩、魏军队从两翼夹击，赵襄子率领大军从正面进攻，大败知伯的军队，并活捉了知伯。

（《赵策一》）

晋毕阳之孙豫让

　　本章是一篇豫让的小传。

　　从春秋末到战国，各国的当权人物纷纷养士，以培植自己的势力。豫让先在范氏、中行氏手下办事，并未得到重用，后来转投知伯，知伯把他待为国士，最终得到了他的报答。

　　豫让漆身为癞，吞炭变哑，能忍人之所不能忍，表现了"士为知己者死"的决心。赵襄子的大度，也给人留下了深刻印象。

　　豫让在死前要求剑击赵襄子的衣服，今人看来，颇难了解其用意所在，在古代人们的心目中，则认为砍击敌人的衣服，就如同砍到了穿衣服的本人，属于交感巫术。《战国策》在下文本来还提到，襄子的衣服被砍得斑斑血迹，随即死去，因为事涉怪异，被后人删去了。

晋毕阳之孙豫让，始事范、中行氏而不说，去而就知伯，知伯宠之。及三晋分知氏，赵襄子最怨知伯，而将其头以为饮器。豫让遁逃山中曰："嗟乎！士为知己者死，女为悦己者容，吾其报知氏矣！"乃变姓名，为刑人，入宫涂厕，欲以刺襄子。襄子如厕，心动，执问涂者，则豫让也，刃其扞①，曰："欲为知伯报仇。"左右欲杀之，赵襄子曰："彼义士也，吾谨避之耳。且知伯已死，无后，而其臣至为报仇，此天下之贤人也。"卒释之。

【注释】

①扞：当作"圬"，泥工抹墙器。

【译文】

晋国毕阳的孙子豫让，最初在范氏、中行氏手下做事，不受重视。他就转投知伯门下，知伯十分信任重用他。后来赵、魏、韩三家瓜分了知氏的土地，赵襄子最恨知伯，把他的人头做成酒杯。豫让逃到山中说："唉！士为知己者死，女为悦己者容，我要报答知伯的知遇之恩！"于是改名换姓，扮成做杂役的人，到赵襄子宫中粉刷厕所，想谋刺赵襄子。赵襄子去厕所时，心中感觉异常，就让人把粉刷厕所的人抓来问他是谁，原来就是豫让，他在粉刷工具上装上兵刃，说："我想替知伯报仇。"赵襄子身边的人想杀豫让，赵襄子说："他是义士，我只要小心避开他罢了。而且知伯已死，没有后人，他的臣子能为他报仇，这可算得上是天下的贤人啊！"于是把他释放了。

豫让又漆身为厉①，灭须去眉，自刑以变其容，为乞人而往乞。其妻不识，曰："状貌不似吾夫，其音何类吾夫之甚也！"又吞炭为哑，变其音。其友谓之曰："子之道甚难而无功，谓子有志则然矣，谓子智则否。以子之才而善事襄子，襄子必近幸子，子之得近而行所欲，此甚易而功必成。"豫让乃笑而应之曰："是为先知报后知，为故君贼新君，大乱君臣之义者，无过此矣。凡吾所谓为此者，以明君臣之义，非从易也。且夫委质而事人，而求弑之，是怀二心以事君也。吾所为难，亦将以愧天下后世人臣怀二心者。"

【注释】

①厉：通"癞"，恶疮。

【译文】

豫让又在身上涂漆，使其长满恶疮，剃去须眉，用自残来改变容貌，扮成乞丐去行乞。他的妻子认不出他，说："相貌不像我的丈夫，可是声音怎么那样像我的丈夫啊！"豫让又吞炭使自己的声音嘶哑，改变了自己的嗓音。他的朋友劝他说："你所用的方法，难度大而又没有成效，说你有志向倒是不错，但你并不聪明。以你的才能，如很好地为赵襄子办事，襄子必定亲近你，你利用接近的机会去实现自己的愿望，这样既容易而又必然成功。"豫让笑着回答说："这是替早先了解我的人去报复后来了解我的人，是替旧主子去害新主子，极大地破坏君臣间的道义，没有比这更严重的了。我所以这样做，是为了阐明君臣间的道义，并不想挑拣容易的去做。况且投身到别人手下办事，又想着去杀他，这是怀着异心去事奉主子啊。我所以要采取困难的方法，是要使天下后世怀着异心去事奉主子的人感到惭愧。"

居顷之，襄子当出，豫让伏所当过桥下。襄子至桥而马惊。襄子曰："此必豫让也。"使人问之，果豫让。于是赵襄子面数豫让曰："子不尝事范、中行氏乎？知伯灭范、中行氏而子不为报雠，反委质事知伯。知伯已死，子独何为报雠之深也？"豫让曰："臣事范、中行氏，范、中行氏以众人遇臣，臣故众人报之。知伯以国士遇臣①，臣故国士报之。"襄子乃喟然叹泣曰："嗟乎，豫子！豫子之为知伯，名既成矣，寡人舍子亦以足矣。子自为计，寡人不舍子。"使兵环之。豫让曰："臣闻明主不掩人之义，忠臣不爱死以成名。君前已宽舍臣，天下莫不称君之贤。今日之事，臣故伏诛，然愿请君之衣而击之，虽死不恨。非所望也，敢布腹心。"于是襄子义之，乃使使者持衣与豫让。豫让拔剑三跃，呼天击之曰："而可以报知伯矣。"遂伏剑而死。死之日，赵国之士闻之，皆为涕泣。

【注释】

①国士：一国的精英。

　　过了不久，到了襄子外出视察的时候，豫让埋伏在襄子必经的桥下。襄子到达桥头，马儿猛然惊叫。襄子说："这定是豫让在此。"派人前去探问，果然正是豫让。于是襄子当面责备他说："你不是也曾在范、中行氏手下办事吗？知伯灭了范、中行氏，你不替他们报仇，反而转投到知伯手下。知伯已经死去，你为什么执着地为他报仇呢？"豫让说："我在范、中行氏手下办事，范、中行氏把我作为普通人对待，所以我就用一般人的态度对待他们。知伯把我做为国士对待，所以我就用国士的行为报答他。"襄子感叹流泪说："豫让啊，你为知伯所做的事，已使你成名了，我饶恕你也算是很够了。你自己盘算一下吧，我不再放过你了。"说罢，派兵士把他团团围住。豫让说："我听说贤明的主子不埋没别人的正义行为，忠臣不惜一死来成就自己的名声。你从前已经宽容我，天下都称赞你的贤明。今天的事，我本应伏法，但我请求能用剑击打你的衣服，我纵死也没有遗憾了。我的愿望不一定能够实现，但我想坦诚地说出来。"襄子被他说的话感动了，就派人把衣服递给豫让。豫让拔剑跳跃三次，击刺衣服，说："老天作证，我可以报答知伯的知遇之恩了。"语音刚落，就举剑自杀。他死的这天，赵国的人士听说，都忍不住为他落泪。

（《赵策一》）

秦王谓公子他

本章是叙事体，写的是秦、赵长平之战的历史背景，亦即这场战事的由来。

公元前 263 年，秦昭王出兵攻韩，一支部队攻打荥阳，切断韩军来路；一支部队穿越太行山，直插上党的心脏地区。韩王恐惧，要求献出上党郡，与秦国讲和。韩王派韩阳叫上党郡守献地，郡守不肯从命，宣称要与上党共存亡。韩阳回朝报告，韩王决定派冯亭接替郡守职务。

冯亭到任后，暗中派人告诉赵王说："韩国不能坚守上党，将把它割给秦国，上党的百姓不愿做秦民而愿归赵，我愿将上党十七县献给赵国，希望大王笑纳。"赵王大喜，准备接受。平阳君赵豹警告说："秦国粮食充足，法令严明，士气高涨，难以对抗，希望大王收回成命。"赵王不听，决定接收上党。秦王闻听大怒，便派白起等领兵攻打赵国的长平。

（秦攻韩。）冯亭守三十日①，阴使人请赵王曰②："韩不能守上党③，且以与秦，其民皆不欲为秦而愿为赵。今有城市之邑十七，愿拜内之于王④，唯王才之⑤。"赵王喜，召平阳君而告之曰⑥："韩不能守上党，且以与秦，其吏民不欲为秦而皆愿为赵。今冯亭令使者以与寡人，何如？"赵豹对曰："臣闻圣人甚祸无故之利。"王曰："人怀吾义，何谓无故乎？"对曰："秦蚕食韩氏之地，中绝不令相通，故自以为坐受上党也。且夫韩之所以内赵者，欲嫁其祸也。秦被其劳而赵受其利，虽强大不能得之于小弱，而小弱顾能得之强大乎？今王取之，可谓有故乎？且秦以牛田、水通粮，其死士皆列之于上地，令严政行，不可与战。王其图之。"王大怒曰："夫用百万之众，攻战逾年历岁，未得一城也。今不用兵而得城十七，何故不为？"赵豹出。

【注释】

①冯亭：韩国的上党郡守。

②赵王：赵孝成王，名丹，赵惠文王子，公元前265—前245年在位。

③上党：韩郡名，在今山西沁河以东一带。

④内：同"纳"。下同。

⑤才：通"裁"，裁度，裁定。

⑥平阳君：赵豹，赵惠文王同母弟。

【译文】

（秦国攻打韩国。）冯亭防守了三十天，暗中派人对赵王说："韩国守不住上党，将要割让给秦国，它的百姓都不想做秦民而愿做赵民。如今有十七座城邑，愿敬献给大王，请大王考虑吧。"赵王心里高兴，召见平阳君并对他说："韩国守不住上党，将割让给秦国，它的官吏和百姓都不愿做秦民而愿做赵民。如今冯亭派使者献给我，怎么办？"赵豹回答说："我听说圣人认为无故得利将带来大祸。"赵王说："别人倾慕我的德义，怎么说是无故呢？"赵豹答说："秦国蚕食韩国的土地，从中切断使它不能相通，所以自认为可以安坐而得上党。况且韩国之所以把地献给赵国，是想把祸患转嫁给赵国啊。秦国遭受劳苦，而赵国得到利益，即使是强大者都不可能从小弱者手中得到，哪里有小弱者反从强大者手中得到的可能呢？如今大王取得它，可以说是有理由的吗？况且秦国用牛耕田，用水道通运粮食，它的敢死之士都得到了上等的土地，法令严格而政令贯彻，不能和它交锋。大王好好考虑吧。"赵王非常生气地说："动用百万大军，连续几年作战，没有得到一城。如今不用兵就可得到城池十七座，为什么不这样做？"赵豹就退下了。

王召赵胜、赵禹而告之曰[1]："韩不能守上党，今其守以与寡人，有城市之邑十七。"二人对曰："用兵逾年，未得一城，今坐而得城，此大利也。"乃使赵胜往受地。

①赵胜、赵禹：皆赵国大臣。赵胜即平原君，为赵相，
　封于东武城（今山东武城西北）。

【译文】

　　赵王召见赵胜、赵禹，对他们说："韩国守不住上党，
如今它的郡守献给我，共有十七座城邑。"二人回答说："连
年用兵，没有得到一座城，如今安坐就能得城，这可是十
分有利的事啊！"于是派赵胜去接受土地。

　　赵胜至曰："敝邑之王使使者臣胜，太守有诏，
使臣胜谓曰：'请以三万户之都封太守，千户封县
令，诸吏皆益爵三级，民能相集者，赐家六金。'"
冯亭垂涕而勉曰："是吾处三不义也：为主守地而
不能死，而以与人，不义一也；主内之秦，不顺主
命，不义二也；卖主之地而食之，不义三也。"辞
封而入韩，谓韩王曰："赵闻韩不能守上党，今发兵
已取之矣。"

【译文】

　　赵胜到后宣告说："敝国的国王有诏派使者臣胜告诉太
守说：'如今拿三万家的大城封赐给郡守，千家的城封赐给
县令，一般官吏加爵三级，百姓能够相安的，每家赐给六
金。'"冯亭流泪低着头说："这样我就会处在三不义的境地
啊：作为君主守地而不能牺牲，反献给旁人，这是一不义；
君主把地已割给秦国，不听主子的命令，这是二不义；卖

掉主子的土地而自己得到封邑，这是三不义啊。"辞去封赏而进入韩国，对韩王说："赵国听说韩国无力防守上党，如今已发兵把它占领了。"

韩告秦曰："赵起兵取上党。"秦王怒[①]，令公孙起、王龁以兵遇赵于长平[②]。

【注释】

①秦王：秦昭王。

②公孙起、王龁（qí）：皆秦将。公孙起即白起，郿（今陕西眉县）人，以善于用兵著称。长平：赵邑，在今山西高平西北。

【译文】

韩国告诉秦国说："赵国已派兵攻取了上党。"秦王发怒，派白起、王龁领兵至长平和赵军对阵。

（《赵策一》）

武灵王平昼间居

公元前 302 年，赵武灵王顺应时势，推行改革，决定在赵国实行胡服骑射。

改革前，赵国强邻环伺，形势严峻。对赵威胁最大的是近在肘腋的中山和匈奴。匈奴骑兵经常侵扰赵的边境。中山地虽不大，但也曾屡败赵兵，深入赵境。赵武灵王对此念念不忘，想通过胡服骑射来扭转被动局面。

什么是胡服骑射？胡服是把过去衣裳连体、一直拖到地面的服装，改为上穿短衣，下着分裆裤的衣服，骑射则是用跨马射箭的骑兵代替笨重迟缓的战车。

实行胡服骑射后，很快就见到成效。赵连续击败北边的林胡、楼烦，几年后就灭掉中山，兵锋所及，所向必克，这就是这场改革所带来的变化。

（赵武灵王胡服骑射以教百姓。）赵造谏曰^①："隐忠不竭，奸之属也。以私诬国，贼之类也。犯奸者身死，贼国者族宗。此两者，先圣之明刑，臣下之大罪也。臣虽愚，愿尽其忠，无遁其死。"王曰^②："竭意不讳，忠也。上无蔽言，明也。忠不辟危，明不距人，子其言乎！"

【注释】

①赵造：赵臣。

②王：指赵武灵王，名雍，赵肃侯之子，公元前
325—前 299 年在位。

【译文】

（赵武灵王以胡服骑射来教导百姓。）赵造规劝道："藏住忠心不说，属于奸邪之类。因私心而误国，属于贼害之类。犯奸的应处死，害国的应灭族。这两种，是先王明确的刑罚，是臣子的大罪啊。我虽然愚钝，愿尽忠心，不敢逃避死罪。"武灵王说："畅所欲言，不加避讳，这是忠臣啊。君主不阻拦臣下发表意见，这是明君啊。忠臣不避危险，明君不拒绝别人提意见，你就说吧。"

赵造曰："臣闻之：'圣人不易民而教，知者不变俗而动。'因民而教者，不劳而成功；据俗而动者，虑径而易见也。今王易初不循俗，胡服不顾世，非所以教民而成礼也。且服奇者志淫，俗辟者乱民。是以莅国者不袭奇辟之服，中国不近蛮夷之

行，所以教民而成礼者也。且循法无过，修礼无邪，臣愿王之图之。”

【译文】

赵造说：“我听说：‘圣人不交换百姓而进行教诲，聪明的人不改变习俗而行动。’顺着民心去教诲的，不烦劳而可获得成功；依着习俗而行动的，轻车熟路，非常方便。现在大王改变原有的做法，不按习俗办事，改穿胡服而不顾社会上的议论，这可不是教导百姓遵守礼制啊。况且服装奇异的人，心意就放荡，习俗怪僻的地方，往往民心混乱。所以治理国家的人不穿怪僻的服装，中原地区不仿效蛮夷的不开化行为，因为这是教导人们遵守礼制啊。并且遵循原有办法，没有什么过错，奉行传统制度，不会偏离正道，我希望大王好好考虑一下。”

王曰：“古今不同俗，何古之法？帝王不相袭，何礼之循？宓戏、神农教而不诛①，黄帝、尧、舜诛而不怒②。及至三王③，观时而制法，因事而制礼，法度制令，各顺其宜；衣服器械，各便其用。故治世不一道，便国不必法古。圣人之兴也，不相袭而王；夏、殷之衰也，不易礼而灭。然则反古未可非，而循礼未足多也。且服奇而志淫，是邹、鲁无奇行也④；俗辟而民易，是吴、越无俊民也⑤。是以圣人利身之谓服，便事之谓教，进退之谓节，衣服之制，所以齐常民，非所以论贤者也。故圣与俗流，贤与变俱。谚曰：'以书为御者，不尽于马之情；以古制今者，不达于事之变。'故循法之功不足以高世，法古之学不足以制今，子其勿反也。"

【注释】

①宓（fú）戏、神农教而不诛：宓戏、神农都是传说中的圣王，据说伏羲（即宓戏）教民畜牧，神农教民耕种，不用刑罚，这就是所谓"教而不诛"。

②黄帝、尧、舜诛而不怒：黄帝、尧、舜都是传说中的古帝，据说他们虽然用兵诛乱，但仍以教化为主，所以说是"诛而不怒"。

③三王：指夏、商、周三代的开国圣王。

④邹、鲁：古国名。均在今山东境内，是礼教最早发达的地方。

⑤吴、越：古国名。在今江苏、浙江境内，据说它们的百姓"断发文身"，和中原的习俗不同。

【译文】

武灵王说："古今的习俗本不相同，为什么要效法古代？历代帝王互不相袭，为什么要遵循古代的礼制？伏羲、神农时代，只教化而不用刑罚；黄帝、尧、舜时代，虽用刑罚而不愤怒。夏、商、周三代的圣王，都是观察社会现实而制定法令，法令制度都顺应潮流，衣服器械都使用方便。所以说，治理国家不一定只用一种方法，只要对国家有利就不必效法古代。圣人的兴起，不承袭前代而兴旺；夏、商的衰败，因不变更制度而灭亡。可见反对古来旧俗的，不应受到非议；而遵循旧制的人，也就不值得赞许了。如果说服装特殊就会思想放荡，那么服饰正统的邹、鲁两国，就应该没有不正的行为了；如果说风俗怪僻的地方，百姓就会变坏，那么风俗特殊的吴、越地区，就该没有杰出的人才了。所以圣人认为，凡是适合穿着的，就是好服装；凡是便于办事的，就是好规章。关于送往迎来的礼节，衣服的样式，是使百姓们整齐划一，而不是用来评论贤能的人的。所以圣人能随着风俗而变化，贤人能随社会变化而前进。谚语说：'照书上记载来驾车的人，不能通晓马的习性；用老办法来对付现代的人，不懂社会的变化。'所以遵循旧制的做法不会建立盖世的功勋，尊崇古代的理论不能治理当代，希望你不要再说反对胡服的话了吧！"

（《赵策二》）

赵惠文王三十年

本章是田单和赵奢两位名将对于用兵方略的争论。

田单为齐守即墨，破燕军，曾取得以少胜多的辉煌胜利。他从自己的局部经验出发，主张用兵人数宜少。他引古为证，说从前帝王用兵，人数不超过三万，这显然是片面的，脱离当前实际。

田单的看法，受到赵奢的尖锐批评。赵奢指出，随着时代的变迁，进行战争的客观条件也发生了重大变化。并引用当代齐攻楚，赵攻中山，以及韩、魏互攻等战例，说明作战当应与时变化，不能墨守成规。赵奢的驳斥，分析形势极为透辟，田单只好承认自己的考虑有欠周到。

赵惠文王三十年^①，相都平君田单问赵奢曰^②：
"吾非不说将军之兵法也，所以不服者，独将军之
用众。用众者，使民不得耕作，粮食挽赁不可给
也。此坐而自破之道也，非单之所为也。单闻之，
帝王之兵，所用者不过三万，而天下服矣。今将军
必负十万、二十万之众乃用之，此单之所不服也。"

【注释】

①赵惠文王三十年：此有误，当作赵孝成王二年，即
　公元前264年。

②相都平君田单：田单本齐将，在齐封安平君。后
　为赵相，封都平君。赵奢：赵将。公元前270年，
　秦、赵阏与（今山西和顺）之战，赵奢大破秦军，
　赐号为马服君。

【译文】

　　赵惠文王三十年，赵相都平君田单问赵奢："我不是不
喜欢将军用兵之法，我只是不佩服将军用兵太多。用人太
多，百姓就不能进行耕作，粮食供应就会出现问题。这是
坐以待毙的方法，我是不会这样做的。我听说，帝王用兵
不过三万人，天下就会归服。现在将军非要十万二十万才
行军打仗，这就是我不佩服的地方。"

　　马服曰^①："君非徒不达于兵也^②，又不明其时势。
夫吴干之剑^③，肉试则断牛马，金试则截盘匜^④，薄
之柱上而击之，则折为三；质之石上而击之，则碎

为百。今以三万之众而应强国之兵，是薄柱击石之类也。且夫吴干之剑材，难夫毋脊之厚而锋不入，无脾之薄而刃不断⑤。兼有是两者，无钩咢镡蒙须之便⑥，操其刃而刺，则未入而手断。君无十余、二十万之众而为此钩咢镡蒙须之便，而徒以三万行于天下，君焉能乎！且古者，四海之内，分为万国，城虽大，无过三百丈者；人虽众，无过三千家者，而以集兵三万，距此奚难哉！今取古之为万国者，分以为战国七，能具数十万之兵，旷日持久数岁，即君之齐已。齐以二十万之众攻荆，五年乃罢。赵以二十万之众攻中山，五年乃归。今者齐、韩相方，而两国围攻焉⑦，岂有敢曰，我其以三万救是者乎哉？今千丈之城、万家之邑相望也，而索以三万之众，围千丈之城，不存其一角，而野战不足用也，君将以此何之？"都平君喟然太息曰："单不至也。"

【注释】

①马服：马服君，即赵奢。

②兵：指用兵之道。

③吴干之剑：指利剑。吴、干皆国名（干后为吴邑），其民善于铸剑。

④盘匜（yí）：古代盥洗器，用匜盛水，放在盘中。

⑤脾：剑面近刃处。

⑥钩：剑头环。咢（è）：当作"票"，"镖"的省字，刀剑鞘下饰。镡（tán）：剑柄与剑身连接的突出部

分。蒙须：剑绳。

⑦今者齐、韩相方，而两国围攻焉：此句是假设的话。

【译文】

马服君赵奢说："你不但不明白用兵之道，而且不明白天下大势。吴国的干将宝剑，可以用它砍断牛、马，可以用它砍断金属盘子，如果用它去敲击柱子，宝剑就会断成几截；如果用它去敲击石头，宝剑就会碰得粉碎。现在用三万军队去应对强国的军队，这就如同用宝剑去敲击柱子、石头那样。况且，干将这样的宝剑难求，如果剑脊不厚；剑刃就易损；剑近刃处不薄，就不能砍断东西。如果剑脊厚、近刃处薄，但没有配好剑柄、剑环和剑绳，这样就拿着剑刃去刺杀，还未伤敌，自己的手就先被割断了。你没有十万、二十万军队当成利剑来用，只凭三万军队纵横天下，你怎么可能做到呢？古代天下分为万国，都城大的不过三百丈，人多的不过三千家，这种情况下，用三万军队去攻打这些国家，有什么困难呢？现在古代的万国已变成七国，都能聚集数十万军队，战争会持续数年，就像你曾任职的齐国那样。齐国用二十万军队攻打楚国，五年不胜。赵国起兵二十万之众攻打中山国，五年才得胜班师。现在齐、韩力量相当，如果两国相攻，有谁敢说我用三万军队就能去救援呢？现在，千丈的城、万家的邑到处都是，而要用三万军队去包围千丈之城，只能围城一角，进行战斗就不够用了，你想用这点军队干什么呢？"田单长叹一声说："这是我考虑不周啊！"

（《赵策三》）

齐破燕，赵欲存之

邻居应该出入相友，守望相助，邻人有难决不能坐视不理。

齐人取燕，战火延烧到了赵国门口，再不加以援手，将把自己置于危险的境地。赵国筹划救燕，势在必行。战国七雄之间，大体维持着一种均势，互相联系而又互相牵制，所以能保持平衡。齐国吞燕，兼有两大国的土地和资源，东方各国间的均势遭到破坏，各国诸侯都要起而自救，共同把矛头对准齐国。救燕国也就是救自己，齐国成为众矢之的是必然的。

齐破燕^①，赵欲存之。乐毅谓赵王曰^②："今无约而攻齐，齐必仇赵，不如请以河东易燕地于齐^③。赵有河北^④，齐有河东，燕、赵必不争矣^⑤，是二国亲也。以河东之地强齐，以燕、赵辅之，天下憎之，必皆事王以伐齐，是因天下以破齐也。"王曰："善。"乃以河东易齐，楚、魏憎之，令淖滑、惠施之赵^⑥，请伐齐而存燕。

【注释】

①齐破燕：公元前314年，齐宣王乘燕国内乱，出兵攻燕，五十天就攻破燕国。

②乐毅：灵寿（今河北灵寿西北）人。魏将乐羊后代，时为赵臣。赵王：指赵武灵王。

③河东：今河北清河一带，靠近齐国。

④河北：今河南新密等地。

⑤燕、赵必不争矣：当为"齐、赵必不争矣"，故云"二国亲也"。

⑥淖滑：楚臣。惠施：魏相。

【译文】

齐国攻破燕国，赵国想保存它。乐毅对赵王说："如今没有约结同盟而单独攻齐，齐必恨赵，不如提出用河东的地方和齐国交换燕国的土地。赵有河北的地方，齐有河东的地方，燕、赵必然没有争端了，两国就会互相亲善。用河东的地方使齐国强大，用燕国和赵国辅佐它，各国憎恨它，一定会事奉大王共同伐齐，这就是联络各国共同破齐啊！"赵王说："好。"就用河东地和齐国交换，楚、魏两国憎恨它，楚派淖滑，魏派惠施来到赵国，请求共同攻齐，使燕保存下来。

（《赵策三》）

平原君谓平阳君

　　平原君的话，主旨在说明事物具有联系性，它们环环相扣，层层递进，由小到大，小事常常会带来严重后果。

　　权力会带来财富，财富会带来美食，美食会带来骄奢，发展下去，漫无止境，就会送掉性命。它告诉人们，应当防微杜渐，从小事开始注意，把祸患消灭在萌芽状态中。

平原君谓平阳君曰^①："公子牟游于秦^②，且东，而辞应侯。应侯曰：'公子将行矣，独无以教之乎？'曰：'且微君之命命之也，臣固且有效于君。夫贵不与富期而富至，富不与粱肉期而粱肉至，粱肉不与骄奢期而骄奢至，骄奢不与死亡期而死亡至。累世以前，坐此者多矣。'应侯曰：'公子之所以教之者厚矣。'仆得闻此，不忘于心，愿君之亦勿忘也。"平阳君曰："敬诺。"

【注释】

①平阳君：赵惠文王母弟赵豹。

②公子牟：魏国公子。

【译文】

平原君赵胜对平阳君赵豹说："公子牟在秦国游历后，准备东归魏国，他去向应侯辞行。应侯说：'你就要走了，难道没有什么指教吗？'公子牟说：'你就是不说，我也会有话要对你说。人尊贵了，不追求富裕，富裕自会到来；富裕之后不去追求美味，美味也自会到来；已经享用美味而不追求骄奢，骄奢也自会到来；生活骄奢而不想死亡，死亡也自会到来。以前的世世代代就这样毁掉的太多了。'应侯说：'你所指教的使我受益良多。'我听到这些，一定牢记在心中，希望你也不要忘记。"平阳君回答："遵命。"

（《赵策三》）

秦攻赵于长平

楼缓为秦国游说，想叫赵王拱手献上秦军在战场上得不到的东西，可谓机关算尽。虞卿的驳议，捍卫赵国的领土完整，义正辞严，铿锵有力，终于说服了赵王，拒绝割地。交涉失败的楼缓，只好灰溜溜地逃走。

大言欺人，经不起检验。骗子的鬼话，决不能取信于人。

秦攻赵于长平，大破之①，引兵而归②。因使人索六城于赵而讲。赵计未定。楼缓新从秦来③，赵王与楼缓计之曰④："与秦城何如？不与何如？"楼缓辞让曰："此非臣之所能知也。"王曰："虽然，试言公之私。"楼缓曰："……今臣新从秦来，而言勿与，则非计也；言与之，则恐王以臣之为秦也。故不敢对。使臣得为王计之，不如予之。"王曰："诺。"

【注释】

①秦攻赵于长平，大破之：公元前260年，秦、赵在长平大战，秦将白起坑杀赵降卒四十多万人。长平，赵邑，在今山西高平西北。

②引兵而归：秦相范雎嫉妒白起的功劳，下令召他回国。

③楼缓：赵人，仕于秦，此时为秦做说客。

④赵王：即赵孝成王，名丹，公元前265—前245年在位。

【译文】

秦国在长平和赵国决战，大败赵军，随即撤军。接着派使者到赵国索要六座城邑作为讲和条件。赵国还未拿定主意。楼缓刚从秦国前来，赵王和楼缓商量道："把城割给秦国好呢，还是不割的好？"楼缓推辞说："这不是我所能知道的。"赵王说："话虽如此，你还是谈谈你个人的看法吧。"楼缓说："……如今我刚从秦国来，要是说不割城吧，那不是好办法；要是说割城吧，恐怕大王又认为我是在替秦国说话。所以不敢回答。如果我可以为大王考虑的话，不如把城割给秦国。"赵王说："好。"

虞卿闻之①，入见王，王以楼缓言告之。虞卿曰："此饰说也。"……王曰："何谓也？"虞卿曰："秦之攻赵也，倦而归乎？王以其力尚能进，爱王而不攻乎？"王曰："秦之攻我也，不遗余力矣，必以倦而归也。"虞卿曰："秦以其力攻其所不能攻，倦而归。王又以其力之所不能攻以资之，是助秦自攻也。来年秦复攻王，王无以救矣。"

【注释】
① 虞卿：赵臣，姓虞，名已失传。

【译文】
虞卿听说这件事，上朝去见赵王，赵王把楼缓的话告诉虞卿。虞卿说："这是骗人的话啊。"……赵王说："怎么见得呢？"虞卿说："秦国这次攻打赵国，是因为疲惫而退兵呢？或是大王认为他们还有力量进攻，只是因为怜恤大王才停止进攻呢？"赵王说："秦国攻打我们，已经不遗余力了，一定是因为疲惫不堪才撤军的。"虞卿说："秦国用他们的兵力攻打他们得不到的地方，因疲惫而撤军。大王却拿他们用兵力攻不下来的地方去资助他们，这是帮助秦国攻打我们自己啊。明年秦国再进攻大王，大王就没有办法自救了。"

王又以虞卿之言告楼缓。楼缓曰："虞卿能尽知秦力之所至乎？诚不知秦力之所不至，此弹丸之地，犹不予也，令秦来年复攻王，得无割其内而媾乎？"王曰："诚听子割矣，子能必来年秦之不复攻我乎？"楼缓对曰："此非臣之所敢任也。……"

【译文】

赵王又把虞卿的话告诉楼缓。楼缓说："虞卿了解秦国兵力能打到哪里吗？如果他确实并不知道秦军能打到哪里，这点弹丸之地也不肯给，假如秦国明年再来攻打大王，大王能够不割内地去求和吗？"赵王说："假如听了你的意见割地，你能保证明年秦国不再来攻打我国吗？"楼缓说："这就是我所不敢担保的了。……"

王以楼缓之言告。虞卿曰："……来年秦复求割地，王将予之乎？不与，则是弃前功而挑秦祸也；与之，则无地而给之。……今坐而听秦，秦兵不敝而多得地，是强秦而弱赵也。以益愈强之秦，而割愈弱之赵，其计固不止矣。……王必勿予。"王曰："诺。"……因发虞卿东见齐王①，与之谋秦。

【注释】

①齐王：指齐王建，公元前264—前221年在位。

【译文】

赵王又把楼缓的话告诉虞卿。虞卿说："……明年秦国

再要求割地，大王割还是不割呢？不给吧，就会前功尽弃
而挑起秦国进攻的祸端；给吧，就已经无地可割了。……
如今束手听任秦国的摆布，秦兵不受损耗就得到大量土地，
这是增强秦国而削弱赵国啊。以更加强大的秦国，来宰割
愈加弱小的赵国，他们的要求一定是没有止境的。……大
王一定不要割地给秦。"赵王说："好。"……于是派虞卿
到东方去见齐王，和他商量对付秦国的策略。

虞卿未反，秦之使者已在赵矣。楼缓闻之，
逃去。

【译文】
　　虞卿还没有从齐国返回，秦国派来议和的使者就已到
了赵国。楼缓听到这个消息，就连忙逃走了。

（《赵策三》）

秦、赵战于长平

公元前 260 年，秦、赵之间爆发了长平大战。战争爆发后，赵军小有失利，赵孝成王在和战之间举棋不定。楼昌建议派特使赴秦求和，虞卿则建议拉拢楚、魏作为声援，对秦形成压力，才可在有利条件下媾和。

赵王不听虞卿之计，派亲信郑朱入秦，失去楚、魏援助，终致军败国弱，和秦国订立城下之盟。

秦、赵战于长平，赵不胜，亡一都尉^①。赵王
召楼昌与虞卿曰："军战不胜，尉复死。寡人使卷甲
而趋之^②，何如？"楼昌曰："无益也，不如发重使
而为媾。"虞卿曰："夫言媾者，以为不媾者军必破，
而制媾者在秦。且王之论秦也，欲破王之军乎？其
不邪^③？"王曰："秦不遗余力矣，必且破赵军。"
虞卿曰："王聊听臣，发使出重宝以附楚、魏。楚、
魏欲得王之重宝，必入吾使。赵使入楚、魏，秦必
疑天下合从也，且必恐，如此则媾乃可为也。"

【注释】

①都尉：中级军官。

②趋：同"趋"。

③不：同"否"。

【译文】

　　秦、赵两国在长平大战，赵军不能取胜，死了一名都
尉。赵王召见丞相虞卿和大臣楼昌，赵王说："现在我军不
能取胜，还死了一名都尉。我想命令军队紧束铠甲袭击秦
军，你们认为怎样？"楼昌说："这没有用，不如派人去和
秦国讲和。"虞卿说："现在主张讲和的人，一定是认为不
讲和则赵军必败，但讲和的主动权却在秦国。大王认为秦
国是想打败赵军还是不想打败赵军？"赵王答道："秦国不
遗余力，肯定是想打败赵军。"虞卿说："大王请听我的建
议，派出使臣带着贵重的珍宝去讨好楚国、魏国。楚国、
魏国要得到大王的珍宝，肯定会接待我们的使臣。赵国的

使臣到了楚国、魏国，秦国肯定会怀疑天下诸侯联合抗秦，一定会害怕，只有这样，和谈才能成功。”

赵王不听，与平阳君为媾，发郑朱入秦，秦内之。赵王召虞卿曰：“寡人使平阳君媾秦，秦已内郑朱矣，子以为奚如？”虞卿曰：“王必不得媾，军必破矣，天下之贺战胜者皆在秦矣。郑朱，赵之贵人也，而入于秦，秦王与应侯必显重以示天下①。楚、魏以赵为媾，必不救王。秦知天下不救王，则媾不可得成也。”赵卒不得媾，军果大败。王入秦，秦留赵王而后许之媾。

【注释】

①秦王：指秦昭王。

【译文】

赵王没有采纳虞卿的建议，派平阳君主持和议，并派郑朱进入秦国，秦国接纳了郑朱。赵王召见虞卿说：“我已派平阳君讲和，秦国也已接纳了郑朱，你认为结果如何？”虞卿答道：“大王的和谈一定不会成功，赵军必败，天下诸侯全都会向秦国祝贺胜利。郑朱，是赵国的贵人，现在去了秦国，秦王与应侯必定会隆重接待，告知天下诸侯。楚国、魏国会认为赵国已与秦国讲和，肯定不会出兵救赵。秦王知道诸侯都不救赵，那么讲和是不会成功的。”赵国最终没能与秦国讲和，赵军果然大败。赵王到了秦国，秦国扣留了赵王才同意讲和。　　　　　（《赵策三》）

秦围赵之邯郸

长平之战后，秦军围攻赵都邯郸，赵国危亡迫在眉睫，向魏求救。

魏国先后派出两批人员。一是由将军晋鄙带领的部队停留在魏、赵边境，作出援赵的姿态。一是派将军辛垣衍进入邯郸，劝赵尊秦为帝，认为秦必喜而罢兵。

鲁仲连闻讯，面见辛垣衍，申明他宁蹈东海而死，也不愿做秦的臣民，并分析了尊秦为帝的严重后果，指出秦若为帝，将对诸侯颐指气使，特别是会"变易诸侯之大臣"，辛垣衍也将丧失其原有地位。这番话道出了辛垣衍的心病，击中了要害，辛垣衍终于表态，不敢再说帝秦的话。加上魏公子无忌率领援军到来，秦军只好撤退。李白诗说："齐有倜傥生，鲁连特高妙。却秦振英声，后世仰末照"，热情地歌颂了鲁仲连义不帝秦的高风亮节。

秦围赵之邯郸①……此时鲁仲连适游赵，会秦围赵。闻魏将欲令赵尊秦为帝，乃见平原君曰："事将奈何矣？"平原君曰："胜也何敢言事②！百万之众折于外，今又内围邯郸而不能去。魏王使将军辛垣衍令赵帝秦③，今其人在是，胜也何敢言事！"鲁连曰："始吾以君为天下之贤公子也，吾乃今然后知君非天下之贤公子也。梁客辛垣衍安在？吾请为君责而归之。"……

【注释】

①秦围赵之邯郸：事在公元前 257 年。

②胜：平原君自称其名。

③魏王：魏安釐（xī）王，名圉（yǔ），公元前 276 年—前 243 年在位。辛垣衍：辛垣衍为他国在魏任职者，在魏任将军。

【译文】

秦军包围了赵国的都城邯郸……这时鲁仲连恰好到赵国游历，碰上秦军围赵。他听说魏国打算叫赵国尊秦为帝，就去见平原君道："事情怎么样了？"平原君说："我还能说什么呢！百万大军在外受到损失，现在秦军深入，包围邯郸而无法使他们退兵。魏王派客将军辛垣衍叫赵国尊秦为帝，现在这个人正在这里，我还能说什么呢！"鲁仲连说："早先我把您看作是天下顶尖的贤公子，如今我才发现您不是这样的人啊。魏国客人辛垣衍在哪里？我愿为您责备他并打发他回去。"……

鲁连见辛垣衍而无言。辛垣衍曰："吾视居此围城之中者，皆有求于平原君者也。今吾视先生之玉貌，非有求于平原君者，曷为久居此围城之中而不去也？"

【译文】

鲁仲连见到辛垣衍后一言不发。辛垣衍说："我看留在这座围城中的人，都是有求于平原君的。如今我看先生的神采，不像是有求于平原君的人，为什么老留在这座围城中而不走呢？"

鲁连曰："……彼秦者，弃礼义而上首功之国也。权使其士，虏使其民。彼则肆然而为帝，过而遂正于天下，则连有赴东海而死矣，吾不忍为之民也！……

【译文】

鲁仲连说："……那秦国是个不讲礼义而以杀人为荣的国家。它用权术对待士人，像对待俘虏那样地役使百姓。它如果放肆地称帝，甚至进一步对天下发号施令，那么我鲁仲连只好跳东海自杀了，我是决不肯做它的子民的！……

"且秦无已而帝，则且变易诸侯之大臣。彼将夺其所谓不肖，而予其所谓贤；夺其所憎，而与其所爱。彼又将使其子女谗妾为诸侯妃姬，处梁之宫，梁王安得晏然而已乎？而将军又何以得故宠乎？"

【译文】

"再说秦国的野心没有止境，一旦称帝，就将对诸侯的大臣进行变动。它将撤掉他们认为不好的人，而提拔他们认为能干的人；撤去他们所厌恶的人，任用他们所喜欢的人。还会把秦国的女子、说坏话的女人嫁给诸侯们做姬妾，住进魏王的宫里，魏王哪能安宁度日呢？而将军又怎能得到原有的宠幸呢？"

于是，辛垣衍起，再拜，谢曰："始以先生为庸人，吾乃今日而知先生为天下之士也。吾请去，不敢复言帝秦。"

【译文】

于是辛垣衍起身，拜了两拜，并赔不是说："起初我认为先生是个平庸的人，到今天才知道先生是天下少有的高士啊。请让我告辞，今后我再不敢说尊秦为帝的话了。"

秦将闻之，为却军五十里，适会魏公子无忌夺晋鄙军以救赵击秦①，秦军引而去。于是平原君欲封鲁仲连。鲁仲连辞让者三，终不肯受。平原君乃置酒，酒酣，起前以千金为鲁连寿。鲁连笑曰："所贵于天下之士者，为人排患、释难、解纷乱而无所取也。即有所取者，是商贾之人也，仲连不忍为也。"遂辞平原君而去，终身不复见。

【注释】

①晋鄙：魏安釐王将。

【译文】

秦军将领听说此事后，为此退兵五十里，恰好正赶上魏公子无忌夺取了晋鄙指挥的军队来救赵，抗击秦军，秦军就撤退回国了。于是平原君准备封赏鲁仲连。鲁仲连再三推辞，坚决不肯接受。平原君就设宴招待他，酒正喝得高兴，平原君起身向前，奉上千金为鲁仲连祝福。鲁仲连笑着说："我所以受到天下贤士的尊重，就在于为人排难解纷而不要任何报酬。如果有所索取，那就成为商人一样的人了，我可不愿这样做啊。"于是就告别平原君而去，从此以后再没有见过面。

（《赵策三》）

齐将攻宋，而秦阴禁之

在国际上出现富于侵略野心的国家，不免使各国都感到头痛，它的出现，就像是一股祸水，会威胁到周边的各国。

水是没有定形的，可以自由流动，在东方决一个口，它就会流向东；在西方决一个口，它就会流向西；可以通过人为的努力，控制它的走向。

战国晚期的齐闵王也是一股祸水，它攻秦、击楚、破燕，威胁到各国安全。燕昭王派苏秦到齐国卧底，劝说齐闵王攻宋，就是为了把齐国这股祸水引向南方，消耗它的力量，以便伺机出击，报齐国破燕之仇。苏秦的一切活动都围绕这一目标进行，劝李兑支持齐国攻宋而决定陶邑之封，就是其中的一招棋子。

面对强敌，如何把祸水引到别的地方，使自己避开凶锋，这是一个值得重视的历史经验。

齐将攻宋，而秦阴禁之。齐因欲与赵，赵不听。齐乃令公孙衍说李兑^①，以攻宋而定封焉^②。……

【注释】

①公孙衍：此另一人，非犀首。李兑：赵国大臣，封奉阳君，时任赵相。

②宋：战国时的中等国家，都彭城（今江苏徐州）。

【译文】

齐国打算进攻宋国而秦国暗中阻止它。齐国因此想拉拢赵国，可赵国不同意。齐国就派公孙衍游说李兑，赞成攻宋以便确定他的封地。……

苏秦乃谓齐王曰^①："臣之所以坚三晋以攻秦者^②，非以为齐得利秦之毁也，欲以使攻宋也。而宋置太子以为王，下亲其上而守坚，臣是以欲足下之速归休士民也。今太子走，诸善太子者，皆有死心。若复攻之，其国必有乱，而太子在外，此亦举宋之时也。

【注释】

①齐王：指齐闵王。

②三晋：韩、赵、魏三国。

【译文】

苏秦就对齐王说："我之所以使三晋坚定地攻打秦国，并不是认为齐国可在秦国失败中得到什么好处，是想这样可以便于攻打宋国啊。宋国让太子登上王位，百姓们支持新国王而防守坚固，我因此想让您迅速撤军回国休整。如今宋太子出走，支持太子的人都感到灰心。如果再去攻打它，它的国内必会出现混乱，而太子身在国外，这正是拿下宋国的好时机啊。

"臣为足下使公孙衍说奉阳君曰：'君之身老矣，封不可不早定也。为君虑封，莫若于宋，他国莫可。夫秦人贪，韩、魏危，燕、楚辟^①，中山之地薄^②，莫如于陶^③。失今之时，不可复得已。宋之罪重，齐之怒深，残乱宋，德大齐，定身封，此百代之一时也。'奉阳君甚食之。虽得大封，齐无大异。

【注释】

①辟：偏僻。

②中山：战国时的中等国家。晚期都灵寿（今河北平山东北）。

③陶：定陶，宋邑，今山东定陶西北。

【译文】

"我已经让公孙衍替您游说奉阳君道：'您的年纪老了，封地不能不早些定下来。为您考虑封地，不如在宋国，别国都不行。那秦国人贪心，韩、魏危险，燕、楚偏僻，中山的土地贫瘠，不如定在陶邑。失掉现在的时机，就再不能得到了。宋国的罪恶重，齐国的怒气深，攻打无道的宋国，讨好强大的齐国，决定自己的封邑，这是百代难逢的机会啊。'奉阳君听得很高兴。他虽得到一个大封邑，对齐国没有多大影响。

"臣愿足下之大发攻宋之举，而无庸致兵，以观奉阳君之应足下也。悬陶以甘之，循有燕以临之，而臣待忠之封，事必大成。臣又愿足下有地效于襄安君以资臣也①。足下果残宋，此两地之封也，足下何爱焉？若足下不得志于宋，与国何敢望也②。足下以此资臣也，臣循燕观赵，则足下击溃而决天下矣。"

【注释】

①襄安君：燕国公子，这时在齐国做人质。

②与国：同盟国，此指燕、赵。

【译文】

"我希望您大举攻打宋国，不必等待赵军的支援，看奉阳君是怎样响应您的。把陶给他，让他尝到甜头，加上有顺从齐国的燕国来威慑他，我又用封邑来对他表示效忠，事情定会大有成功。我又希望您有地方给予襄安君以协助我工作。您果真能攻下宋国，拿两个地方做别人的封邑，您又有什么值得吝惜的呢？如果您取宋的意图不能实现，同盟的各国也就没有什么指望了。您用这两个封邑来助我开展工作，臣顺从燕，观察赵国，那么您就可以击溃宋国而宰割天下了。"

（《赵策四》）

五国伐秦无功

公元前 287 年，五国伐秦无功，赵国想与秦媾和，此举如果实现，将使合纵阵线瓦解，影响到齐国攻宋。

苏秦劝奉阳君坚持攻秦，并说如果各国争相事秦，秦可采取六种行动，都会对赵不利，也会使奉阳君不能得陶作为封邑。

苏秦指出：秦、齐联合，秦国控制中原，在三晋谋求利益，对赵不利，这是其一。秦在齐、韩、魏三国安插自己的亲信，结成连横阵线，秦的连横派得势，对赵不利，这是其二。秦、齐、赵三强联合，秦取得魏的安邑，会对赵构成威胁，对赵不利，这是其三。秦用伐齐来拉拢楚国，攻破韩、魏，吞并二周，赵国四面受围，逐渐消耗，对赵不利，这是其四。秦使三晋攻齐，让它们互相削弱，秦再攻取安邑，迫使韩、魏西向朝秦，赵国就会落入秦国掌握之中，对赵不利，这是其五。秦国打起主张正义、存亡继绝的幌子，扶植中山和滕复国，赵国和宋将面临同样的命运，对赵不利，这是其六。

苏秦的分析，头头是道，终于赢得奉阳君的首肯。苏秦的千言万语，无非是要为齐国攻宋营造一个有利的客观环境，好让它无暇顾及北方的燕国。

五国伐秦无功，罢于成皋。赵欲媾于秦①，楚与魏、韩将应之，齐弗欲。苏秦谓齐王曰②："臣以为足下见奉阳君矣③。臣谓奉阳君曰：'天下散而事秦，秦必据宋，魏冉必妒君之有阴也④。秦王贪，魏冉妒，则阴不可得已矣。君无媾，齐必攻宋。齐攻宋，则楚必攻宋，魏必攻宋，燕、赵助之。五国据宋，不至一二月，阴必得矣。得阴而媾，秦虽有变，则君无患矣。若不得已而必媾，则愿五国复坚约。五国愿得赵，足下雄飞，与韩氏大吏东免⑤，齐王必无召珉也⑥。使臣守约，若与国有倍约者，以四国攻之。无倍约者，而秦侵约，五国复坚而宾之⑦。今韩、魏与齐相疑也，若复不坚约而讲，臣恐与国之大乱也。齐、秦非复合也，必有踦重者矣。复合与踦重者，皆非赵之利也。且天下散而事秦，是秦制天下也。秦制天下，将何以天下为？臣愿君之蚤计也。

【注释】

①媾（gòu）：和解。

②齐王：齐闵王。

③以：通"已"。奉阳君：赵大臣李兑。

④魏冉必妒君之有阴："阴"当作"陶"，下同。秦相魏冉亦欲得陶作为封邑，故妒李兑得陶。

⑤东免：勉励齐继续攻秦。免，通"勉"。

⑥齐王必无召珉也：珉，韩珉，韩人，亲秦派，曾为

齐相。主张秦、齐联合，因秦反对齐攻宋，齐联赵攻秦，于是罢相去赵。五国伐秦不利，欲与秦讲和，齐想召回韩珉与秦讲和。这里是劝齐维持五国联合，不要召回韩珉。

⑦宾：通"摈"，排斥。

【译文】

齐、楚、赵、魏、韩五国攻秦，未取得战果，停留在成皋。赵想与秦讲和，楚和魏、韩打算响应，齐国不同意。苏秦对齐闵王说："我已经为您去见奉阳君了。我对奉阳君说：'天下分散了去投靠秦国，秦必然兵临宋国，魏冉必然嫉妒您占有陶邑。秦王贪心，魏冉嫉妒，陶邑就得不到了。您不媾和，齐国必然攻宋。齐国攻宋，楚、魏定会插手，燕、赵也会出兵相助。五国兵临宋国，不过一二月，陶邑必然到手了。得陶后再讲和，即使秦国态度有变，您也没有什么后顾之忧了。如果不得已定要讲和，希望五国仍然坚守盟约。各国都和赵国亲善，您又坚强有力，和韩国大臣一道东行勉励齐王，坚持合纵，齐王一定不要召回韩珉。让我做盟约监督人，如果盟国有背叛盟约的，由四国去攻打它。没有谁背约，要是秦国来侵犯盟国，五国仍旧坚决抗击它。如今韩、魏和齐国互相猜疑，如果不能坚守盟约而讲和，我恐怕盟国会发生大乱啊。齐、秦如果不是复合，地位定会有轻有重。不管是复合或它们谁占上风，都不会对赵国有利啊。并且天下分散去投向秦国，秦国就控制了天下。秦国如果控制了天下，天下还能起什么作用呢？我希望您早早考虑啊。

"'天下争秦，秦有六举，皆不利赵矣。天下争秦，秦王受负海之国[1]，合负亲之交，以据中国，而求利于三晋，是秦之一举也。秦行是计，不利于赵，而君终不得阴，一矣。

【注释】

①负海之国：指齐国。

【译文】

"'天下争相事秦，秦有六种举动，都是对赵国不利的。天下争相事秦，秦王接近齐国，化敌为友，凌驾中原而在三晋谋求利益，这是秦的一种举动。秦采取这种行动，对赵不利，而您最终也得不到陶邑，这是其一。

"'天下争秦，秦王内韩珉于齐，内成阳君于韩[1]，相魏怀于魏[2]，复合衡交两王[3]，王贲、韩他之曹皆起而行事[4]，是秦之一举也。秦行是计也，不利于赵，而君又不得阴，二矣。

【注释】

①内：同"纳"。成阳君：韩国封君，亲秦派。

②魏怀：魏人，亲秦派。

③两王：指燕、赵两王。

④王贲、韩他：皆秦臣，主张对赵用兵。

【译文】

"'天下争相事秦，秦王让韩珉入齐，让成阳君入韩，让魏怀担任魏相，重新组成连横阵线，与燕、赵两国复交。而王贲、韩他这些主张拉拢韩、魏的人，都出来控制政局，这是秦的一种举动。秦国采取这个办法，对赵不利，而您也得不到陶邑，这是其二。

"'天下争秦，秦王受齐受赵，三强三亲，以据魏而求安邑，是秦之一举也。秦行是计，齐、赵应之，魏不待伐，抱安邑而倍秦，秦得安邑之饶，魏为上交，韩必入朝秦，过赵已安邑矣，是秦之一举也。秦行是计，不利于赵，而君必不得阴，三矣。

【译文】

"'天下争相事秦，秦王接纳齐、赵，三强改善了关系，凌逼魏国而要求得到安邑，这是秦国的一种举动。秦国采取这个计策，齐、赵都响应它，魏国不等秦兵攻打，就会奉上安邑投向秦国，秦国得到安邑，魏又成了它关系亲密的国家，韩国定会去朝见秦国，秦再用安邑来威胁赵国，这是秦国的一种举动。秦采取这个策略，对赵不利，而您又必然得不到陶邑，这是其三。

"'天下争秦，秦坚燕、赵之交，以伐齐收楚，与韩珉而攻魏，是秦之一举也。秦行是计，而燕、赵应之。燕、赵伐齐，兵始用，秦因收楚而攻魏，不至一二月，魏必破矣。秦举安邑而塞女戟①，韩之太行绝，下轵道、南阳而伐魏②，绝韩，包二周，即赵自消烁矣。国燥于秦，兵分于齐，非赵之利也，而君终身不得阴，四矣。

【注释】

①女戟：魏地，近韩。

②轵（zhǐ）：魏邑，在今河南济源南。南阳：地区名，属魏，在今河南济源至获嘉一带，以在太行山南而得名。

【译文】

"'天下争相事秦，秦加强和燕、赵的邦交，用攻齐来拉拢楚国，和韩珉一起攻魏，这是秦的一种行动。秦采取这个办法，而燕、赵加以响应。燕、赵攻齐战斗刚刚打响，秦在这时联合楚国去攻魏，用不了一两个月，魏必被攻破。秦军拿下安邑，堵塞女戟，切断韩国的太行之路，直下轵道、南阳去进攻魏国，切断韩国，包围东、西二周，赵国自然就削弱了。国力被秦国消耗，兵力又分出去攻齐，这对赵是不利的，而您又终身得不到陶邑，这是其四。

"'天下争秦，秦坚三晋之交攻齐，国破财屈，而兵东分于齐，秦按兵攻魏，取安邑，是秦之一举也。秦行是计也，君按救魏，是以攻齐之已弊，与秦争战也。君不救也，韩、魏焉免西合？国在谋之中，而君有终身不得阴，五矣。

【译文】

"'天下争相事秦，秦使三晋加强联合去攻打齐国，国家残破，财力消耗，兵力分散在东边对齐的战事中，秦于是兴兵攻魏，夺取安邑，这是秦国的一种举动。秦国采取这个计策，您要是出兵救魏，就是用对齐作战已受到消耗的兵力和秦国交锋。您如果不去救援，韩、魏怎能避免倒向西方？赵国在秦的算计之中，而您又终身得不到陶邑，这是其五。

"'天下争秦，秦按为义，存亡继绝，固危扶弱，定无罪之君，必起中山与滕焉①，秦起中山与滕，而赵、宋同命，何暇言阴？六矣。故曰君必无讲，则阴必得矣。'

【注释】

①滕：国名，在今山东滕州东南，被宋所灭。

【译文】

"'天下争相事秦，秦于是打出主持正义，保存亡国、延续绝灭之国，安定危国、扶持弱国、稳定无罪的君主这样的幌子，必然恢复中山和滕国，秦让中山和滕复国，赵、宋就面临同样的命运，怎么还可能谈到陶邑？这是其六。所以说您一定不要讲和，陶邑就必然到手了。'

"奉阳君曰：'善。'乃绝和于秦，而收齐、魏以成取阴。"

【译文】

"奉阳君说：'很好。'就停止与秦讲和，并拉拢齐、魏，以求实现取得陶邑的愿望。"

（《赵策四》）

虞卿请赵王

公元前 266 年，秦用范雎为相，步步向东方进逼。六国合纵，赵、魏争欲主持纵约。当时魏是盟主，促成其事的是魏相范座，赵臣虞卿想用百里之地作为交换条件，让魏王杀掉范座。范座富于心计，怎会坐以待毙？他写信给继任者信陵君，说是秦国如用加倍的土地请杀魏相，信陵君的下场岂不是也会和他一样吗？兔死狐悲，物伤其类，信陵君于是劝魏王放过范座。

身处绝境，如何沉着机智，化险为夷，范座的做法是一个成功的范例。

虞卿请赵王曰①："人之情，宁朝人乎？宁朝于人也？"赵王曰："人亦宁朝人耳，何故宁朝于人？"虞卿曰："夫魏为从主，而违者范座也②。今王能以百里之地，若万户之都，请杀范座于魏。范座死，则从事可移于赵。"赵王曰："善。"乃使人以百里之地，请杀范座于魏。魏王许诺，使司徒执范座而未杀也③。

【注释】

①虞卿：赵相。赵王：赵惠文王。

②违：当作"成"。范座：魏相。

③司徒：掌管土地及民政的官。

【译文】

　　虞卿对赵王说："常人的想法，是愿意使人来朝见，还是愿意去朝见别人呢？"赵王说："人都愿意使人来朝见，怎会愿意去朝见别人呢？"虞卿说："现在魏国是合纵的盟主，促成其事的是范座。如果大王能用百里之地，或以万家的大城，要求魏国杀掉范座。范座死后，合纵的盟主就会是赵国了。"赵王说："好。"赵王于是派人拿百里之地去要求魏王杀掉范座。魏王答应了，魏王派司徒拘捕了范座却没有杀他。

　　范座献书魏王曰："臣闻赵王以百里之地，请杀座之身。夫杀无罪范座，薄故也；而得百里之地，大利也。臣窃为大王美之。虽然，而有一焉，百里之地不可得，而死者不可复生也，则王必为天下笑矣。臣窃以为与其以死人市，不若以生人市也。"

【译文】

范座上书给魏王说："我听说赵王用百里之地来要求杀我。杀掉一个无罪的范座，是件小事；得到百里之地是非常有利的。我暗自为大王高兴。但是，有这样一种情况，得不到百里之地，而死去的人又不能复活，那么大王就会被天下人耻笑。我私下认为与其把死人交给对方，不如把活人交给对方。"

又遗其后相信陵君书曰："夫赵、魏，敌战之国也。赵王以咫尺之书来，而魏王轻为之杀无罪之座，座虽不肖，故魏之免相也，尝以魏之故，得罪于赵。夫国内无用臣，外虽得地，势不能守。然今能守魏者，莫如君矣。王听赵杀座之后，强秦袭赵之欲，倍赵之割，则君将何以止之？此君之累也。"信陵君曰："善。"遽言之王而出之。

【译文】

范座又写信给继任相位的信陵君说："赵国、魏国是敌对的国家。赵王写来一封短信，而魏王就轻易地杀掉了无罪的范座。范座即使不才，但也是魏国免职的相国，曾经因为魏国的关系得罪了赵国。现在国内无可用之臣，虽然得到了土地也是不能守住的。现在能防守魏国的，非君莫属。大王听从赵王的要求杀我之后，强大的秦国采用同样的办法，比赵国割让的土地加倍，你又怎么能制止他呢？这就是您将碰到的麻烦。"信陵君说："好。"于是就向魏王进言，让他放了范座。

（《赵策四》）

秦攻魏，取宁邑

公元前 286 年，魏把安邑献给秦国，各国使臣纷纷入秦朝贺，唯独赵使得不到接见，于是有人向赵王推荐辩士谅毅，说他定能胜任。

谅毅入秦，果然不同凡响，受到召见。秦昭王向他提出，要赵王杀掉平原君和赵豹。这是一个骇人听闻的要求，很难回答。谅毅却轻松地用秦昭王的两弟叶阳君、泾阳君为例，说明兄弟友爱出于天性，秦王看重自己的兄弟感情，为什么却要让赵王杀掉自己的兄弟呢？秦王无法反驳，只好找个借口下台。

谅毅巧妙地拒绝了秦王的要求，举重若轻，不辱君命，真是出色的外交使节。

秦攻魏，取宁邑①，诸侯皆贺。赵王使往贺②，三反不得通。赵王忧之，谓左右曰："以秦之强，得宁邑，以制齐、赵。诸侯皆贺，吾往贺而独不得通，此必加兵于我，为之奈何？"左右曰："使者三往不得通者，必所使者非其人也。曰谅毅者，辩士也，大王可试使之。"

【注释】

①宁邑：即安邑，在今山西夏县西北。
②赵王：赵惠文王。

【译文】

秦国攻打魏国，占领了宁邑，诸侯都去祝贺。赵王派人去祝贺，往返三次都没有得到接见。赵王为此事感到担忧，对身边的人说："以秦国的强大，得到宁邑后，可以控制齐、赵。诸侯都去祝贺，我派人去祝贺却得不到接见，秦国必会攻打我国，怎么办呢？"赵王身边的人说："大王派人三次前往而得不到接见，肯定是派出的使臣不得力的缘故。有个叫谅毅的人，能言善辩，大王可让他试试。"

谅毅亲受命而往。至秦，献书秦王曰①："大王广地宁邑，诸侯皆贺，敝邑寡君亦窃嘉之，不敢宁居，使下臣奉其币物三至王廷，而使不得通。使若无罪，愿大王无绝其欢；若使有罪，愿得请之。"秦王使使者报曰："吾所使赵国者，小大皆听吾言，则受书币。若不从吾言，则使者归矣。"谅毅对曰：

"下臣之来，固愿承大国之意也，岂敢有难？大王若有以令之，请奉而行之，无所敢疑。"

【注释】

①秦王：秦昭王。

【译文】

谅毅接受了派遣前往秦国。到秦国后，给秦王上书说："大王攻取了宁邑，诸侯都来祝贺，敝国的君主亦暗自高兴，不敢视而不见，派人带上礼物三次前来都没有得到接见。使臣如果没有罪过，希望大王不要断绝两国的友好；如果使臣有罪过，愿闻其详。"秦王派人对谅毅说："我派到赵国的人，无论事情大小都要听我的，我就接受书信和礼物。如果不听我的话，那么你就请回吧！"谅毅答道："我到秦国来，就是愿意听到贵国的意见，怎么敢有不同的意见？大王如果有什么吩咐，我愿一切照办，不敢有丝毫迟疑。"

于是秦王乃见使者曰："赵豹、平原君数欺弄寡人，赵能杀此二人则可，若不能杀，请今率诸侯受命邯郸城下。"谅毅曰："赵豹、平原君，亲寡君之母弟也，犹大王之有叶阳、泾阳君也①。大王以孝治闻于天下，衣服之便于体，膳啖之嗛于口②，未尝不分于叶阳、泾阳君。叶阳君、泾阳君之车马衣服，无非大王之服御者。臣闻之：'有覆巢毁卵而凤凰不翔，刳胎焚夭而麒麟不至③。'今使臣受大王之令以还报，敝邑之君畏惧不敢不行，无乃伤叶阳君、泾阳君之心乎？"

【注释】

①叶阳、泾阳君：叶阳君，又号高陵君，名悝。泾阳
　　君，名芾。二人皆秦昭王同母弟。

②嗛（xián）：通"衔"。

③刳（kū）：剖开。夭：幼兽。

【译文】

于是秦王接见了谅毅。秦王说："赵豹和平原君多次欺骗、玩弄我，赵国如果能杀此二人则罢，如果不杀，我就将率各国人马到邯郸城来讨个公道。"谅毅说："赵豹和平原君都是敝国君主的兄弟，就像叶阳君和泾阳君是大王的兄弟一样。大王兄弟友爱之情天下闻名，凡有好的衣服和好的饮食，都要让叶阳君、泾阳君分享。叶阳君、泾阳君两个的车马、衣服都和大王使用的一样。我听说：'打翻鸟巢、毁坏鸟卵，凤凰就不会飞来；伤害小兽，麒麟就不会出现。'现在如果我按大王的意见报告回去，敝国君主心里畏惧不敢不执行，恐怕也会伤害叶阳君、泾阳君的心吧？"

秦王曰："诺。勿使从政。"谅毅曰："敝邑之君，有母弟不能教诲，以恶大国，请黜之，勿使与政事，以称大国。"秦王乃喜，受其币而厚遇之。"

【译文】

秦王说:"好。那就不要让他们过问政事好了。"谅毅说:"敝国的君主对兄弟教导无方,得罪了贵国,现决定罢免他们,不让他们参与国家政事,让贵国称心如意。"秦王听后,非常高兴,接受了谅毅带来的礼物,很好地接待了他。

(《赵策四》)

赵太后新用事

公元前 265 年，秦军攻赵，赵向齐求救，齐要求用长安君做人质，才肯出兵。

长安君是太后的爱子，怎肯让他做人质？太后说，如有人再提此事，就要唾他的面，拒绝任何人进言。老臣触龙忠心为国，知道此事必须解决，宣称愿见太后。他用迂回战术，先从身边的生活琐事谈起，不知不觉中，打消了太后的怒气，终于说服太后，送出长安君，争取到齐国的援助。

文末所载子义的评论，对后代传记文学有深远影响。司马迁在《史记》各篇的传末，都有一段"太史公曰"作为赞语，其后历代正史的传记，也都用"史臣曰"进行评价，甚至清代蒲松龄的《聊斋志异》，也在篇末用"异史氏曰"来发挥议论，显得余韵悠扬。

赵太后新用事①，秦急攻之。赵氏求救于齐。齐曰："必以长安君为质②，兵乃出。"太后不肯，大臣强谏。太后明谓左右："有复言令长安君为质者，老妇必唾其面。"

【注释】

①赵太后：赵孝成王母。

②长安君：赵太后的幼子。长安是封号，不是地名。

【译文】

赵太后刚执政，秦军就猛烈攻打赵国。赵国向齐国求救。齐国说："定要用长安君做人质，才能发兵。"太后不同意，大臣们竭力劝说。太后向身边的人明确宣布："有谁再说叫长安君做人质的，老婆子一定向他的脸上吐唾沫。"

左师触龙言愿见太后①，太后盛气而胥之②。入而徐趋，至而自谢，曰："老臣病足，曾不能疾走，不得见久矣。窃自恕，而恐太后玉体之有所郄也③，故愿望见太后。"太后曰："老妇恃辇而行④。"曰："日食饮得无衰乎？"曰："恃粥耳。"曰："老臣今者殊不欲食，乃自强步，日三四里，少益嗜食，和于身也。"太后曰："老妇不能。"太后之色少解。

【注释】

①左师：执政官。触龙：赵臣。

②胥：等待。

③郤（xì）：通“隙”。此指身体不适。

④辇：人拉的车。

【译文】

左师触龙说他愿进见太后，太后气冲冲地等着他。才入宫时，小步移动示敬，到后致歉意，说："老臣的脚有毛病，所以不能快走，好久没有机会见面了。我私下原谅自己，又恐怕太后的身体劳累，所以希望谒见太后。"太后说："老婆子行动靠车。"触龙问道："每天饮食怕会有所减少吧？"太后回答说："靠的是稀饭而已。"触龙说："老臣近些时候不思饮食，于是勉强步行，一天走三四里，逐渐想吃东西，使身子舒服了点。"太后说："老婆子办不到。"太后的脸色有所缓和。

左师公曰："老臣贱息舒祺，最少，不肖，而臣衰，窃爱怜之，愿令得补黑衣之数①，以卫王宫，没死以闻②。"太后曰："敬诺。年几何矣？"对曰："十五岁矣。虽少，愿及未填沟壑而托之。"太后曰："丈夫亦爱怜其少子乎？"对曰："甚于妇人。"太后笑曰："妇人异甚。"对曰："老臣窃以为媪之爱燕后贤于长安君③。"曰："君过矣，不若长安君之甚。"左师公曰："父母之爱子，则为之计深远。媪之送燕后也，持其踵为之泣，念悲其远也，亦哀之矣。已行，非弗思也，祭祀必祝之，祝曰：'必勿使反。'岂非计久长，有子孙相继为王也哉！"太后曰："然。"

【注释】

①黑衣：卫士穿的衣服，此借指侍卫。

②没死：冒死罪。

③媪（ǎo）：对老年妇女的敬称。燕后：赵太后女，
因嫁给燕王，故称燕后。

【译文】

左师公说："老臣的犬子舒祺，年纪最小，没有本领，而今我老了，心里很喜欢他，希望能让他补进黑衣侍卫的队伍里，保卫王宫，我冒着死罪提出这个请求。"太后说："非常同意。有多大年纪了？"触龙回答："十五岁了。虽说年幼，希望在我死前能把他托付给人。"太后说："男人们也喜爱自己的小儿子吗？"触龙回答说："超过女人家。"太后笑道："女人家爱小儿子可是特别厉害啊！"触龙答说："老臣私下里认为您老人家爱燕后超过了长安君。"太后说："您错了，比起爱长安君差得远。"左师公说："父母疼爱子女，为他们考虑得很深远。您老人家送燕后出嫁，临别登车，握住她的足跟哭泣，悲伤她的远去，也是感到伤心啊。她走后，不是不思念她，祭祀必为她祝福，祝告道：'一定别让她回来。'难道不是考虑长远，希望她的子孙世代继承王位吗？"太后说："是的。"

左师公曰："今三世以前，至于赵之为赵，赵主之子孙侯者，其继有在者乎？"曰："无有。"曰："微独赵，诸侯有在者乎？"曰："老妇不闻也。""此其近者祸及身，远者及其子孙。岂人主

之子侯则必不善哉？位尊而无功，奉厚而无劳，而挟重器多也。今媪尊长安君之位，而封之以膏腴之地，多予之重器，而不及今令有功于国，一旦山陵崩①，长安君何以自托于赵？老臣以媪为长安君计短也，故以为其爱不若燕后。"太后曰："诺。恣君之所使之。"于是为长安君约车百乘质于齐，齐兵乃出。

【注释】

①山陵崩：国君或王后之死的讳称。

【译文】

左师公说："从现在上推到三代以前，直到赵建国时，赵君的子孙做侯的，他的后嗣还有存在的吗？"太后答说："没有。"左师公又问："不单是赵国，其他诸侯情况相同还有存在的吗？"太后答说："老婆子没有听说过。"触龙说："这些人近的本身遭祸，远的子孙遭祸。难道君主的儿子做侯的就一定不好吗？因为他们地位高而并未建功，俸禄多而并无劳绩，并且占有许多宝物啊。如今您老人家提高长安君的地位，把肥沃的地方封给他，给他很多宝物，不趁现在让他为国立功，一旦您不幸逝世，长安君怎么在赵国立足呢？老臣认为您老人家为长安君考虑得少，所以说您爱他比不上爱燕后。"太后说："说的是。听凭你安排他吧。"于是替长安君准备了一百辆车子，让他到齐国做人质，齐国这才发兵。

子义闻之曰①：“人主之子也，骨肉之亲也，犹不能恃无功之尊、无劳之奉，而守金玉之重也，而况人臣乎！”

【注释】

①子义：赵国的贤人。

【译文】

子义听说这件事后说道：“国君的儿子，是国君的亲骨肉啊，尚且不能依靠无功而得来高位，无劳而得来俸禄，坐拥金玉等贵重财物，何况是做臣子的呢？”

（《赵策四》）

魏　策

文侯与虞人期猎

　　战国初年，由于魏文侯具有卓越的政治才能，在国内完成了一系列改革，使魏国首先强大起来，韩、赵、齐等国都接受了魏国的领导，声名显赫，超过了春秋五霸之首的齐桓公。

　　魏文侯能够取得巨大的成功，有多方面的原因，本文所载，他和虞人约定狩猎日期后，顶风冒雨，如期前往，从一个侧面反映他能严格遵守信用，勇于承担责任，说话算话，博得国内人民的信任，也树立了他的国际声望，国内国外，对他都心悦诚服。文末所说的"魏于是乎始强"，正是一句画龙点睛之笔。

文侯与虞人期猎①。是日饮酒乐，天雨。文侯将出，左右曰："今日饮酒乐，天又雨，公将焉之？"文侯曰："吾与虞人期猎，虽乐，岂可不一会期哉！"乃往，身自罢之。魏于是乎始强。

【注释】

①虞人：管理山泽的小官。

【译文】

魏文侯和虞人约定日期打猎。到了这天，喝酒兴致很高，天下着雨。文侯将要出行，身边的人说："今天酒喝得高兴，天又下雨，您准备到哪里去呢？"文侯说："我和虞人约定了打猎的日期，虽然高兴，怎能不如期相会呢！"于是动身前往，亲自告诉虞人因雨停止打猎的事。魏国于是逐渐强大起来。

（《魏策一》）

魏武侯与诸大夫浮于西河

吴起是战国时期杰出的英雄人物，他不仅是卓越的军事家，也是一个优秀的政治家。魏武侯派他镇守西河，防守坚不可摧，挡住了秦军东进的道路。

本章写他和魏武侯的一段谈话，充分表现了他的政治眼光。魏武侯认为凭借河山之险，就可以高枕无忧，这个观点本来是错误的，大夫王错却随声附和，企图博得魏武侯的欢心。吴起尖锐地指出，河山之险并不足恃，桀、纣都因恃险而亡国，归根到底，政治的好坏才是起决定作用的因素，一席话说得魏武侯连连点头称是。

不幸的是，吴起从此与王错结下仇怨，王错成天说吴起的坏话，终于把吴起排挤走。木秀于林，风必摧之。吴起流着眼泪离开魏国，魏国的地位从此不断下滑，直至丧失霸主地位。

魏武侯与诸大夫浮于西河^①，称曰："河山之险，岂不亦信固哉！"王错侍坐^②，曰："此晋国之所以强也^③。若善修之，则霸王之业具矣。"吴起对曰^④："吾君之言，危国之道也；而子又附之，是重危也。"武侯忿然曰："子之言有说乎？"

【注释】

①魏武侯：名击，魏文侯之子，公元前395—前370年在位。西河：黄河流经魏国西部由北向南的一段。下文的"西河"是郡名，指今陕西东部黄河西岸地区。

②王错：魏臣。

③晋国：指魏国。

④吴起：卫国人，战国时著名军事家和政治家，时仕魏。

【译文】

魏武侯和诸位大夫在西河乘船而下，他赞叹道："河山如此险要，难道不真是坚不可摧吗？"王错陪坐在旁边，说："这就是魏国所以强大的的原因啊。如果好好地治理它，成就霸王之业的条件就具备了。"吴起接着说："我们国君的话，把国家引向了危险的路；而你又附和他，这就更危险了。"武侯生气地说："您这样说有什么理由吗？"

吴起对曰："河山之险，不足保也；伯王之业，不从此也。昔者三苗之居^①，左彭蠡之波^②，右有洞庭之水^③，文山在其北^④，而衡山在其南^⑤。恃此险也，为政不善，而禹放逐之^⑥。夫夏桀之国^⑦，左天门之阴⑧，而右天谿之阳⑨，庐、罩在其北⑩，伊、洛出其南⑪。有此险也，然为政不善，而汤伐之⑫。殷纣之国⑬，左孟门而右漳、釜⑭，前带河，后被山。有此险也，然为政不善，而武王伐之⑮。且君亲从臣而胜降城，城非不高也，人民非不众也，然而可得并者，政恶故也。从是观之，地形险阻，奚足以霸王矣！"

【注释】

①三苗：古族名。

②彭蠡：古泽名，即今江西鄱阳湖。

③洞庭：湖名，在今湖南北部。

④文山：即岷山，在今四川松潘北，绵延于川、甘二省边境。

⑤衡山：古称南岳，在今湖南衡山西北。

⑥禹：夏后氏部落联盟领袖。

⑦夏桀：夏代的末代君主。

⑧天门：即天井关，在今山西晋城南。

⑨天谿（xī）：指黄河和济水。

⑩庐、罩（gāo）：山名，在今山西太原、交城一带。罩，通"皋"。

⑪伊、洛：二水名，均在今河南境内。

⑫汤：商朝的开国君主。

⑬殷纣：商朝的末代君主。

⑭孟门：太行山的隘口，在今河南修武北。漳、釜：

二水名。漳水在今河南、河北二省分界处。釜，当作"滏"，即今河北南部的滏阳河。

⑮武王：指周武王，姬姓，名发，西周的开国君主。

【译文】

吴起回答说："河山形势的险要，不能确保国家的安全；称霸称王的大业，也不是从这里产生的。从前三苗部落居住的地方，左边有彭蠡泽，右边有洞庭湖，文山在他们的北面，衡山在他们的南面。凭着这些险要，而政治不好，大禹就放逐了他们。那夏桀的国都，左有天门险关，右有黄河、济水，庐、罩二山在北，伊、洛二水在南。有这样险要的地势，但政治不好，商汤王就讨伐他。殷纣的都城，左有孟门山，右有漳、滏二水，它前临河，后靠山。尽管有这样险要的形势，但因政治腐败，所以周武王就攻灭了它。再说，您曾亲自和我一道迫使敌方的城邑投降，他们的城墙不是不高，百姓不是不多，但仍然能够加以吞并，就是因为他们政治糟糕啊。这样看来，地形险要怎么就能说足以称霸称王呢？"

武侯曰："善。吾乃今日闻圣人之言也！西河之政，专委之子矣。"

【译文】

魏武侯说："说得好。我今天才算是听到了圣人的言论啊。西河郡的政务，就都交给你了。"

（《魏策一》）

魏公叔痤为魏将

　　本章写公叔痤在取得浍北之战的胜利以后，冷静地分析获胜的各种原因，正确地看到吴起余教和巴宁、爨襄对克敌制胜所起的作用，不居功自傲，不把一切功劳都挂到自己的账上，表现了谦虚自处的政治风范。他的这种态度，加强了魏国的内部团结。由于他在战胜强敌之后，又能"不遗贤者之后，不掩能士之迹"，因而受到了魏王的重赏。

魏公叔痤为魏将，而与韩、赵战浍北^①，禽乐祚^②。魏王说^③，迎郊，以赏田百万禄之。公叔痤反走，再拜辞曰："夫使士卒不崩，直而不倚，挠拣而不辟者^④，此吴起余教也，臣不能为也。前脉地形之险阻，决利害之备，使三军之士不迷惑者，巴宁、爨襄之力也^⑤。县赏罚于前，使民昭然信之于后者，王之明法也。见敌之可也鼓之，不敢怠倦者，臣也。王特为臣之右手不倦赏臣，何也？若以臣之有功，臣何力之有乎！"王曰："善。"于是索吴起之后，赐之田二十万，巴宁、爨襄田各十万。

【注释】

①浍（huì）：水名，源出今山西翼城东南浍山下，西南流入汾河。

②禽：同"擒"。乐祚：赵将。

③魏王：魏惠王。

④拣：当删。辟：躲避。

⑤巴宁、爨（cuàn）襄：均是魏将。

【译文】

魏国的公叔痤担任将领，和韩、赵两国在浍北展开大战，俘虏了赵将乐祚。魏王十分高兴，到郊外去迎接公叔痤，赏赐公叔痤百万田地作为俸禄。公叔痤转身就走，再三推辞说："让士兵不溃散，勇往直前，百折不挠的，是受吴起从前的教导，我是做不到这些的。事前就去观察复杂险要的地势，使将士们不被迷惑的，这是巴宁、爨襄的功劳。制定赏罚制度于前，使人民明白遵守于后，这是君王的法度明确。看见敌人可以攻打，就击鼓进军而不敢懈怠的，这是我的责任。大王只为我不敢懈怠的手就赏赐我，这是为什么呢？如果认为我有功劳，我又有什么功劳呢？"魏王说："好。"魏王于是派人寻访到了吴起的后人，赏赐他田地二十万，还赏赐巴宁和爨襄田地十万。

王曰："公叔岂非长者哉！既为寡人胜强敌矣，又不遗贤者之后，不掩能士之迹，公叔何可无益乎！"故又与田四十万，加之百万之上，使百四十万。故《老子》曰："圣人无积，既以为人，己愈有；既以与人，己愈多。"公叔当之矣！

【译文】

魏王说："公叔痤难道不是德高望重的人吗？他既为我打败了强敌，又没有遗忘贤人的后代，不埋没能人的功绩，公叔痤怎么能不得到赏赐呢！"魏王因此又赐公叔痤田地四十万，加上以前赐的一百万，共有一百四十万。《老子》曾说："圣人不积蓄，全力帮助他人，自己得的也就会越多；尽量给予别人的，自己也会更充分拥有。"公叔痤应该就是这样的人啊！

（《魏策一》）

魏公叔痤病

魏国是战国初年最强的国家，到了魏惠王时，开始走下坡路，国势由盛转衰。魏惠王的失败，有多种因素，不用人才，排斥人才，逼使人才出走，是其中的重要因素。在遭受严重挫败之后，惠王说："恨不用公叔痤之言"，他是后悔没有任用公孙鞅，还是后悔没有杀掉公孙鞅呢？这可是费人猜想的悬念。

人才是国家的宝贵资源，魏惠王昏头昏脑，不辨黑白，放弃了公叔痤向他推荐的贤才公孙鞅，终于为此付出了丧师失地的惨痛代价。

魏公叔痤病①，惠王往问之②，曰："公叔病，即不可讳，将奈社稷何？"公叔痤对曰："痤有御庶子公孙鞅③，愿王以国事听之也；为弗能听，勿使出竟④。"王弗应，出而谓左右曰："岂不悲哉！以公叔之贤，而谓寡人必以国事听鞅，不亦悖乎！"

【注释】

①公叔痤（cuó）：魏相。

②惠王：即梁惠王，战国时魏国国君，名罃，魏武侯子，公元前369—前319年在位。

③公孙鞅：卫人，即商鞅，后入秦佐秦孝公变法。

④竟：同"境"。

【译文】

魏相公叔痤病重，惠王前去探视他，问道："公叔病重，如不幸去世，国家怎么办？"公叔痤回答说："我有御庶子公孙鞅，希望大王把国事交给他处理；如果办不到，不要让他走出国境。"惠王没有说话，出去之后告诉身边的人说："真可悲啊！以公叔的贤能，而叫我把国政交给公孙鞅支配，岂不是昏聩吗！"

公叔痤死，公孙鞅闻之，已葬，西之秦，孝公受而用之①。秦果日以强，魏日以削。此非公叔之悖也，惠王之悖也。悖者之患，固以不悖者为悖。

【注释】

①孝公：即秦孝公，战国时秦国国君，名渠梁，公元前361—前338年在位。

【译文】

公叔痤去世了，公孙鞅听到这个消息，在下葬后，就向西到秦国，秦孝公接纳并重用他。秦国果然一天天强大，魏国一天天削弱。这不是公叔昏聩，而是惠王昏聩啊！脑子昏聩的人的毛病，会把不昏聩的人说成是昏聩的。

（《魏策一》）

魏惠王死

　　此章记魏惠王死，事在周慎靓王二年（公元前319年）。

　　此章主旨在明善说者"言尽理而利害得失定"。更葬期虽小事，因惠施之说使民不劳而官省费，亦有可取之处。

魏惠王死①，葬有日矣。天大雨雪，至于牛目，坏城郭，且为栈道而葬②。群臣多谏太子者③，曰："雪甚如此而丧行，民必甚病之，官费又恐不给，请弛期更日。"

【注释】

①魏惠王死：事在公元前319年。

②栈道：编木铺路。

③太子：即位后为魏襄王，名嗣。

【译文】

魏惠王死后，确定了下葬的日子。却逢天降大雪，积雪厚达数尺，城郭都被毁坏，准备修栈道来安葬魏惠王。许多大臣都劝说太子："在如此雪天举行葬礼，老百姓会感到困苦，国家的经费也恐怕不足，希望太子能改日举行葬礼。"

太子曰："为人子而以民劳与官费用之故，而不行先王之丧，不义也。子勿复言。"

【译文】

太子说："我身为人子只因为百姓困苦和经费紧张就不按时为先王举行葬礼，这不合道义。你们不要再多说了。"

群臣皆不敢言，而以告犀首①。犀首曰："吾未有以言之也，是其唯惠公乎②！请告惠公。"

①犀首：即公孙衍，时为魏相。

②惠公：魏臣惠施。

【译文】

群臣都不敢说什么，就把此事告诉了犀首。犀首说："我没有什么办法，这件事只有惠公才能解决，你们去告诉惠公吧！"

惠公曰："诺。"驾而见太子。曰："葬有日矣。"太子曰："然。"惠公曰："昔王季历葬于楚山之尾①，栾水啮其墓②，见棺之前和。文王曰：'嘻！先君必欲一见群臣百姓也夫，故使栾水见之。'于是出而为之张于朝，百姓皆见之，三日而后更葬，此文王之义也。今葬有日矣，而雪甚及牛目，难以行，太子为及日之故，得毋嫌于欲亟葬乎？愿太子更日。先王必欲少留而扶社稷、安黔首也③，故使雪甚。因弛期而更为日，此文王之义也。若此而弗为，意者羞法文王乎？"太子曰："甚善。敬弛期，更择日。"

【注释】

①王季历葬于楚山之尾：王季历，周文王父。楚山，在今陕西户县东南。

②栾（luán）水：地里浸出的水。

③黔首：民众。

【译文】

惠公听到此事后说:"好。"立刻驾车去见太子。惠公问:"安葬先王的日子确定了吗?"太子回答:"确定了。"惠公说:"当年王季历葬在楚山脚下,浸出的水冲坏了墓穴,棺材的头部都露了出来。文王说:'唉!一定是先王还想再见群臣百姓一面吧!所以让浸出的水把棺木冲了出来。'文王于是将先王的棺木取出来放在朝堂之上,用幕布盖住,让百姓、大臣朝见,三天后重新安葬,这是文王的道义啊!现在虽然下葬的日子已经确定,但雪下得这么大,很难举行葬礼,太子还是要按时下葬,是不是显得太急躁了?希望太子改日下葬先王。先王一定是想再留下来亲近他的国家和安抚他的人民,所以才下这么大的雪。因此延期而择日下葬,这是文王树立的道义啊!如果您不愿意这样做,我会认为是您羞怯于效法文王!"太子说:"你说得太正确了。我就延缓葬礼,重新择日安葬先王。"

惠子非徒行其说也,又令魏太子未葬其先王而因又说文王之义。说文王之义以示天下,岂小功也哉!

【译文】

惠子不但让太子采纳了他的主张,还让魏太子没有强行安葬先王,又阐明了文王的道义。让文王的道义在天下传扬,这功劳真是不小啊!

(《魏策二》)

齐、魏战于马陵

马陵之战，魏国惨败，折损十万人马，太子被杀。魏惠王恼羞成怒，想动员倾国之师，和齐国奋力一搏。幸亏惠施沉着冷静，面对巨大挫折，仍能保持头脑清醒，他对惠王提出了两点建议，一是放下架子，屈尊朝齐。二是和齐君互尊为王。尽管他向来主张废除尊号，这时也不再坚持，先度过目前难关再说。齐君原来称侯，他并不安于现状，他的想法是，远则效法黄帝，支配天下；近则继承齐桓、晋文，领导诸侯。魏国愿和他一起称王，当然正中下怀，于是欣然同意。楚王闻听大怒，亲自领兵伐齐，在徐州城下大败齐军。惠施的建议，使魏国摆脱了困境，借用楚国的力量报了魏国的大仇。

　　齐、魏战于马陵①，齐大胜魏，杀太子申，覆十万之军。魏王召惠施而告之曰②："夫齐，寡人之仇也，怨之至死不忘。国虽小，吾常欲悉起兵而攻之，何如？"对曰："不可。臣闻之，王者得度，而霸者知计。今王所以告臣者，疏于度而远于计。王固先属怨于赵，而后与齐战。今战不胜，国无守战之备，王又欲悉起而攻齐，此非臣之所谓也。王若欲报齐乎，则不如因变服折节而朝齐，楚王必怒矣③。王游人而合其斗，则楚必伐齐，以休楚而伐罢齐④，则必为楚禽矣。是王以楚毁齐也。"魏王曰："善。"乃使人报于齐，愿臣畜而朝。田婴许诺。

【注释】

①马陵：今河北大名东南。

②魏王：指魏惠王。惠施：魏相。

③楚王：指楚威王。

④罢（pí）：使疲惫。

【译文】

　　齐、魏两国在马陵交战，齐国击溃魏国，杀掉魏太子申，歼灭了魏的十万大军。魏惠王召见惠施，对他说："齐国是我的死对头，我对它的怨恨，到死都不会忘记。魏国虽小，我想动员所有兵力去攻打齐国，你看怎么样呢？"惠施回答说："不可以。我听说，王者度量宽弘而霸者懂得计谋。如今大王告诉我的话，度量狭小而计谋不当。大王本来先和赵国结怨，然后和齐国交战。如今战事失利，国家没有守战的准备，大王又打算全力攻齐，这不是我所说的王霸风范啊。大王如果想报复齐国，就不如脱下王服，卑躬屈节去朝见齐国，楚王定会生气。大王派人游说，促使他们互相争斗，楚国必将攻打齐国，以休闲的楚国去攻打疲劳的齐国，齐定会被楚击溃。这就是大王用楚国去毁掉齐国啊！"魏王说："好。"就派人向齐国通报，愿称臣朝见齐国。田婴答应了。

张丑曰[①]："不可。战不胜魏，而得朝礼，与魏和而下楚，此可以大胜也。今战胜魏，覆十万之军而禽太子申，臣万乘之魏而卑秦、楚，此其暴戾定矣。且楚王之为人也，好用兵而甚务名，终为齐患者，必楚也。"田婴不听，遂内魏王[②]，而与之并朝齐侯再三[③]。

【注释】

①张丑：齐臣。

②内：同"纳"。

③齐侯：指齐威王。

【译文】

张丑说："不可以。如果对魏作战没有获胜，互相朝见，与魏讲和而共同攻楚，这可以取得大胜啊。如今打败了魏国，歼灭了它十万大军，擒杀了太子申，使魏国称臣而卑视秦、楚，齐君定然行为暴戾。并且楚王的为人，喜欢用兵而很想出名，最终成为齐国祸患的，定是楚国啊。"

田婴没有听从，就接纳魏王和他一起多次朝见齐侯。

赵氏丑之。楚王怒，自将而伐齐，赵应之，大败齐于徐州^①。

【注释】

①徐州：今山东滕州东南。

【译文】

赵国感到羞辱。楚王生气，亲自领兵攻齐，赵国响应它，在徐州大败齐军。

（《魏策二》）

田需贵于魏王

　　田需相魏，约在公元前 316 年。正在他春风得意时，惠施用种杨和拔杨为例，向他敲响了警钟。惠施告诫他，如不和魏王身边的人搞好关系，将会受到排挤，定会发生危险。说坏话的人多了，田需纵有百口，也将难于辩解。

　　张仪曾由秦入魏为相，惠施和张仪的政见不同，张仪主张联合秦、韩去攻齐、楚，惠施主张联合齐、楚以消弭战争。为张仪说话的人多，惠施显得孤立，被迫出奔楚国。他遭受诽谤而失去相位，对此有切身体会，所以对田需及时提出了忠告。

　　田需贵于魏王^①，惠子曰^②："子必善左右。今夫杨，横树之则生，倒树之则生，折而树之又生。然使十人树杨，一人拔之，则无生杨矣。故以十人之众，树易生之物，然而不胜一人者，何也？树之难而去之易也。今子虽自树于王，而欲去子者众，则子必危矣。"

【注释】

①田需：齐人，借楚国支持，在魏为相。

②惠子：惠施。

【译文】

　　田需非常受魏王的信任，惠施对田需说："你一定要和大王身边的人搞好关系。就像杨树，横着种植也能成活，倒着种植也能成活，折断了种植也能成活。但如果让十个人去植杨树，让一个人去拔，那么就是一棵杨树也不能存活。以十人之众去种很容易存活的杨树，却不能胜过一人拔树，这是什么原因呢？植树难而拔树容易啊。现在你虽然在魏王那里打下了根基，但想除掉你的人太多，那你就很危险了。"

（《魏策二》）

秦、楚攻魏，围皮氏

战国时期，各国的关系波谲云诡，变化万千，今日为友，明日为敌，难以预料。

要应付变幻莫测的局势，需要有清醒的头脑、过人的才能，方可以随机应变，这正是智谋之士大显身手的好时机。秦与楚攻魏，战争正紧锣密鼓地进行，可形势突变，魏转而与楚联合，使秦陷于孤立。樗里疾巧计离间楚、魏，转而合魏攻楚，变被动为主动，他被称为"智囊"，真是名不虚传。

秦、楚攻魏，围皮氏①。为魏谓楚王曰②："秦、楚胜魏，魏王之恐也见亡矣③，必合于秦，王何不倍秦而与魏王④？魏王喜，必内太子⑤。秦恐失楚，必效城地于王，王虽复与之攻魏可也。"楚王曰："善。"乃倍秦而与魏，魏内太子于楚。

【注释】

①皮氏：今山西河津西。

②楚王：指楚怀王。

③魏王：指魏襄王。

④倍：同"背"。

⑤内：同"纳"，下同。太子：名遫（sù），即位后称昭王。

【译文】

秦、楚合军攻魏，包围了皮氏。有人替魏国向楚王说："秦、楚战胜了魏国，魏王恐怕被灭亡，定会与秦国联合，大王为什么不背弃秦国转而和魏王亲善？魏王高兴，定会把太子送入楚国做人质。秦恐失去楚的支持，定会把城地献给大王，大王再和它一起攻打魏国也是可以的。"楚王说："好。"就背弃秦国而亲附魏国，魏国果然把太子送入楚国。

秦恐，许楚城地，欲与之复攻魏。樗里疾怒①，欲与魏攻楚，恐魏之以太子在楚不肯也。为疾谓楚王曰："外臣疾使臣谒之曰：'敝邑之王欲效城地，而为魏太子之尚在楚也，是以未敢。王出魏质，臣请效之，而复固秦、楚之交，以疾攻魏。'"楚王曰："诺。"乃出魏太子。秦因合魏以攻楚。

【注释】

①樗（chū）里疾：秦将。

【译文】

秦国恐惧，答应把城地割给楚国，打算重新和它攻打魏国。樗里疾很生气，想联魏攻楚，恐怕魏国因太子在楚而不肯。有人替樗里疾对楚王说："国外的臣子疾让我禀告说：'敝国的君王打算献上城地，但因魏太子还在楚国，所以未采取行动。大王放走魏国的人质，我就请把地献上，使秦、楚的友谊重新巩固，迅速攻打魏国。'"楚王说："好。"就放走魏太子。秦国于是联合魏国，攻打楚国。

（《魏策二》）

庞葱与太子质于邯郸

本章是说理性寓言。庞葱估计到他和太子离开魏王后，会有不少人说他的坏话，难得有再见的机会，他就用"三人成市虎"作比喻，先在魏王那里打了预防针。哪知坏人的诽谤防不胜防，有的是明枪，有的是暗箭，庞葱的担心，终于成为事实。

庞葱与太子质于邯郸①，谓魏王曰："今一人言市有虎，王信之乎？"王曰："否。""二人言市有虎，王信之乎？"王曰："寡人疑之矣。""三人言市有虎，王信之乎？"王曰："寡人信之矣。"

【注释】

①庞葱：魏臣。

【译文】

庞葱和魏太子一起到赵国的邯郸做人质，庞葱对魏王说："现在有人说集市上有老虎，大王会相信吗？"魏王说："不会相信。"庞葱又说："现在有两个人说集市上有老虎，大王会相信吗？"魏王说："我会半信半疑。"庞葱又问："现在有三个人说集市上有老虎，大王相信吗？"魏王说："我相信了。"

庞葱曰："夫市之无虎明矣，然而三人言而成虎。今邯郸去大梁也远于市，而议臣者过于三人矣。愿王察之矣。"王曰："寡人自为知。"于是辞行，而谗言先至。后太子罢质，果不得见。

【译文】

庞葱说："集市上没有老虎是很明显的事，但三个人说有就变成了真有老虎。现在邯郸距离大梁比王宫距离集市远多了，但是前来说我坏话的人将远远超过三个，希望大王明辨啊！"魏王说："我自己会判断。"于是庞葱辞别魏王而去。庞葱还在途中，诽谤他的话已传到国内。等到魏太子归国后，庞葱果然没有再得到魏王的信任。

（《魏策二》）

梁王魏婴觞诸侯于范台

公元前 356 年，鲁、卫、宋、郑的君主到魏朝见。

春秋时期，凡是诸侯会盟，与会人员一般都要赋诗言志，引用诗句来表达自己的意愿。到了战国，会盟不再赋诗，而改为"避席择言"，即席用好话提出忠告。从本章所载，鲁君在宴会上"避席择言"，要魏王警惕酒、味、色能导致亡国之祸，可以看出，从春秋进入战国，各种礼仪都在发生变化。

　　梁王魏婴觞诸侯于范台①。酒酣，请鲁君举觞。鲁君兴，避席择言曰②："昔者，帝女仪狄作酒而美，进之禹，禹饮而甘之，遂疏仪狄，绝旨酒。曰：'后世必有以酒亡其国者。'齐桓公夜半不嗛③，易牙乃煎敖燔炙④，和调五味而进之，桓公食之而饱，至旦不觉，曰：'后世必有以味亡其国者。'晋文公得南之威⑤，三日不听朝，遂推南之威而远之，曰：'后世必有以色亡其国者。'楚王登强台而望崩山⑥，左江而右湖，以临彷徨⑦，其乐忘死，遂盟强台而弗登，曰：'后世必有以高台陂池亡其国者。'今主君之尊，仪狄之酒也；主君之味，易牙之调也；左白台而右闾须⑧，南威之美也；前夹林而后兰台⑨，强台之乐也。有一于此，足以亡其国。今主君兼此四者，可无戒与！"梁王称善相属。

【注释】

①梁王魏婴：魏惠王。觞（shāng）：古代饮酒器，这里指宴饮。

②避席择言：这是外交礼节，类似于春秋时的盟会赋诗。

③嗛（qiè）：足，满足。

④易牙：春秋时齐桓公宠臣，善于烹调。敖：通"熬"。燔（fán）炙：烤肉。

⑤南之威：美女名。

⑥楚王：指楚昭王。崩山：巫山。

⑦彷徨：水名。

⑧白台、闾须：皆美女名。

⑨夹林、兰台：皆游乐景点。

【译文】

梁王魏婴在范台宴请诸侯。大家喝酒喝得很畅快，这时，梁王向鲁共公敬酒。鲁共公很高兴，离席恭敬地说："从前，尧帝的女儿仪狄酿制美酒献给大禹，大禹喝了觉得味道很好，于是大禹疏远了仪狄并从此戒酒。大禹说：'后世必有因饮酒而亡国的君主！'齐桓公半夜感到饥饿，易牙于是用煎熬烧烤的方法和各种调料做出了美食献给桓公，桓公吃了之后一直睡到天亮都没醒，桓公为此感叹：'后世必定会有因为美食而亡国的君主。'晋文公得到美女南威，三天都不理朝政，晋文公于是疏远了南威说：'后世必定会有因美女而亡国的君主。'楚王登上强台远眺巫山，看左边是长江，看右边是洞庭湖，下临彷徨之水，快乐得忘乎所以，于是他发誓再也不登强台，楚王说：'后世必定会有因为观赏美景而亡国的君主。'现在大王杯里装的是像仪狄酿的美酒；大王吃的都是像易牙烹制的美食；大王身边的白台和闾须都是像南威一样的美女；大王前有夹林，后有兰台，就像是强台那样的游乐景点。有其中一种就足以亡国，现在大王同时拥有这四种，怎么能不引以为戒呢？"梁王对鲁共公的说法连声说好。

（《魏策二》）

秦败魏于华，走芒卯而围大梁

公元前273年，赵、魏攻韩，韩向秦求救。秦国出兵，在华阳击败赵、魏联军，进围大梁，须贾向穰侯进说就在此时。

须贾劝说穰侯，不要以天幸为常，并指出楚、赵助魏敌秦，形势对秦不利；若秦与魏媾和，则可不用兵而扩大穰侯陶邑的领地。

史载，此次大梁之围，因魏献南阳（今河南沁阳一带）而解，本文所说，在须贾进说之后，穰侯称善，秦军即解围而去，实际上只起了辅助作用。

须贾在戏剧中是丑角，从本文看，他是一个富于机智的辩士。

秦败魏于华①，走芒卯而围大梁②。须贾为魏谓穰侯曰③："臣闻魏氏大臣父兄皆谓魏王曰④：'初时惠王伐赵，战胜乎三梁⑤，十万之军拔邯郸，赵氏不割，而邯郸复归。齐人攻燕，杀子之，破故国，燕不割，而燕国复归。燕、赵之所以国全兵劲，而地不并乎诸侯者，以其能忍难而重出地也。宋、中山数伐数割，而随以亡⑥。臣以为燕、赵可法，而宋、中山可无为也。夫秦，贪戾之国而无亲，蚕食魏，尽晋国，战胜暴子⑦，割八县，地未毕入而兵复出矣。夫秦何厌之有哉！今又走芒卯，入北宅⑧，此非但攻梁也，且劫王以多割也，王必勿听也。今王循楚、赵而讲，楚、赵怒而与王争事秦，秦必受之。秦挟楚、赵之兵以复攻，则国救亡不可得已。愿王之必勿讲也。王若欲讲，必少割而有质，不然必欺。'是臣之所闻于魏也。愿君之以是虑事也。

【注释】

①华：即华阳，在今河南郑州南。

②芒卯：齐人，魏将。大梁：魏都，今河南开封。

③须贾：魏大夫。穰侯：秦昭王舅魏冉，时为秦相。

④魏王：指魏安釐王。

⑤三梁：赵地，在今河北肥乡西南。

⑥宋、中山数伐数割，而随以亡：齐灭宋在公元前286年。赵灭中山在公元前301年。

⑦暴子：指韩将暴鸢。

⑧北宅：魏邑，在今河南郑州原荥泽东。

【译文】

秦军在华阳击败了魏军，魏将芒卯败走，秦军进兵围困大梁。须贾为魏国前去拜见秦军主帅穰侯，说："我听说魏国的亲近大臣都对魏王说：'当初惠王攻打赵国，在三梁大败赵军，率十万大军攻破邯郸，赵国没有割地，邯郸又回到了赵国手中。齐国攻打燕国，杀掉了子之，打败了这个有古老历史的国家，燕国没有割地，燕国后来也复国了。燕、赵两国之所以能保全国土、兵力不衰，而且没有割让土地给诸侯各国，是因为他们能忍受苦难而不轻易割地。宋国、中山国屡次被攻打屡次割地，国家很快就灭亡了。我认为燕、赵两国是可以效法的，而不应像宋国、中山国那样办。秦国是个贪婪的国家，又不讲情面，蚕食魏国的土地，侵吞晋国，打败暴鸢，魏国割让了八县，割地都还没完全交收，秦国又出兵攻打了。秦国的欲望哪里能满足啊！现在又打败了芒卯，侵占了北宅，这不仅是进攻魏国，将是胁迫魏王多割让土地，大王一定不要听从。现在背着楚、赵和秦国讲和，楚、赵两国会生气，就会争相投向秦国，秦国一定高兴地接受。秦国率楚国、赵国的军队再度攻魏，想要不亡国都是不可能的。希望大王不要与秦国讲和。如果大王想要讲和，一定要少割土地而且还要有秦国的人质，不然定会受欺骗。'这都是我在魏国听到的，希望您这样来考虑问题。

"《周书》曰：'维命不于常'①，此言幸之不可数也。夫战胜暴子而割八县，此非兵力之精，非计之工也，天幸为多矣。今又走芒卯，入北宅，以攻大梁，是以天幸自为常也，知者不然。

【注释】

①维命不于常：此语出《尚书·康诰》。

【译文】

"《周书》上说：'天命无常'，这是说幸运不是经常出现的。秦军战胜暴鸢而割走魏国八县，这不是因为兵力精锐，不是计策巧妙，这是幸运占多数。现在秦军打败芒卯，侵占北宅，攻打大梁，这是以为幸运是经常出现的，智慧的人是不会依靠天命的。

"臣闻魏氏悉其百县胜兵①，以上戍大梁，臣以为不下三十万。以三十万之众，守十仞之城，臣以为虽汤、武复生，弗易攻也。夫轻信楚、赵之兵，陵十仞之城，战三十万之众，而志必举之，臣以为自天下之始分以至于今，未尝有之也。攻而不能拔，秦兵必罢，阴必亡②，则前功必弃矣。今魏方疑，可以少割收也。愿君及楚、赵之兵未至于大梁也，亟以少割收魏。魏方疑，而得以少割为和，必欲之，则君得所欲矣。楚、赵怒于魏之先己讲也，必争事秦，从是以散，而君后择焉。且君之尝割晋国取地也，何必以兵哉？夫兵不用而魏效绛、安邑③，又为阴启两道，几尽故宋，卫效单父④，秦兵可全，而君制之，何求而不得？何为而不成？臣愿君之熟计而无行危也。"穰侯曰："善。"乃罢梁围。

【注释】

①百县：泛指魏境内各县。

②阴：当作"陶"，穰侯封邑，在今山东定陶西北。

③魏效绛、安邑：此指魏使芒卯割地予秦事。绛，晋故都新田，在今山西侯马。

④单父：卫地，在今山东单县东。

【译文】

"我听说魏国全力动员各地的兵力来防守大梁，我认为兵力不下三十万。用三十万的军队来守卫几十丈高的城市，我认为即使是商汤王、周武王复生，也不容易攻下。现在轻易甩开楚、赵的军队，进犯十丈高的城市，和三十万大军作战而又志在必得，我认为这是从开天辟地起到现在都没有过的。攻打又攻不下，秦军必会疲惫，陶邑必会丢失，这就会前功尽弃。现在魏国正在犹豫，愿意少割地来了结这件事情。希望你趁楚国、赵国的军队还没有到大梁，尽快少割地来拉拢魏国。魏国正在犹豫时，得以少割土地而讲和，魏国一定会同意，那您就会得偿所愿。楚国、赵国因魏国先与秦国讲和，就会争相讨好秦国，合纵联盟就会散伙，您就可以选择有利的办法。您曾经割取魏国的土地，哪里是定要用兵呢？不费一兵一卒就让魏国献上绛和安邑两地，又为陶邑开辟了两条道路，几乎尽占宋国原来的土地，卫国献上单父城，秦军没有损失，由您支配，您有什么要求达不到呢？有什么办不成的呢？我希望您认真考虑，不要走危险的道路。"穰侯说："好。"于是解除了对大梁的包围。

(《魏策三》)

秦败魏于华，魏王且入朝于秦

公元前259年，秦乘长平战胜的威势，又在华阳打败魏军，并派宜阳令许绾诱劝魏王朝秦。

魏王心虽不愿，但为形势所迫，仍然准备动身。周䜣劝阻他说，许绾的话根本靠不住，入秦将有不测之祸。

魏王说，他已答应了应侯，不好反悔。支期让魏王伪装有病，请长信侯来商量，该如何办好？长信侯见魏王有病，就说他能让应侯打消叫魏王朝秦的念头，魏王心里的一块石头这才落了地。由于魏相长信侯和应侯关系友好，才让周䜣的话起到了作用。

秦败魏于华，魏王且入朝于秦^①。周诉谓王曰^②："宋人有学者，三年反而名其母^③。其母曰：'子学三年，反而名我者，何也？'其子曰：'吾所贤者无过尧、舜，尧、舜名。吾所大者无大天地，天地名。今母贤不过尧、舜，母大不过天地，是以名母也。'其母曰：'子之于学者，将尽行之乎？愿子之有以易名母也。子之于学也，将有所不行乎？愿子之且以名母为后也。'今王之事秦，尚有可以易入朝者乎？愿王之有以易之，而以入朝为后。"

【注释】

①魏王：指魏安釐王。

②周诉：魏臣。

③反：同"返"。

【译文】

　　秦在华阳打败魏军，魏王准备入秦朝见。周诉对魏王说："宋国有个出外求学的人，三年后回家，就直呼他母亲的名字。他的母亲说：'你学习了三年，回家就叫我的名字，这是为什么？'她的儿子说：'我所认为贤能的人，没有超过尧、舜的，我对尧、舜都叫他们的名。我认为伟大的不超过天地，天地我也叫它们的名。如今母亲的贤能不能超过尧、舜，伟大不能超过天地，所以我叫母亲的名字。'他的母亲说：'你对学到的知识，将要完全实行吗？希望你能换个名称来称呼母亲。你对所学的知识，如果有不能实行的，希望你把直呼母亲的名字往后放一放。'如今大王事奉秦国，还有可代替入朝的办法吗？希望大王用别的方法来代替，把入朝的事往后放一放。”

魏王曰：“子患寡人入而不出邪？许绾为我祝曰①：‘入而不出，请殉寡人以头。’”周诉对曰：“如臣之贱也，今人有谓臣曰：‘入不测之渊而必出，不出，请以一鼠首为女殉’者，臣必不为也。今秦不可知之国也，犹不测之渊也；而许绾之首，犹鼠首也。内王于不可知之秦，而殉王以鼠首，臣窃为王不取也。且无梁孰与无河内急②？”王曰：“梁急。”“无梁孰与无身急？”王曰：“身急。”曰：“以三者③，身，上也；河内，其下也。秦未索其下，而王效其上，可乎？”

【注释】

①许绾（wǎn）：秦臣。

②河内：今河南黄河以北地区。

③以三者：“者”下当补“论”字。

【译文】

魏王说：“你担心我入秦后出不来吗？许绾对我发誓说：‘如果你入秦后出不来，请用我的人头做担保。’”周诉回答说：“像我这种低贱的人，现在有人对我说：‘跳进不测的深渊，必然能够出来，要是出不来，我愿用一个鼠头作为担保’，我一定不会同意。如今秦是一个变化莫测的国家，就像是不测的深渊一样；许绾的头，犹如一个鼠头。

让大王进入变幻莫测的秦国，而用一个鼠头作为担保，我私下认为这个做法不可取。再说失去大梁和失去河内哪个更重要？"魏王说："大梁重要。""失去大梁和丢掉性命相比，哪个更重要？"魏王说："性命重要。"周䜣说："在以上三个条件中，性命是最重要的，河内是最不重要的。秦还没要求最不重要的，而大王就献出最重要的，这恰当吗？"

王尚未听也。支期曰①："王视楚王②。楚王入秦，王以三乘先之；楚王不入，楚、魏为一，尚足以捍秦。"王乃止。王谓支期曰："吾始已诺于应侯矣，今不行者，欺之矣。"支期曰："王勿忧也。臣使长信侯请无内王③，王待臣也。"

【注释】

①支期：魏人。

②楚王：楚考烈王。

③长信侯：魏相，与应侯亲善。

【译文】

魏王还在犹豫。支期说："大王可观察楚王的态度。楚王要是入秦，大王派三辆轻车，抢先进入秦国。楚王要是不入秦，楚、魏联合在一起，还足以抵御秦国。"魏王这才打消了入秦朝见的念头。魏王对支期说："我已经许诺应侯前去朝秦了，现在不动身，就是欺骗他了。"支期说："大王不要担心。我叫长信侯设法不让大王入秦，大王等待我的回音吧！"

支期说于长信侯曰："王命召相国。"长信侯曰："王何以臣为？"支期曰："臣不知也，王急召君。"长信侯曰："吾内王于秦者，宁以为秦邪？吾以为魏也。"支期曰："君无为魏计，君其自为计。且安死乎？安生乎？安穷乎？安贵乎？君其先自为计，后为魏计。"长信侯曰："楼公将入矣^①，臣今从。"支期曰："王急召君，君不行，血溅君襟矣。"

【注释】

①楼公：楼缓，秦相。

【译文】

支期对长信侯进说道："大王要召见相国。"长信侯问："大王有什么事要召见我？"支期说："我不知道。大王要紧急召见您。"长信侯说："我让大王入秦朝见，难道是为了秦国吗？我是为了魏国啊。"支期说："您不要替魏国打算，您且替自己打算。您是愿死还是愿活？愿穷还是愿富贵？您最好先替自己打算，然后再替魏国打算。"长信侯说："楼公将要到魏国来了，我要和他商量一下。"支期说："大王紧急召见您，您如不动身，鲜血就要溅到您的衣襟上了。"

长信侯行，支期随其后。且见王，支期先入谓王曰："伪病者乎而见之，臣已恐之矣。"长信侯入见王，王曰："病甚奈何！吾始已诺应侯矣，意虽道死，行乎？"长信侯曰："王毋行矣！臣能得之于应侯，愿王无忧。"

【译文】

长信侯出发，支期紧随其后。将和魏王见面时，支期抢先入宫对魏王说："大王可假装带病接见他，我已经恐吓过他了。"长信侯入宫拜见魏王，魏王说："我病得很厉害，怎么办？我早先已经许诺应侯了，看来即使是死在路上，也得动身吧？"长信侯说："大王不要动身了！我能让应侯同意您不去秦国，希望大王不要担忧。"

（《魏策三》）

华阳之战

国与国之间的战争，有两条战线：一是硝烟弥漫的正面战场，一是外交战线上不见刀枪的战场。

力量占上风的一方，在遭到坚强阻击时，往往也无法占领对方的城邑，它凭借军事优势，常想通过外交手段，迫使对方自动献出土地。劣势的一方，常可用积极抵抗去化解敌方的攻势。鹿死谁手，正难预料。在外交上，更要坚持原则，不能把敌方用武力得不到的土地拱手相送。

割地求和，等于"抱薪救火"，只会使火势越烧越旺。坚持斗争，奋战到底，才是唯一可行的办法。

华阳之战①，魏不胜秦。明年，将使段干崇割地而讲②。

【注释】

①华阳：韩邑，在今河南新郑东南。

②段干崇：魏臣。

【译文】

华阳的战事，魏军被秦打败。次年，魏将派段干崇割地与秦讲和。

孙臣谓魏王曰①："魏不以败之上割，可谓善用不胜矣；而秦不以胜之上割，可谓不能用胜矣。今处期年乃欲割，是群臣之私而王不知也。且夫欲玺者，段干子也，王因使之割地；欲地者，秦也，而王因使之授玺。夫欲玺者制地，而欲地者制玺，其势必无魏矣。且夫奸臣固皆欲以地事秦。以地事秦，譬犹抱薪而救火也，薪不尽则火不止。今王之地有尽，而秦之求无穷，是薪火之说也。"

【注释】

①孙臣：魏臣。魏王：指魏安釐王。

【译文】

孙臣对魏王说："魏不在战败的时候割地，可说是善于运用不胜的条件；而秦不在战胜的时候割取魏地，可说是不善运用战胜的时机。如今过了一整年才打算割地，这是群臣的私心而大王不知道啊。并且想得玺的是段干子，大王叫他去割地；想得地的是秦国，大王让它授玺。想得玺的控制着地，而想得地的控制着玺，发展下去就定会使魏国消失。并且奸臣都想用割地来讨好秦国。用割地来讨好秦国，就好比抱着薪柴去救火，薪柴不完那火也就不止息。如今大王的土地有限，而秦国的要求无穷无尽，这就像是薪和火的关系啊。"

魏王曰："善。虽然，吾已许秦矣，不可以革也。"对曰："王独不见夫博者之用枭邪？欲食则食，欲握则握。今君劫于群臣而许秦，因曰不可革，何用智之不若枭也？"魏王曰："善。"乃按其行。

【译文】

魏王说："对。可是，我已答应秦国了，不可以改变。"孙臣回答说："难道大王没有见过下棋的人如何使用枭棋吗？得到枭棋的，想走就走，想停就停。如今大王受群臣胁迫而答应秦国，因而说不能食言，为什么考虑问题还比不上运用枭棋的人啊？"魏王说："好。"就停止了段干崇的行动。

（《魏策三》）

秦将伐魏

孟尝君田文去齐相魏。公元前 283 年，秦准备派大军攻魏，魏昭王因形势危急，连夜召见孟尝君，向他问计。孟尝君提出，必须寻求诸侯的救援，于是魏王派他出使燕、赵二国。孟尝君用唇齿相依的关系，告诉燕、赵的国君，说魏国如落入秦国之手，燕、赵失去屏蔽，将会出门见敌，对它们极其不利。

孟尝君不愧是老练的政治家，燕、赵两王都被他说动，立即出兵救魏，秦军于是撤走。

秦将伐魏。魏王闻之^①，夜见孟尝君^②，告之曰："秦且攻魏，子为寡人谋，奈何？"孟尝君曰："有诸侯之救则国可存也。"王曰："寡人愿子之行也。"重为之约车百乘。

【注释】

①魏王：魏昭王。

②孟尝君：即田文，此时离开齐国，在魏为相。

【译文】

秦国将要攻打魏国，魏王听到了这个消息，连夜召见孟尝君，魏王告诉他："秦国准备攻打魏国，你为我想想，该怎么办呢？"孟尝君说："如果有诸侯的救援，魏国就能转危为安。"魏王说："我希望你能去办好这件事。"魏王郑重地为孟尝君准备了一百辆车。

孟尝君之赵，谓赵王曰^①："文愿借兵以救魏。"赵王曰："寡人不能。"孟尝君曰："夫敢借兵者，以忠王也。"王曰："可得闻乎？"孟尝君曰："夫赵之兵非能强于魏之兵，魏之兵非能弱于赵也。然而赵之地不岁危，而民不岁死；而魏之地岁危，而民岁死者，何也？以其西为赵蔽也。今赵不救魏，魏歃盟于秦^②，是赵与强秦为界也，地亦且岁危，民亦且岁死矣。此文之所以忠于大王也。"赵王许诺，为起兵十万，车三百乘。

①赵王：赵惠文王。

②歃（shà）盟：歃血结盟。

【译文】

　　孟尝君到了赵国，面见赵王说："我希望向大王借兵去解救魏国。"赵王回答："我不能借兵给你。"孟尝君说："我来借兵，实际上是效忠于大王。"赵王说："我能听听你的说法吗？"孟尝君说："赵军并不比魏军强大，魏军也并不比赵军弱小。然而赵国连年没有受到威胁，百姓也没有大量死亡；相反，魏国却连年战争不断，老百姓大量死亡，是什么原因呢？这是因为魏国在西边做赵国的屏障。今天赵国不救援魏国，魏国就会与秦国结盟，那赵国就将直接面对强大的秦国，赵国也会兵灾不断，百姓也会大量死亡。这就是我所说的忠于大王的意思。"赵王于是同意派兵十万，战车三百辆。

　　又北见燕王曰①："先日公子常约两王之交矣②。今秦且攻魏，愿大王之救之。"燕王曰："吾岁不熟二年矣，今又行数千里而以助魏，且奈何？"田文曰："夫行数千里而救人者，此国之利也。今魏王出国门而望见军，虽欲行数千里而助人，可得乎？"燕王尚未许也。

【注释】

①燕王：燕昭王。

②公子：指燕、魏公子。

【译文】

孟尝君又北上拜见燕王说："当年两国公子为联合燕、魏两国结盟，现在秦军将要攻魏，希望大王救援。"燕王说："我国已连续两年歉收，现在又要远涉千里去救援魏国，怎么能办得到呢？"孟尝君说："远赴千里之外救援，这是有利于燕国的。现在魏王一出国门就看见秦军，就是想千里驰援别人，还有可能吗？"燕王还是不肯发兵。

田文曰："臣效便计于王，王不用臣之忠计，文请行矣，恐天下之将有大变也。"王曰："大变可得闻乎？"曰："秦攻魏，未能克之也，而台已燔，游已夺矣。而燕不救魏，魏王折节割地，以国之半与秦，秦必去矣。秦已去魏，魏王悉韩、魏之兵，又西借秦兵，以因赵之众，以四国攻燕，王且何利？利行数千里而助人乎？利出燕南门而望见军乎？则道里近而输又易矣，王何利？"

【译文】

孟尝君说："我献妙计给大王，但大王不用我的良策，我只得离开，恐怕天下局势就要大变了。"燕王说："我能知道会发生什么大的变化吗？"孟尝君回答："秦军攻魏，就算没有攻下，但高台已被焚毁，游乐之地也已被占领。而燕不加援救，魏王就会屈辱割地，将半个魏国的土地割让给秦国，秦军一定会撤退。秦军撤走后，魏王会兴起韩国、魏国的军队，又西借秦军，再联合赵军，以四国之兵来攻打燕国，大王能得到什么好处呢？燕国是千里驰援好，还是一出去就看见四国攻燕的军队好呢？而且四国军队到燕国的距离很近而运输也方便了，这对大王有什么好处呢？"

燕王曰："子行矣，寡人听子。"乃为之起兵八万，车二百乘，以从田文。

【译文】

燕王说："你可以回国复命了，我愿听从你的意见。"于是为孟尝君派出精兵八万，战车二百辆。

魏王大说曰："君得燕、赵之兵甚众且亟矣。"秦王大恐①，割地请讲于魏。魏因归燕、赵之兵而封田文。

【注释】

①秦王：秦昭王。

【译文】

魏王非常高兴，说："你这么快就借到了燕、赵的大军，真了不起啊！"秦王大为恐慌，割地与魏国讲和。魏王于是让燕、赵的军队回国，并封赏了孟尝君。

（《魏策三》）

魏王欲攻邯郸

做事成功，有一个前提，必须是大方向正确。

方向对了，多一分耕耘，就多一分收获。日积月累，由小到大，涓涓不息，汇为江河，成功定可预期。方向不对，南辕北辙，愈努力问题愈多，愈坚持错误愈大。

魏王欲攻邯郸①，季梁闻之②，中道而反③，衣焦不申④，头尘不浴，往见王曰："今者臣来，见人于大行，方北面而持其驾，告臣曰：'我欲之楚。'臣曰：'君之楚，将奚为北面？'曰：'吾马良。'臣曰：'马虽良，此非楚之路也。'曰：'吾用多。'臣曰：'用虽多，此非楚之路也。'曰：'吾御者善。'此数者愈善，而离楚愈远耳。今王动欲成霸王，举欲信于天下，恃王国之大，兵之精锐，而攻邯郸，以广地尊名，王之动愈数⑤，而离王愈远耳，犹至楚而北行也。"

【注释】

①魏王：魏惠王。

②季梁：魏臣。

③反：同"返"。

④申：伸张，伸展。

⑤数：音 shuò。

【译文】

　　魏王打算攻打邯郸，季梁听说这件事，中途折回，衣服卷缩不伸，头上的尘土也没有洗，匆忙去见魏王道："今天我来的时候，在大路上见到一个人，正朝着北方驾着他的车，告诉我说：'我想到楚国去。'我说：'您到楚国，为什么朝着北方走？'那个人回答说：'我的马是好马。'我说：'马虽然好，可这不是到楚国的路啊。'那个人回答说：'我的用费充足。'我说：'用费虽然充足，可这不是到楚国的路啊。'他又说：'我驾车的人技术高明。'这几个条件愈好，距楚国就愈远了。如今大王的举动总想称霸称王，总想在天下得到伸张，依仗大王的国土大，武器精良，想去攻打邯郸，从而扩张土地提高名声，大王的行动愈频繁，离开称王的事业就愈远，就好像想到楚国却向着北走一样啊。"

（《魏策四》）

秦、魏为与国

  战国时期，国与国间的斗争复杂而尖锐，各国都很重视相互结盟。到战国晚期，魏国已向秦臣服，"称东藩，受冠带，祠春秋"，俨然成了秦的附属国，已不是普通的盟国，当齐、楚相约攻魏时，不仅对魏不利，对秦也是不利的。唐雎向秦王进说，无疑是看准了秦不会让魏受损以加强齐、楚的力量。所以秦王听了他的意见后，立即出兵救魏，迫使齐、楚撤军。

秦、魏为与国。齐、楚约而欲攻魏，魏使人求救于秦，冠盖相望，秦救不出。

【译文】

秦国与魏国结成同盟，齐国、楚国将共同攻魏，魏国派人向秦国求救，派出使者的车辆络绎不绝，但秦国的救兵却一直没有派出。

魏人有唐雎者，年九十余，谓魏王曰①："老臣请出西说秦，令兵先臣出，可乎？"魏王曰："敬诺。"遂约车而遣之。

【注释】

①魏王：魏安釐王。

【译文】

魏国有个叫唐雎的人，年逾九十，他对魏王说："请让我西去秦国求救，要让救兵在我回来之前就赶到，可以吗？"魏王说："太好了。"于是派车辆送他去秦国。

唐雎见秦王①，秦王曰："丈人芒然乃远至此②，甚苦矣。魏来求救数矣，寡人知魏之急矣。"唐雎对曰："大王已知魏之急而救不至者，是大王筹策之臣无任矣。且夫魏一万乘之国，称东藩，受冠带，祠春秋者，以为秦之强足以为与也。今齐、楚之兵已在魏郊矣，大王之救不至，魏急则且割地而约齐、楚，王虽欲救之，岂有及哉？是亡一万乘之魏，而强二敌之齐、楚也，窃以为大王筹箓之臣无任矣。"

【注释】

① 秦王：秦昭王。

② 芒然：疲倦的样子。

【译文】

唐雎拜见秦王，秦王说："老人家不辞辛劳，远道至此，太辛苦了。魏国已多次前来求救，我知道魏国的情势危急。"唐雎回答道："大王已经知道魏国的情势危急，但救兵不到，这就是为大王出谋划策的大臣们无能啊！况且魏国是有万辆兵车的大国，自愿臣服做秦东边的属国，接受秦王的封赠，为秦王立庙，春秋祭祀，是认为秦国的强大可以与之结盟。现在齐、楚的军队已经兵临城下，大王的救兵还不到，魏国危急之时就会割让土地而与齐、楚两国结盟，那时大王就是想挽救也来不及了。轻易失掉了拥有万辆兵车的魏国，却让秦的敌国齐、楚强大，我私下认为大王的谋臣无能啊！"

秦王喟然愁悟①，遽发兵，日夜赴魏。齐、楚闻之，乃引兵而去。魏氏复全，唐雎之说也。

【注释】

①喟（kuì）然：叹息警觉的样子。

【译文】

秦王幡然醒悟，立刻发兵，日夜兼程救援魏国。齐、楚两国知道秦国发兵救魏，于是撤军。魏国之所以能够保全，靠的是唐雎的游说啊！

（《魏策四》）

信陵君杀晋鄙

作出一点贡献，有了一点成绩，这只是事业的起点，决不能成为骄傲的资本。谦逊是一种美德，能使人保持头脑清醒。功成而不居，更能赢得别人的尊重。骄傲自满，沾沾自喜，常使人脑子发热，自以为是，往往埋下失败的祸根。有的人一生兢兢业业，作出许多贡献，可到了晚年，志得意满，躺在功劳簿上睡大觉，有时因为一念之差，犯下严重错误，不能保持晚节，令人惋惜，这都是骄傲所致。

"满招损，谦受益"，这是我国古代有益的格言，值得我们牢牢记取。唐雎所说，就是这个意思。

信陵君杀晋鄙①，救邯郸，破秦人，存赵国，赵王自郊迎②。

【注释】

①信陵君杀晋鄙：公元前257年，信陵君通过魏王的爱妃如姬窃得虎符，杀掉将军晋鄙，选兵八万，在邯郸城下大破秦军。

②赵王：赵孝成王。

【译文】

信陵君杀掉晋鄙，挽救了邯郸，击破秦军，保全了赵国，赵王亲自到郊外迎接他。

唐雎谓信陵君曰①："臣闻之曰，事有不可知者，有不可不知者；有不可忘者，有不可不忘者。"信陵君曰："何谓也？"对曰："人之憎我也，不可不知也；吾憎人也，不可得而知也。人之有德于我也，不可忘也；吾有德于人也，不可不忘也。今君杀晋鄙，救邯郸，破秦人，存赵国，此大德也。今赵王自郊迎，卒然见赵王②，臣愿君之忘之也。"信陵君曰："无忌谨受教。"

【注释】

①唐雎（jū）：魏人。

②卒（cù）然：同"猝然"。

【译文】

唐雎对信陵君说:"我听人说,事情有不能知道的,有不能不知道的;有不能忘记的,有不能不忘记的。"信陵君说:"这话怎么说呢?"唐雎回答说:"别人憎恨我,不可不知道;我憎恨别人,是不可能知道的。别人对我有恩惠,不应忘记;我对别人有恩惠,不可以不忘记啊。如今您杀掉晋鄙,挽救了邯郸,击破秦军,保全了赵国,这是很大的恩惠啊。如今赵王亲自到郊外迎接,忽然见到赵王,我希望您忘记所施的恩惠啊。"信陵君说:"我恭敬地接受您的教诲。"

(《魏策四》)

魏攻管而不下

公元前 247 年，魏信陵君领军攻管。管本魏地，这时已在秦国手中。

守管的人是安陵人缩高的儿子，信陵君想通过缩高的关系，让他的儿子举城投降。令人意想不到的是，安陵君竟举出"大府之宪"，缩高又抬出所谓"大臣之义"，断然拒绝。

安陵君受封于魏国，缩高是安陵的子民。这时秦加兵于魏，欲取大梁，安陵君如果能念在魏是他的宗国，缩高如果能念在他的先人也是魏的臣民，不应对魏国的安危坐视不救。但是安陵君和缩高不懂得封国和宗国哪一个更重要，不懂得小道理应该服从大道理，不能牺牲小我成全大我。《资治通鉴》胡三省注对他们颇有微词，同时对信陵君闻缩高"刎颈而死"，即"缟素避舍以谢安陵"提出异议。

魏攻管而不下^①。安陵人缩高，其子为管守。信陵君使人谓安陵君曰："君其遣缩高，吾将仕之以五大夫^②，使为持节尉^③。"安陵君曰："安陵，小国也，不能必使其民。使者自往，请使道使者至缩高之所，复信陵君之命。"缩高曰："君之幸高也，将使高攻管也。夫以父攻子守，人大笑也。见臣而下，是倍主也^④。父教子倍，亦非君之所喜也。敢再拜辞。"

【注释】

①管：在今河南郑州北二里。

②五大夫：大夫中最高的爵位。

③持节尉：掌握生杀大权的军官。

④倍：通"背"，背叛。

【译文】

魏国攻打秦国的管城，没有攻下。安陵人缩高的儿子担任管城的防守。信陵君派人对安陵君说："请派缩高前去，我将任命他为五大夫，让他担任持节尉。"安陵君对使者说："安陵是个小国，不能让他们完全听我的命令。你自己前去，我派人把你引领到缩高住的地方，传达信陵君的命令。"缩高说："你来到我这里，是为了让我攻打管城。父亲攻打儿子的守地是会被天下人耻笑的。见到我就投降，就是背叛自己的君主。父亲让儿子背叛，这也不是你愿意看到的吧。真对不起，我只好推辞了。"

使者以报信陵君，信陵君大怒，遣大使之安陵曰："安陵之地，亦犹魏也。今吾攻管而不下，则秦兵及我，社稷必危矣。愿君之生束缩高而致之。若君弗致也，无忌将发十万之师以造安陵之城。"安陵君曰："吾先君成侯受诏襄王以守此地也①，手受大府之宪②。宪之上篇曰：'子弑父，臣弑君，有常不赦。国虽大赦，降城亡子不得与焉。'今缩高谨辞大位，以全父子之义，而君曰'必生致之'，是使我负襄王诏而废大府之宪也，虽死终不敢行。"

【注释】

①成侯：安陵始封的国君。襄王：魏襄王。

②大府：藏文书的府库。宪：法。

【译文】

使者把情况回报信陵君，信陵君非常生气，派特使到安陵对安陵君说："安陵这个地方，也算是魏国的土地。现在我攻不下管城，那么，秦军就会攻击到我国，魏国就会发生危险。请您把缩高捆上送到我这里来。如果您不送来，我将派十万大军到达安陵城下。"安陵君说："我的先君成侯受襄王的命令镇守此地，亲自接受了大府的法令。法令上篇说：'儿子杀父亲，大臣杀君王，有规定的刑罚不能免罪。即使国家举行大赦，举城投降和逃亡国外的人也不能免责。'现在缩高辞去职务，保全父子间的道义，但您说'必须要把他活捉送来'，这就会让我有负襄王的命令，又违背了大府的法令，就算是死我也不敢照办。"

缩高闻之曰："信陵君为人，悍而自用也。此辞反，必为国祸。吾已全己，无违人臣之义矣，岂可使吾君有魏患也。"乃之使者之舍，刭颈而死。

【译文】

缩高听说后，说："信陵君为人刚愎自用。此话一出，肯定会给国家带来灾祸。我已经尽到了做人臣的道义，怎么能使我的君主受到魏国的危害呢？"缩高就到使者住地自刭而死。

信陵君闻缩高死，素服缟素辟舍，使使者谢安陵君曰："无忌小人也，困于思虑，失言于君，敢再拜释罪。"

【译文】

信陵君听到缩高的死讯，穿上素服离开住地，派使者向安陵君谢罪说："我是小人，考虑不周，要求不当，我恭敬地请你恕罪。"

（《魏策四》）

秦王使人谓安陵君

外交使节，重任在肩，因为谈判的成败直接关系到国家的命运和前途。历来的当政者在选派使者时，都反复考虑，派出最合适的人选，即所谓"妙选行人"（"行人"，外交人员）。使臣常会遇到各种复杂的情况，需要随机应变，更需要勇敢坚强。

秦王政向安陵君提出交换土地的要求，只不过是个幌子，其真正用意，是想不费一兵一卒，不折一弓一矢，轻易地吞并安陵。唐雎临危受命，只身深入敌国，面对秦国强大的军事压力，威武不屈，力挽狂澜，折服了秦王，完成了使命，真可算是具有大智大勇的"大丈夫"。

秦王使人谓安陵君曰^①："寡人欲以五百里之地易安陵，安陵君其许寡人？"安陵君曰："大王加惠，以大易小，甚善。虽然，受地于先王，愿终守之，弗敢易。"秦王不说。安陵君因使唐雎使于秦。

【注释】

①秦王：嬴政，公元前246年即秦王位，公元前221年统一六国后改称始皇帝。安陵君：魏国分封的小国君主。安陵，在今河南鄢陵西北。

【译文】

　　秦王派人对安陵君说："我打算用五百里的地方交换安陵，安陵君能答应我吗？"安陵君说："承蒙大王对敝国施恩，用大换小，很好。可是，安陵是从先王那里继承下来的，我愿一直守住它，不敢拿来交换。"秦王为此很不高兴。安陵君因而派唐雎出使秦国。

　　秦王谓唐雎曰："寡人以五百里之地易安陵，安陵君不听寡人，何也？且秦灭韩亡魏，而君以五十里之地存者，以君为长者，故不错意也^①。今吾以十倍之地，请广于君，而君逆寡人者，轻寡人与？"唐雎对曰："否，非若是也。安陵君受地于先王而守之，虽千里不敢易也，岂直五百里哉！"

【注释】

①错：通"措"。

【译文】

秦王对唐雎说："我用五百里的地方交换安陵，但安陵君却不肯听从我，这是为什么？况且秦国已经灭掉韩、魏，而安陵君仅凭五十里的地方得以保存下来，是因为我念他是个年高有德的人，所以才没有在意。现在我拿出十倍的土地来为他扩大地盘，而他竟然违抗我，是瞧不起我吗？"唐雎回答说："不，不是这样。安陵君从先王那里继承下来的土地，就要保住它，即使用一千里土地也不敢交换，何况是五百里呢？"

秦王怫然怒，谓唐雎曰："公亦尝闻天子之怒乎？"唐雎对曰："臣未尝闻也。"秦王曰："天子之怒，伏尸百万，流血千里。"唐雎曰："大王尝闻布衣之怒乎？"秦王曰："布衣之怒，亦免冠徒跣①，以头抢地尔。"唐雎曰："此庸夫之怒也，非士之怒也。……若士必怒，伏尸二人，流血五步，天下缟素，今日是也。"挺剑而起。

【注释】

①徒跣（xiǎn）：赤脚。

【译文】

秦王勃然大怒，对唐雎说："您也曾听说过天子发怒吗？"唐雎回答说："我没有听说过。"秦王说："天子发起怒来，就会使百万尸体倒地，血流千里。"唐雎说："大王可曾听说过平民发怒吗？"秦王说："平民发起怒来，不过

是披头赤脚，用头往地上撞罢了。"唐雎说："这是庸人的
发怒，不是侠士的发怒。……要是侠士发起怒来，将使两
具尸体同时倒下，血流五步，普天下的人都会穿上孝服，
今天就是这样的时候。"说罢，就拔出宝剑，挺起身来。

　　秦王色挠，长跪而谢之曰："先生坐，何至于
此，寡人谕矣。夫韩、魏灭亡，而安陵以五十里之
地存者，徒以有先生也。"

【译文】
　　秦王吓得脸色大变，慌忙从座位上挺直身子，向唐雎
道歉说："先生请坐下，哪里会弄到这种地步呢！我已经明
白了。韩、魏两国都被灭掉，而安陵却凭着五十里的地方
得以幸存，正是因为有先生您这样的人在啊。"

（《魏策四》）

韩　策

秦、韩战于浊泽

　　公元前314年，秦、韩爆发了浊泽之战，韩国失利。韩相公仲朋提出了倒向秦国，转而和秦联合伐楚的意见，说这样可以把祸患转嫁给楚国。

　　楚国谋臣陈轸要楚王作出救韩的姿态，让韩国高兴，感激楚国，以避免秦、韩的攻打。公仲也不是容易欺骗的，他看透了陈轸的用心，说如果不派人使秦而去相信陈轸的话，定会后悔。韩王不听公仲忠告，果然遭遇岸门大败，陈轸则在一旁暗自发笑。

　　公仲和陈轸双雄斗智，韩王把胜利送给陈轸，公仲只好徒唤奈何。

秦、韩战于浊泽^①，韩氏急。公仲朋谓韩王曰^②："与国不可恃，今秦之心欲伐楚，王不如因张仪为和于秦，赂之以一名都，与之伐楚，以此一易二之计也。"韩王曰："善。"乃儆公仲之行，将西讲于秦。

　　楚王闻之^①，大恐，召陈轸而告之。陈轸曰："秦之欲伐我久矣，今又得韩之名都一而具甲，秦、韩并兵南乡^②，此秦所以庙祠而求也。今已得之矣，楚国必伐矣。王听臣，为之儆四境之内选师，言救韩，令战车满道路。发信臣，多其车，重其币，使信王之救己也。纵韩为不能听我，韩必德王也，必不为雁行以来^③。是秦、韩不和，兵虽至楚，国不大病矣。为能听我，绝和于秦，秦必大怒，以厚怨于韩。韩得楚救，必轻秦；轻秦，其应秦必不敬。

是我困秦、韩之兵，而免楚国之患也。"

【注释】

①楚王：楚怀王。

②乡：通"向"。

③雁行：跟随。

【译文】

楚王听说，大为恐慌，急忙召见陈轸把这件事告诉他。陈轸说："秦国一直想攻打楚国，现在又得到韩国的一座大城，并准备好了军队，秦、韩起兵南进，这是秦国多次祈求神灵所想的事。现在终于实现，楚国肯定会遭到攻打。大王听我一言，在全国调集军队，对外宣称准备出兵救韩，让战车塞满道路。同时派出使者，多备车辆，带上重礼，让韩国相信楚国会救它。韩国就算不相信楚国，也将会感谢大王，定不会与秦国一起攻楚。这样，秦国、韩国不能团结一致，就算攻打楚国，楚国也不会有太大的危险。如果韩国相信楚国，不和秦国联合，秦国必定会大怒，深恨韩国。韩国得到楚国的援救，就会看轻秦国；看轻秦国，对秦国的要求也不会言听计从。这样楚国就能阻挡秦、韩的军队，而免除楚国的祸患了。"

楚王大说，乃儆四境之内选师，言救韩，发信臣，多其车，重其币，谓韩王曰："弊邑虽小，已悉起之矣。愿大国遂肆意于秦，弊邑将以楚殉韩。"

楚王十分高兴，于是下令在全国调集军队，声称要援救韩国；派出使者，带上车辆和重礼，对韩王说："我国虽小，已经调动全国之兵来援。希望贵国下决心抵抗秦国，楚国将与韩国共存亡。"

韩王大说，乃止公仲。公仲曰："不可。夫以实困我者，秦也；以虚名救我者，楚也。恃楚之虚名，轻绝强秦之敌，必为天下笑矣。且楚、韩非兄弟之国也，又非素约而谋伐秦也。秦欲伐楚，楚因以起师言救韩，此必陈轸之谋也。且王以使人报于秦矣，今弗行，是欺秦也。夫轻强秦之祸，而信楚之谋臣，王必悔之矣。"

【译文】

韩王大为高兴，让公仲朋停止出发。公仲朋说："不能这样。以战争之实陷我们于困苦窘迫之地的是秦，用诺言假说来援救我们的是楚。相信楚国的谎言而轻易地与强秦为敌，必定会让天下耻笑。况且楚、韩又不是友好国家，没有共同攻打秦国的约定。秦国想要攻打楚国，所以楚国声言起兵救韩，这一定是陈轸的计策。而且大王已派人通知秦王要去和谈，现在又反悔，就是欺骗秦国。轻视强秦的威胁而听信楚王的谋臣，大王是一定会后悔啊！"

韩王弗听。遂绝和于秦。秦果大怒，兴师与韩氏战于岸门①，楚救不至，韩氏大败。

【注释】

①岸门：在今河南长葛北。

【译文】

韩王没有听从公仲朋的意见，和秦国断交。秦国大怒，兴兵与韩军在岸门大战，楚国援军并没有到达，韩军大败。

韩氏之兵非削弱也，民非蒙愚也，兵为秦禽，智为楚笑，过听于陈轸，失计于韩朋也。

【译文】

韩国的军队并没有削弱，韩国的人民也并不愚昧，韩军被秦军打败，行动被楚国耻笑的原因，是由于误听陈轸的诳言而没有采纳公仲朋的正确主张啊。

（《韩策一》）

史疾为韩使楚

战国时期，各国竞相实行变革，以求富国强兵。北方各国的改革比较顺利，在楚国则受到守旧势力的严重阻碍，中途而废。

吴起在楚国实行变法，曾取得南平百越，北并陈、蔡的效果。后来吴起被贵戚杀害，楚国改革的成果随风而逝，国内形势大变，盗贼公行，名实混淆，史疾所言，说明楚国的局势着实让人担忧。

楚国尽管地半天下，但在和秦的斗争中，连遭挫败，终致丧失抵抗能力，一再迁都，逃跑了又逃跑，这和楚国高层人物不懂得"正可以治国"是分不开的。

　　史疾为韩使楚^①，楚王问曰^②："客何方所循？"
曰："治列子圉寇之言^③。"曰："何贵？"曰："贵
正。"王曰："正亦可为国乎？"曰："可。"王曰：
"楚国多盗，正可以圉盗乎^④？"曰："可。"曰："以
正圉盗，奈何？"顷间有鹊止于屋上者，曰："请问
楚人谓此鸟何？"王曰："谓之鹊。"曰："谓之乌，
可乎？"曰："不可。"曰："今王之国有柱国、令尹、
司马、典令^⑤，其任官置吏，必曰廉洁胜任。今盗
贼公行而弗能禁也，此乌不为乌，鹊不为鹊也。"

【注释】

①史疾：韩臣。

②楚王：不详何王。

③列子圉（yǔ）寇：即列御寇，又称列子，战国时郑
　国学者。

④圉（yǔ）：防御，禁止。

⑤司马：主管军事。典令：主管发布政令。

【译文】

　　史疾替韩国出使楚国，楚王问道："先生研究何种学
问？"史疾回答说："钻研列子圉寇的学说。"楚王又问：
"看重什么？"史疾回答："看重正。"楚王说："正也可用
来治国吗？"史疾回答说："可以。"楚王说："楚国的盗贼
多，正可以御盗吗？"史疾回答说："可以。"楚王问："以
正御盗，如何实施？"不久，有只鹊停在了屋上，史疾问：
"请问楚国把这种鸟称为什么？"楚王说："叫它鹊。"史疾

问:"称为乌鸦可以吗？"楚王回答说:"不可以。"史疾说:"如今大王的国内有柱国、令尹、司马、典令等官,在任用官员时,定要叫他们廉洁胜任。如今盗贼横行而不能禁止,这就是乌不成乌,鹊不成鹊啊。"

(《韩策二》)

段干越人谓新城君

　　祸患的发生，不会突然而来，总有一个由小到大的积累过程。有远见的人，善于发现苗头，防微杜渐，不让它发展到不可收拾，段干越人和造父弟子都是这样的人。

　　对于个人来说，有了小的错误就要及时纠正，迷途知返。大风起于萍末，细流汇成江河，小小问题，哪怕对事情的影响只有万分之一，也不可以忽视。"不因善小而不为，不因恶小而为之"，不要忘记这两句有益的教诲。

段干越人谓新城君曰①："王良之弟子驾②，云取千里，遇造父之弟子③。造父之弟子曰：'马不千里。'王良弟子曰：'马④，千里之马也；服⑤，千里之服也。而不能取千里，何也？'曰：'子绲牵长⑥。'故绲牵于事，万分之一也，而难千里之行。今臣虽不肖，于秦亦万分之一也，而相国见臣不释塞者，是绲牵长也。"

【注释】

①段干越人：魏国人。段干，复姓。越人，名。新城君：芈（mǐ）戎，秦相。

②王良：赵简子的驾车者，善驾车马。

③造父：周穆王的驾车者，也以善驾车马闻名。

④马：古代以四马驾车，两边是骖（cān）马，当中夹辕的是服马，此"马"当指"骖"。

⑤服：指服马。

⑥绲（mò）牵：马缰绳。

【译文】

段干越人对新城君说："王良的弟子把马套好，说是要行千里，遇到了造父的弟子。造父的弟子说：'马行不了千里。'王良的弟子说：'这马是千里马，服马也是千里马。你却说行不了千里，这是为什么？'造父的弟子回答说：'你牵马的绳索过长。'牵马索对于这事来说，只占万分之一，却影响到千里马的行程。如今我虽然不才，对秦国也算是万分之一吧，可是相国您却不为我排除障碍，这就等于是驾马时牵马的绳索过长啊！"　　　（《韩策三》）

燕　策

人有恶苏秦于燕王者

公元前 307 年，齐国攻占燕国十城。这时苏秦来到，为燕使齐，说服齐闵王归还十城，初试锋芒，为燕国立了大功。

苏秦的成功，招来了燕臣的嫉妒，他们语快如风，白沫四溅，躲在阴暗的角落里施放冷箭，中伤苏秦，因而苏秦在返燕时受到冷遇。苏秦以忠心而遭受笞打的侍妾为例，希望燕王能详察内情，不使自己含冤负屈。

孝廉信都是儒家充分肯定的美德，苏秦却对之提出异议，认为这些品德都偏于自我修养，而不是进取之道，可见作为纵横家的代表人物，他的思想是开放和进取的。

人有恶苏秦于燕王者曰："武安君[1]，天下不信人也。王以万乘下之，尊之于廷，示天下与小人群也。"

【译文】

　　有人在燕昭王面前谗毁苏秦说："武安君苏秦是天下最不讲信用的人。大王以万乘大国君主的身份，屈尊礼待他，在朝廷上敬重他，这是向天下表示与小人为伍啊。"

　　武安君从齐来，而燕王不馆也。谓燕王曰："臣东周之鄙人也，见足下身无咫尺之功，而足下迎臣于郊，显臣于廷。今臣为足下使，利得十城，功存危燕，足下不听臣者，人必有言臣不信，伤臣于王者。臣之不信，是足下之福也。使臣信如尾生，廉如伯夷，孝如曾参，三者天下之高行，而以事足下可乎？"燕王曰："可。"曰："有此，臣亦不事足下矣。"

【译文】

　　武安君从齐国返回，燕王不再任用他。他对燕王说："我是东周的郊野小民，前来见您，身无微功，您亲身到郊外迎接我，让我在朝廷上占据显要位置。如今我为您出使齐国，得到十城的利益，有保存危燕的功劳，您却不相信我，一定有人说我不讲信用，在大王面前中伤我。我不守信用，是您的福分。如果我像尾生那样守信，像伯夷那样廉洁，像曾参那样尽孝，有这三种天下最可贵的德行，来为您办事，可以吗？"燕王说："可以。"苏秦说："有这样的臣子，我也不会来事奉您了。"

苏秦曰："且夫孝如曾参，义不离亲一夕宿于外，足下安得使之之齐？廉如伯夷，不取素餐①，污武王之义而不臣焉，辞孤竹之君②，饿而死于首阳之山③。廉如此者，何肯步行千里，而事弱燕之危主乎？信如尾生，期而不来，抱梁柱而死。信至如此，何肯扬燕、秦之威于齐而取大功乎哉？且夫信行者，所以自为也，非所以为人也，皆自覆之术④，非进取之道也。且夫三王代兴，五霸迭盛，皆不自覆也。君以自覆为可乎？则齐不益于营丘⑤，足下不逾楚境⑥，不窥于边城之外，且臣有老母于周，离老母而事足下，去自覆之术，而谋进取之道，臣之趣固不与足下合者。足下皆自覆之君也，仆者进取之臣也，所谓以忠信得罪于君者也。"

【注释】

①素餐：无功而食。

②孤竹：古国名，在今河北卢龙县南。

③首阳之山：首阳山，在今河南偃师西北。

④自覆：自满。

⑤营丘：即临淄，齐国早期都城，在今山东临淄东北。

⑥足下不逾楚境：当作"楚境不逾沮、漳"。沮、漳二水在湖北汉水之西，合流后，在江陵西流入长江。

【译文】

苏秦接着又说："况且像曾参那样的孝子，他的行为准则是不会离开父母在外住宿一个晚上，您怎么能使他到齐国去呢？像伯夷那样廉洁，不受无功之禄，认为武王的行为不合正义，不肯做他的臣子，于是辞掉孤竹君位，饿死在首阳山。像这样廉洁的人，怎么肯步行千里来到微弱的燕国，事奉处境艰危的国君呢？像尾生那样守信，约会的时间到了而情人没有来，河水暴涨，宁肯抱着桥柱死去，也不愿离开。守信到了这种程度，怎么会到齐国去宣扬燕、秦的威望而成就大功呢？况且守信的行为，是为自己而不是为别人，是安于现状而不是进取的途径。况且三王轮流兴起，五霸先后强盛，都是不满足现状。您认为安于现状是可行的吗？那么齐国的势力就不会超出营丘，楚国的势力也不能越过沮、漳二水，不能在边城以外去寻求发展。况且我在东周有老母在堂，去掉保守而谋求进取，我的趋向本来就和您不一致。您是安于现状的君主，我是积极进取的臣子，这就是所谓因忠信而得罪君主的人啊。"

燕王曰："夫忠信又何罪之有也？"对曰："足下不知也。臣邻家有远为吏者，其妻私人。其夫且归，其私之者忧之。其妻曰：'公勿忧也，吾已为药酒以待之矣。'后二日，夫至，妻使妾奉卮酒进之。妾知其药酒也，进之则杀主父，言之则逐主母，乃阳僵弃酒，主父大怒而笞之。故妾一僵而弃酒，上以活主父，下以存主母也。忠至如此，然不免于笞，此以忠信得罪者也。臣之事，适不幸而有类妾之弃酒也。且臣之事足下，亢义益国，今乃得罪，臣恐天下后事足下者，莫敢自必也。且臣之说齐，曾不欺之也？使说齐者，莫如臣之言也，虽尧、舜之智不敢取也。”

【译文】

　　燕王问："忠信又有什么罪过呢？"苏秦回答说："您是不了解的。我的邻居有到远方做官的人，他的妻子有了外遇。她的丈夫快要回家，她的相好感到担忧。他的妻子说：'你不要担忧，我已经为归家的丈夫准备好药酒了。'隔了两天，丈夫到家，妻子叫侍妾捧着酒杯递上。侍妾知道杯里装的是药酒，递上去就会使男主人丧命，把事情说明就会使女主人被驱逐，就假装倒地，把酒洒在地上。男主人非常生气地殴打了她。这个侍妾仆倒而洒酒，在上则挽救了男主人的性命，在下则保全了女主人，忠心达到这样的程度，但仍不免遭受责打，这就是因为忠信而背负罪名啊。我的情况与这个仆倒洒酒的妾相类似。况且我为您办事，合乎道义而又有益于国家，现在竟然获罪，我恐怕日后所有替您办事的人，都会丧失信心啊。并且我对齐王说的话，不是曾经欺骗他吗？要是游说齐王的人都不是像我那样进言，即使有尧、舜那样的智慧，也是不能给国家带来任何利益的。"

（《燕策一》）

苏秦死，其弟苏代欲继之

本章由两个部分组成，上半部分写燕昭王下令求贤之后，苏秦由周至燕，和燕昭王讨论伐齐报仇的谈话。燕昭王说他对齐国有深仇大恨，寝不安席，食不甘味，誓报齐国破燕之仇。苏秦如能帮他实现心愿，他愿把国政托付给苏秦。

后半部分则是苏秦分析齐国灭宋后，燕国攻齐的条件已趋于成熟。一是齐在长期战争中，国力消耗，民劳兵敝。二是齐国驻守在济西，河北备燕的兵力已经抽走，边防空虚。三是苏秦可做内应，与燕军内外夹攻，可操胜算。

《孙子兵法·用间篇》说："燕之兴也，苏秦在齐。"可见苏秦在齐国心脏里的成功战斗，已成为间谍活动的范例，载入了不朽的《孙子兵法》。

苏秦北见燕王哙曰：“臣东周之鄙人也，窃闻王义甚高甚顺，鄙人不敏，窃释锄耨而干大王，至于邯郸，所闻于邯郸者，又高于所闻东周。臣窃负其志，乃至燕廷，观王之群臣下吏，大王天下之明主也。”

【译文】

苏秦北行去见燕王哙说：“我是东周郊野的农家子，听说大王的德义很崇高，我不才，就放下农具来求见大王，到了邯郸，所听说的，又比在东周听到的评价更高。我怀着理想，来到燕国朝廷，见到了大王的众多臣下，了解大王真是天下最英明的君主。”

王曰：“子之所谓天下之明主者，何如者也？”对曰：“臣闻之，明主者务闻其过，不欲闻其善，臣请谒王之过。夫齐、赵，王之仇雠也，楚、魏者，王之援国也。今王奉仇雠以伐援国，非所以利燕也。王自虑此则计过，无以谏者，非忠臣也。”

【译文】

燕王说：“你所说的英明君主，是什么样的人呢？”苏秦回答说：“我听说，英明的君主特别喜欢听别人指责他的错误，不愿听别人说他的好话，因此，我愿告诉大王有什么过失。齐、赵是大王的仇敌，楚、魏是援助大王的国家。如今大王侍奉仇敌去攻打友邦，不是对燕国有利的事。大王自己决定这样做，是错误的决策，臣下没有人劝告，可不是忠臣啊！"

王曰："寡人之于齐、赵也，非所敢欲伐也。"曰："夫无谋人之心而令人疑之，殆；有谋人之心而令人知之，拙；谋未发而闻于外则危。今臣闻王居处不安，食饮不甘，思念报齐，身自削甲扎^①，曰有大数矣，妻自组甲绷^②，曰有大数矣，有之乎？"

【注释】

①甲：战袍。扎：甲上的叶片。

②绷（bēng）：编甲的绳。

【译文】

燕王说："我对齐国、赵国，并不敢去攻打它们。"苏秦说："没有算计别人的想法却让人心存疑虑，不安全；有算计别人的心而让人知道，笨拙；计划尚未实施就让外边知道，这是危险的。如今我听说大王寝不安席，食不甘味，一心想报复齐国，亲自裁制铠甲上的甲片，说是有定额；妻子自己搓编组甲片的绳子，也说是有定额，有这回事吗？"

王曰："子闻之，寡人不敢隐也。我有深怨积怒于齐，而欲报之二年矣。齐者，我雠国也，故寡人之所欲伐也。直患国弊，力不足矣。子能以燕敌齐，则寡人奉国而委之于子矣。"

【译文】

燕王说："既然你都知道了，我也不敢隐瞒。我对齐国有深仇大恨，想要报复，已有两年之久了。齐国是我的死对头，所以我想讨伐它。只是忧虑国家疲敝，力量不够。你能用燕国攻打齐国，我愿把国家大政交给你支配。"

对曰："凡天下之战国七，而燕处弱焉。独战则不能，有所附则无不重。南附楚则楚重，西附秦则秦重，中附韩、魏则韩、魏重。且苟所附之国重，此必使王重矣。今夫齐王长主也①，而自用也。南攻楚五年，蓄积散；西困秦三年，民憔瘁，士罢弊；北与燕战，覆三军，获二将②；而又以其余兵南面而举五千乘之劲宋③，而包十二诸侯。此其君之欲得也，其民力竭也，安犹取哉？且臣闻之，数战则民劳，久师则兵弊。"

【注释】

①齐王：齐闵王。

②"北与燕战"三句：此指公元前296年，齐、燕权（今河北正定北）之战。"覆三军，杀二将"，指燕军的损失。

③举五千乘之劲宋：指公元前286年，齐灭宋事。

【译文】

苏秦回答说："天下互相攻打的国家有七个，而燕国是较弱的。单独作战则力量不够，依附哪国则该国就显得重要。向南依附楚国则楚国重要，向西依附秦国则秦国地位提高，中间依附韩、魏则韩、魏受到重视。假如所依附的国家被看重，这定会使大王举足轻重了。如今齐王算是诸侯的老大，自认为很强大。向南连续攻楚五年，积蓄受到消耗；向西连续三年困扰秦国，人民憔悴，战士疲敝；在北边和燕国交战，击溃燕军，擒获两员燕将；又率领他长期作战的部队，向南重创拥有五千辆战车的宋国，又囊括了泗水流域的一些小国。这都是梦寐以求的，但民力也因此耗尽了，还能有什么作为呢！并且我听说，多次战斗则民力辛劳，长期用兵则战士疲敝。"

王曰："吾闻齐有清济、浊河可以为固^①，有长城、巨防足以为塞^②，诚有之乎？"对曰："天时不与，虽有清济、浊河，何足以为固？民力穷弊，虽有长城、巨防，何足以为塞？且异日也，济西不役^③，所以备赵也；河北不师^④，所以备燕也。今济西、河北尽以役矣，封内弊矣。夫骄主必不好计，而亡国之臣贪于财。王诚能毋爱宠子、母弟以为质，宝珠玉帛以事其左右，彼且德燕而轻亡宋，则齐可亡已。"

【注释】

①清济、浊河：济水清，黄河浊，二水皆在齐的西北境。

②长城、巨防：巨防，大堤。齐长城西起平阴（今山东平阴东北），缘汶水经泰山千余里，东至琅邪台入海。

③济西：济水以西，今山东聊城、高唐一带。不役：
免于征调，养兵备敌。

④河北：今河北沧州、景县一带。

【译文】

燕王问："我听说齐国有济水、黄河可以作为屏障，有长城、大堤可以作为要塞，真是这样吗？"苏秦回答说："得不到天时的支持，纵有济水、黄河，哪里能作为屏障？民力疲敝，即使有长城、大堤，怎么能作为要塞？况且从前不征调济水以西的民众服役，是为了防备赵国；不动用黄河以北的部队，是为了防备燕国。如今济西、河北的兵力都已动用，国内已十分疲敝了。骄傲的君主一定不善于计谋，亡国的臣子都是贪财的。大王要真能把宠爱的儿子或弟弟送去做人质，再拿珍贵的珠玉财物去拉拢他身边的人，他将会感激燕国，并把灭亡宋国看得很容易，就可伺机灭亡齐国了。"

王曰："吾终以子受命于天矣。"曰："内寇不与，外敌不可拒。王自治其外，臣自报其内，此乃亡之之势也。"

【译文】

燕王说："我将顺应天意始终信任你。"苏秦说："内乱不生，外边不能轻易行动。大王在外面策划对付齐国，我在它的内部制造混乱，这样，灭亡齐国的形势就形成了。"

（《燕策一》）

燕昭王收破燕后即位

　　齐宣王攻破燕国后，由于燕国民众奋起反抗，各国诸侯也纷纷派出救燕的军队，齐军被迫撤退。赵国于公元前 311 年送燕公子职返国即位，是为燕昭王。

　　昭王复国后，面对残破的燕国，如何报仇雪耻，是个严峻的问题。他把选用人才作为首要任务，"昭王延郭隗，遂筑黄金台"，各国贤士闻风而至。昭王发展生产，振作士气，与百姓同甘共苦，燕国上下团结，气象一新。对外则与秦、三晋联合，最大限度地壮大了自己，孤立了敌人。乐毅率五国联军横扫齐国，终于完成昭王复仇的心愿。

燕昭王收破燕后即位^①，卑身厚币，以招贤者，欲将以报仇。故往见郭隗先生曰^②："齐因孤国之乱，而袭破燕。孤极知燕小力少，不足以报。然得贤士与共国，以雪先王之耻^③，孤之愿也。敢问以国报仇者奈何？"

【注释】

①燕昭王：名职，燕王哙之子，公元前311—前278年在位。

②郭隗（wěi）：燕国贤人。

③先王之耻：公元前316年，燕王哙把王位让给相国子之，引起内乱，齐宣王乘机攻破燕国，杀死燕王哙。先王，指燕王哙。

【译文】

燕昭王在收拾残破的燕国后登位，他谦恭有礼，用丰厚的礼品延聘贤人，打算依靠他们为国报仇。他特地去见郭隗先生说："齐国乘着我国的内乱而攻破我国。我深知燕国国小力弱，没有足够的力量报仇。但如能得到贤士和我共同治理国家，为先王报仇雪恨，这可是我的心愿啊。请问先生，怎样才能为国复仇呢？"

郭隗先生对曰："帝者与师处，王者与友处，霸者与臣处，亡国与役处。诎指而事之，北面而受学，则百己者至。先趋而后息，先问而后嘿^①，则什己者至。人趋己趋，则若己者至。冯几据杖^②，

眄视指使③，则厮役之人至。若恣睢奋击④，呴籍叱
咄⑤，则徒隶之人至矣。此古服道致士之法也。王
诚博选国中之贤者，而朝其门下，天下闻王朝其贤
臣，天下之士必趋于燕矣。"

【注释】

①嘿：同"默"。

②冯：同"凭"。

③眄（miǎn）视：斜视。

④恣睢：放肆骄横。

⑤呴（hǒu）籍：凌辱。叱咄（chìduō）：大声吼叫。

【译文】

　　郭隗先生回答说："成就帝业的国君，把贤人当作师长
对待；成就王业的国君，把贤人当作朋友对待；成就霸业
的国君，把贤人当作普通臣下对待；亡国的君主，则把贤
人当作仆役对待。国君如能屈己奉人，像弟子一样向贤人
求教，才能超过自己百倍的人就会到来。如果做事抢先而
休息在后，发问在前而沉默在后，才能高出自己十倍的人
就会到来。如果跟着别人亦步亦趋，才能与自己相当的人
就会到来。如果身靠几案，手拄拐杖，斜眼看人，指手划
脚，那么供跑腿差使的人就会到来。如果放肆骄横，对人
任意凌辱，狂呼乱叫，那就只有奴隶般的人到来了。这是
从古以来事奉贤者、招致人才的方法啊。大王真能广泛选
拔国内的贤人，亲自登门求教，天下的贤人听到这个消息，
定会赶到燕国来。"

昭王曰："寡人将谁朝而可？"郭隗先生曰："臣闻古之人君，有以千金求千里马者，三年不能得。涓人言于君曰^①：'请求之。'君遣之。三月得千里马，马已死，买其首五百金，反以报君。君大怒曰：'所求者生马，安事死马而捐五百金？'涓人对曰：'死马且买之五百金，况生马乎？天下必以王为能市马，马今至矣。'于是不能期年，千里之马至者三。今王诚欲致士，先从隗始。隗且见事，况贤于隗者乎？岂远千里哉！"

【注释】

① 涓人：国君身边的侍从。

【译文】

燕昭王说："我去拜见谁才好呢？"郭隗先生说："我听说古代有一位国君，用千金求购千里马，三年都没能买到。他身边的侍臣对他说：'请让我去寻求吧。'国君就派他去了。三个月后得到了千里马，可马已经死了，他就用五百金买下死马的头，回去向国君复命。国君非常生气地说：'我寻求的是活马，怎么去买死马而白费我的五百金呢？'侍臣答道：'死马尚且用五百金来买它，何况活马呢！天下都知道大王喜欢买好马，千里马就会来到了。'于是不到一年，买到的千里马就有三匹。如今大王真想招致贤士，请先从我郭隗开始。我郭隗尚且受到重视，何况胜过郭隗的呢？他们难道会嫌燕国太远而不肯前来吗？"

于是昭王为隗筑宫而师之。乐毅自魏往①，邹衍自齐往②，剧辛自赵往③，士争凑燕。燕王吊死问生，与百姓同其甘苦。二十八年，燕国殷富，士卒乐佚轻战。于是遂以乐毅为上将军④，与秦、楚、三晋合谋以伐齐。齐兵败，闵王出走于外。燕兵独追北入至临淄，尽取齐宝，烧其宫室宗庙。齐城之不下者，唯独莒、即墨。

【注释】

①乐毅：原为中山国灵寿（今河北平山东北）人，赵灭中山，成为赵人，后入燕，成为燕国名将。

②邹衍：齐国学者。

③剧辛：赵国贤人。

④上将军：位在诸将之上，相当于统帅。

【译文】

于是燕昭王为郭隗修建了房舍，拜他为师。接着，乐毅从魏国前来，邹衍从齐国前来，剧辛从赵国前来，贤士们争着聚集到燕国。燕昭王悼唁死去的人，慰问生存的人，和百姓同甘共苦。经过二十八年，燕国富庶，战士们安乐舒适，敢于战斗。于是燕昭王任用乐毅做上将军，和秦、楚、韩、赵、魏等国共同策划攻打齐国。齐军被打得大败，齐闵王逃亡国外。燕军单独追击败逃的齐军，直入临淄，搬走齐国的所有珍宝，烧毁齐国的宫室宗庙。齐国的城邑，只有莒和即墨未被攻下。

（《燕策一》）

苏代自齐使人谓燕昭王

苏秦在齐，离间齐、赵，使它们的关系恶化，他派人告诉燕昭王，伐齐的时机已经到来。在几次战斗中，苏秦故意让齐军蒙受重大损失，为燕军长驱直入提供机会。

苏秦使出浑身解数，为燕国设计破齐，他对燕昭王忠心耿耿，对齐闵王则欺诈百端。苏秦做间谍，耍阴谋，所以在他死后，"天下共笑之，讳学其术"，因而关于苏秦的活动，产生出许多不同的说法，就连杰出的史学家司马迁也说："世言苏秦事多异"，真真假假，令人难辨。

苏代自齐使人谓燕昭王曰①："臣间离齐、赵，齐、赵已孤矣。王何不出兵以攻齐？臣请为王弱之。"燕乃伐齐攻晋②。

【注释】

①苏代：当为苏秦。

②晋：齐邑，今地不详。

【译文】

苏秦从齐国派人对燕昭王说："我离间齐国和赵国，齐、赵两国已经孤立了。大王为什么不出兵攻打齐国呢？我愿为大王削弱它。"燕国于是派军攻打齐国的晋城。

令人谓闵王曰："燕之攻齐也，欲以复振古地也。燕兵在晋而不进，则是兵弱而计疑也。王何不令苏子将而应燕乎？夫以苏子之贤，将而应弱燕，燕破必矣。燕破则赵不敢不听，是王破燕而服赵也。"闵王曰："善。"乃谓苏子曰："燕兵在晋，今寡人发兵应之，愿子为寡人为之将。"对曰："臣之于兵，何足以当之，王其改举。王使臣也，是败王之兵而以臣遗燕也，战不胜，不可振也。"王曰："行，寡人知子矣。"

【译文】

苏秦派人对齐闵王说："燕国之所以攻打齐国，只是想恢复它原有的国土。燕军在晋城停留下来，那是因为军力不强而举棋不定。大王为什么不派苏秦率齐军去迎战燕军呢？凭苏秦的才能，领军迎战弱小的燕军，燕军必败。燕军被打败后，赵国就不敢不听齐国的指挥，这就是大王一举使两国服从。"齐闵王说："好。"齐闵王对苏秦说："燕军驻扎在晋城，现在我派兵迎战，希望你做我军的统帅。"苏秦说："我对领兵打仗很不适应，请大王另派贤能。大王派我领军，就会使齐军战败而把我送到燕国手中，打不了胜仗，局势就难于挽救了。"闵王说："你去吧！我是了解你的。"

苏子遂将而与燕人战于晋下，齐军败，燕得甲首二万人。苏子收其余兵以守阳城①，而报于闵王曰："王过举，令臣应燕。今军败亡二万人，臣有斧质之罪②，请自归于吏以戮。"闵王曰："此寡人之过也，子无以为罪。"

【注释】

①阳城：齐邑，在今河北清宛西南。

②斧质：砍人的刑具。

【译文】

苏秦于是率齐军与燕军在晋城交战，齐军大败，燕军杀掉齐军二万人。苏秦收集残兵败将退守阳城，向闵王报告说："大王过分相信我，派我迎战燕军。现在损失二万人，我犯了杀头的死罪，甘愿接受处分。"闵王说："这是我的错，你是没有罪过的。"

明日，又使燕攻阳城及狸①。又使人谓闵王曰：“日者，齐不胜于晋下，此非兵之过，齐不幸而燕有天幸也。今燕又攻阳城及狸，是以天幸自为功也。王复使苏子应之，苏子先败王之兵，其后必务以胜报王矣。”王曰：“善。”乃复使苏子，苏子固辞，王不听。遂将以与燕战于阳城。燕人大胜，得首三万。齐君臣不亲，百姓离心。燕因使乐毅大起兵伐齐，破之。

【注释】

①狸：齐邑，今河北任丘东北。

【译文】

第二天，苏秦又让燕军攻打阳城和狸邑。苏秦又派人对齐闵王说：“前两天，齐军在晋城打了败仗，这不是用兵的过错，而是齐国不幸而燕国走运。现在燕军又攻打阳城和狸邑，是把走运当成自己的功劳。大王可再派苏秦前去应战。苏秦先前打了败仗，今后必会全力取胜来报答大王。”闵王说：“好。”于是再次派苏秦领军，苏秦一再推辞，闵王不同意。于是苏秦率齐军和燕军战于阳城，燕军大胜，斩齐军三万人。齐国君臣不和，百姓离心，燕王于是派乐毅兴倾国之兵攻破了齐国。

（《燕策二》）

昌国君乐毅

　　名将乐毅领兵破齐，仅余三城未下，适逢燕昭王去世，燕
惠王即位，惠王中了齐人反间之计，临阵换将，召乐毅回国。
乐毅见事不妙，逃往赵国，赵封他为望诸君。乐毅在燕国停留
的时间很长，对燕国的情况一清二楚。燕惠王害怕乐毅为赵攻
燕，对燕国不利，于是写信责备乐毅，说他背弃了昭王对他的
知遇之恩。

　　本来是燕惠王听信谗言的错，他却反过来责怪乐毅，真是
强词夺理。在一般情况下，乐毅会满怀怨愤，恨恨不平，可是
乐毅回报的书信，其措辞却大大出人意表。

　　乐毅在复信中，反复强调和表明自己的心迹，对燕惠王
没有一句反唇相讥的话。他说："君子绝交，不出恶声"，又声
明他不会以幸为利，表明他虽在异国，终身不敢谋燕。心平气
和，委婉曲折，是从真性情中流出的至文，感动了后代无数的
读者。

昌国君乐毅为燕昭王合五国之兵而攻齐，下七十余城，尽郡县之以属燕，三城未下而燕昭王死。惠王即位，用齐人反间，疑乐毅，而使骑劫代之将。乐毅奔赵，赵封以为望诸君。齐田单欺诈骑劫，卒败燕军，复收七十城以复齐。燕王悔，惧赵用乐毅承燕之弊以伐燕。

【译文】

昌国君乐毅为燕昭王率领五国联军攻打齐国，拿下了七十多座城池，把它们都编入燕国的郡县，还有三座城池没有攻下，燕昭王就去世了。惠王即位，相信了齐国人的反间计，怀疑乐毅，就派骑劫去取代他统领燕军。乐毅逃往赵国，赵王封他为望诸君。齐国的田单用计对付骑劫，终于打破燕军，把齐国失去的七十座城池完全收复。燕王后悔了，害怕赵国用乐毅趁燕国疲惫来攻打燕国。

燕王乃使人让乐毅，且谢之曰："先王举国而委将军，将军为燕破齐，报先王之雠，天下莫不振动，寡人岂敢一日而忘将军之功哉！会先王弃群臣，寡人新即位，左右误寡人。寡人之使骑劫代将军者，为将军久暴露于外，故召将军且休计事。将军过听，以与寡人有郤，遂捐燕而归赵。将军自为计则可矣，而亦何以报先王之所以遇将军之意乎？"

【译文】

　　燕王就派人责备乐毅，又婉转地说："先王把国家完全交给将军，将军替燕国攻破了齐国，替先王报了仇，天下都感到震动，我每时每刻都不敢忘记将军的功劳！正遇上先王去世，我刚即位，身边的人误导了我。我之所以派骑劫代替你，是因为将军长期辛苦在外，所以让你回国休息。将军误听别人的话，对我有了意见，抛弃燕国去了赵国。你为自己打算，这样做是可以的，但这怎么能够报答先王对将军的情谊呢？"

　　望诸君乃使人献书报燕王曰："臣不佞，不能奉承先王之教①，以顺左右之心，恐抵斧质之罪，以伤先王之明，而又害于足下之义，故遁逃奔赵。自以负不肖之罪，故不敢为辞说。今王使使者数之罪，臣恐侍御者之不察先王之所以畜幸臣之理，而又不白于臣之所以事先王之心，故敢以书对。

【注释】

　　①先王之教：当作"王命"。

【译文】

　　望诸君派人献上书信，回复燕王说："我不才，不能领会大王的意图，顺从您左右亲信的心意，恐怕遭受死罪，影响到先王的知人之明，而又会给您带来加害功臣的不义名声，所以逃奔到赵国。自认为身负不肖的罪名，所以不敢用言语辩解。现在大王派使者数落我的罪过，我担心您身边的人不了解先王信任我的原因，又不明白我对先王尽心尽力的心情，所以敢于用书信来回答。

"臣闻贤圣之君，不以禄私其亲，功多者授之；不以官随其爱，能当者处之。故察能而授官者，成功之君也；论行而结交者，立名之士也。臣以所学者观之，先王之举错有高世之心^①，故假节于魏王^②，而以身得察于燕。先王过举，擢之乎宾客之中，而立之乎群臣之上，不谋于父兄，而使臣为亚卿^③。臣自以为奉令承教，可以幸无罪矣，故受命而不辞。

【注释】

①错：通"措"。

②节：使者所持的凭证。

③亚卿：很高的爵位。

【译文】

"我听说贤明的君主不把俸禄随意奖给亲近的人，功劳大的才授给他；不把官职交给个人喜欢的人，有能力的才让他担任职务。所以考查臣下的才能而授以适当的官职，这是成功的君主；考虑朋友的行为正确才和他结交的，这才是建立功名的人。我根据自己学到的知识来观察，先王的行为超出于世间一般人，所以在担任魏国使臣时，得到燕国方面的了解。先王过分抬举我，把我从宾客当中提拔起来，让我处在群臣之上，不和同姓贵臣商量，就任命我做亚卿。我自认为接受先王的命令和教诲，可以免除罪过，所以接受任命而没有推辞。

"先王命之曰：'我有积怨深怒于齐，不量轻弱，而欲以齐为事。'臣对曰：'夫齐，霸国之余教，而骤胜之遗事也，闲于兵甲，习于战攻。王若欲攻之，则必举天下而图之；举天下而图之，莫径于结赵矣。且又淮北宋地，楚、魏之所同愿也。赵若许，约楚、魏、宋尽力，四国攻之，齐可大破也。'先王曰：'善。'臣乃口受令，具符节，南使臣于赵。顾反命，起兵随而攻齐。以天之道，先王之灵，河北之地，随先王举而有之于济上。济上之军奉令击齐，大胜之。轻卒锐兵，长驱至国。齐王逃遁走莒^①，仅以身免。珠玉财宝，车甲珍器，尽收入燕。大吕陈于元英^②，故鼎反于历室^③，齐器设于宁台^④。蓟丘之植^⑤，植于汶皇。自五伯以来，功未有及先王者也。先王以为惬其志，以臣为不顿命，故裂地而封之，使之得比乎小国诸侯。臣不佞，自以为奉令承教，可以幸无罪矣，故受命而弗辞。

【注释】

①齐王：齐闵王。莒（jǔ）：今山东莒县。

②大吕：齐钟名。元英：燕宫。

③历室：燕宫。

④宁台：燕台。

⑤蓟丘：燕都蓟城的标志性地方，在今北京白云观西。

【译文】

"先王告诉我：'我对齐国有深仇大恨，不自量国力微弱，想把对付齐国作为目标。'我回答：'齐国有霸国的传统，又有多次战胜的余威，对兵器很熟练，对战事很熟悉。大王如果想攻打它，就必须联合各国去对付它；联合各国首先就要拉拢赵国。淮北是宋国的地方，楚、魏两国都想得到它。赵国如果同意和燕国结盟，楚、魏、宋也愿尽力，四国联合，就可以大破齐国。'先王说：'好。'我就接受口头的命令，准备好使臣所用的符节，向南出使赵国。在我回国复命后，随即发兵攻齐。由于上天的保佑和先王的英明，河北的地方都被先王占领。济上的部队奉命追击，大获全胜。精锐的兵士长驱直入，直达齐都。齐王孤身逃到莒城。珠玉财宝，兵器和贵重的器物，全都运回燕国。齐国的大吕钟陈放在燕国的元英宫，燕国从前失去的鼎也回归故国，齐国的器物陈放在燕国的宁台上。蓟丘种植的竹子，现在移植在齐国的汶水。自五霸以来，没有谁的功劳能与先王相比。先王感到很满意，认为我能完成使命，所以割地封我，让我能和小国诸侯相提并论。我不才，自认为按照先王的指令办事，可以避免罪过，所以接受命令，没有推辞。

"臣闻贤明之君，功立而不废，故著于《春秋》；蚤知之士，名成而不毁，故称于后世。若先王之报怨雪耻，夷万乘之强国，收八百岁之蓄积，及至弃群臣之日，余令诏后嗣之遗义，执政任事之臣，所以能循法令，顺庶孽者，施及萌隶，皆可以教于后世。

【译文】

"我听说贤明的君主，功劳建立后，不会半途而度，所以载入史册；有先见之明的人，成名后善于保持，所以被后世称道。像先王那样能报仇雪恨，削平万乘的大国，取走齐国八百年的积蓄，在他去世后，他的影响继续存在，执政的大臣们整顿法令，理顺嫡庶关系，把遗教推行到民众之中，先王的所作所为，都可用来教育后代。

"臣闻善作者不必善成，善始者不必善终。昔者伍子胥说听乎阖闾，故吴王远迹至于郢。夫差弗是也，赐之鸱夷而浮之江①。故吴王夫差不悟先论之可以立功，故沉子胥而不悔；子胥不蚤见主之不同量，故入江而不改。夫免身全功以明先王之迹者，臣之上计也；离毁辱之非，堕先王之名者，臣之所大恐也。临不测之罪，以幸为利者，义之所不敢出也。

【注释】

①鸱（chī）夷：皮囊。

【译文】

"我听说善于开创的人不一定善于完成，有好的开头不一定有好的结尾。从前伍子胥的意见被吴王阖闾采纳，所以吴王远征打到楚的郢都。夫差不听子胥的意见，杀死他后，用皮革裹尸，沉在江中。吴王夫差不知道采纳子胥先前的意见可以立功，所以把子胥沉入江水，并不后悔；子胥没有及早发现两个君主度量不同，所以无法改变沉江的命运。免掉杀身之祸，保全已有的功劳，阐扬先王的伟业，这是我的上策；遭受侮辱性的诽谤，损害先王知人的名声，这是我最为恐惧的。面对无法预见的后果，侥幸为别国从中取利，从道义上讲，我绝不会这样去做。

"臣闻古之君子，交绝不出恶声，忠臣之去也，不洁其名。臣虽不佞，数奉教于君子矣。恐侍御者之亲左右之说，而不察疏远之行也，故敢以书报，唯君之留意焉。"

【译文】
"我听说古时的君子，在绝交的时候，不会说自己之长，揭别人之短，忠臣在离国的时候，不把功劳归于自己，把错误归于君上。我虽不才，也曾多次受到过君子的教诲。我担心大王听信身边人的议论而不了解我远在赵国的行为，所以敢于用书信来回答，希望大王能够谅察。"

（《燕策二》）

客谓燕王

苏秦告诉燕昭王，齐国兵强马壮，如果北上攻燕，五个燕国也不是敌手，何不派人出使齐国，设法消耗齐的兵力呢？燕王闻听正合心意，于是派苏秦南行使齐。

苏秦竭力怂恿齐闵王攻宋，说宋王偃对天地不敬，并放肆地侮辱诸侯，是十分无道和不义的行为，应该受到讨伐。齐国出兵攻宋，名正言顺，又可获得占领膏腴之地的实利，何乐而不为呢？齐闵王被苏秦的话所打动，不知其中有诈，接连三次攻打宋国，终于灭宋。齐军在攻宋战役中元气大伤，给乐毅破齐提供了机会，成就了燕昭王的中兴。

齐闵王中了苏秦的圈套，致使国破身亡，史学家班固在《汉书·古今人表》中，把他列为"下下愚人"，看来，他真是愚不可及。

客谓燕王曰:"齐南破楚,西屈秦,用韩、魏之兵,燕、赵之众,犹鞭筴也。使齐北面伐燕,即虽五燕不能当。王何不阴出使,散游士,顿齐兵,弊其众,使世世无患?"燕王曰:"假寡人五年,寡人得其志矣。"苏子曰^①:"请假王十年。"燕王说,奉苏子车五十乘,南使于齐。

【译文】
苏秦对燕王说:"齐国在南面打败了楚国,西边使秦国屈服,使用韩、魏、燕、赵的兵力就像驾马一样容易。如果齐国北攻燕国,就算是五个燕国也不能抵挡。大王为什么不暗中派遣使者,使为齐国效劳的人散去,使齐国的兵力疲敝,使齐国的国力消耗,这就会使燕国世代无忧。"燕王说:"给我五年时间,我就能做到这些。"苏秦说:"我愿给大王十年时间。"燕王听了很高兴,派苏秦带上五十辆车,向南出使齐国。

谓齐王曰^①:"齐南破楚,西屈秦,用韩、魏之兵,燕、赵之众,犹鞭筴也。臣闻当世之举王,必诛暴正乱,举无道,攻不义。今宋王射天笞地^②,铸诸侯之象,使侍屏匽^③,展其臂,弹其鼻,此天下之无道不义,而王不伐,王名终不成。且夫宋,中国膏腴之地,邻民之所处也,与其得百里于燕,不如得十里于宋。伐之，名则义，实则利，王何为弗为？"

【注释】

①齐王：齐闵王。

②宋王：名偃，公元前 328—前 286 年在位。

③屏匽（yàn）：厕所。

【译文】

苏秦对齐王说："齐国南败楚国，西败秦国，用韩、魏、燕、赵的军队就如同驾马一样。我听说当代的王者，一定会伐暴救民，战胜无道的昏君，攻打不义之师。现在宋王举箭射天，用鞭子笞地，铸诸侯之像放在厕所边上，摇他们的手，弹他们的鼻子，这就是典型的无道昏君，如果大王不加讨伐，大王的名声就难以树立。况且宋国是中原最肥沃的地方，齐国边境的人很多都杂居在那里，与其在燕国得到百里的土地，不如在宋国得到十里的土地。讨伐宋国会名利双收，大王为什么不这样做呢？"

齐王曰："善。"遂兴兵伐宋，三覆宋，宋遂举。燕王闻之，绝交于齐，率天下之兵以伐齐，大战一，小战再，顿齐国，成其名。

【译文】

齐王说："好。"于是兴兵攻宋。三次攻宋，终于灭掉了宋国。燕王听说后，就与齐国断交，率诸侯之兵攻打齐国，几经血战，重创了齐国，燕国因而名闻天下。

故曰：因其强而强之，乃可折也；因其广而广之，乃可缺也。

【译文】
所以说：因为国家强大而让它炫耀武力，就可以打败它；因为国土广阔而让它进一步扩充地盘，就可以使它残破。

（《燕策二》）

赵且伐燕

　　本章所写的鹬蚌相争，渔人得利，是一个流传千古的寓言，凡是双方相争而让第三者得利，都是这个寓言所嘲讽的对象。

　　历史是一面镜子，要避免重蹈覆辙，就应多读这一类充满智慧的寓言。

赵且伐燕，苏代为燕谓惠王曰①："今者臣来，过易水，蚌方出曝，而鹬啄其肉②，蚌合而拑其喙③。鹬曰：'今日不雨，明日不雨，即有死蚌④。'蚌亦谓鹬曰：'今日不出，明日不出，即有死鹬。'两者不肯相舍，渔者得而并禽之。今赵且伐燕，燕、赵久相支以弊大众，臣恐强秦之为渔父也，故愿王之熟计之也。"惠王曰："善。"乃止。

【注释】

①苏代：苏秦弟。惠王：赵惠文王。

②鹬（yù）：鸟名。

③拑：夹住。喙（huì）：嘴。

④即有死蚌：当作"蚌将为脯"。

【译文】

赵国准备攻打燕国，苏代为燕国向赵惠文王进言说："今天我来的时候，经过易水，看见一个河蚌出来晒太阳，一只鹬鸟正啄它的肉，河蚌紧紧夹住了鹬的嘴。鹬鸟说：'今天不下雨，明天不下雨，就必然会有一个死蚌。'河蚌也对鹬鸟说：'你今天不抽嘴出来，明天不抽嘴出来，必定会有一只死鹬。'鹬蚌互不相让，渔翁就捕捉了它们两个。现在赵国将攻打燕国，燕、赵长期对抗，使得民力疲劳，我恐怕强大的秦国就会像渔翁一样从中得利。希望大王好好地想一想。"赵惠文王说："好。"于是停止了攻燕的计划。

（《燕策二》）

宋卫策

公输般为楚设机

公元前 444 年，楚军东侵，地盘一直扩充到了泗水流域，准备北上攻宋，恰好巧匠公输般又制成了攻城利器云梯，更促成楚王攻宋的决心。

主张兼爱非攻的墨子，悲天悯人，反对非正义战争，他为制止楚国攻宋，从齐国出发，穿越楚方城防线，翻过伏牛山，取道南阳，向西南行进，步行十天十夜，脚底打起了老茧，郢都终于在望。

他一到就去拜访同乡公输般，劝他不要攻宋。他们当场进行攻防演习，公输般已无攻城之方，墨子守卫之法却还游刃有余，公输般认输，只好引他去见楚王。

墨子把楚王攻宋，比喻成患有偷窃病的人，放着自己家里的好东西不去享受，却去偷邻居的劣等品，这不是得了偷窃病吗？楚王被说得无言以对，只好说："我愿放弃攻宋的打算。"

公输般为楚设机^①，将以攻宋。墨子闻之^②，百舍重茧^③，往见公输般，谓之曰："吾自宋闻子，吾欲藉子杀人。"公输般曰："吾义固不杀人。"墨子曰："闻公为云梯，将以攻宋。宋何罪之有？义不杀人而攻国，是不杀少而杀众。敢问攻宋何义也？"公输般服焉，请见之王。

　　墨子见楚王曰^①："今有人于此，舍其文轩，邻有弊舆而欲窃之；舍其锦绣，邻有裋褐而欲窃之^②；舍其粱肉^③，邻有糟糠而欲窃之。此为何若人也？"

王曰："必为有窃疾矣。"

【注释】

①楚王：楚惠王。

②裋（shù）：粗布上衣。

③粱肉：精美的食物。

【译文】

墨子进见楚王说："现在有这样一个人，抛弃自己的彩车，邻居有一辆破车他却想去偷；扔掉自己华丽的服装，邻居有粗布衣服他却想去偷；舍弃自己的美味，邻居有米糠他却想去偷，这是什么样的人啊？"楚王说："他肯定是患了偷窃的病啊！"

墨子曰："荆之地方五千里，宋方五百里，此犹文轩之与弊舆也；荆有云梦，犀兕麋鹿盈之，江、汉鱼鳖鼋鼍为天下饶①，宋所谓无雉兔鲋鱼者也，此犹粱肉之与糟糠也；荆有长松、文梓、梗、楠、豫樟，宋无长木，此犹锦绣之与裋褐也。臣以王吏之攻宋为与此同类也。"王曰："善哉！请无攻宋。"

【注释】

①鼋（yuán）：大鳖。俗称癞头鼋。鼍（tuó）：扬子鳄。也称鼍龙、猪婆龙。爬行动物。体长丈余，背部与尾部有角质鳞甲。穴居于江河岸边和沼泽底部。其皮可以制鼓。

【译文】

墨子说："楚国方圆五千里，宋国仅有五百里，这就好像彩车和破车一样；楚国有云梦泽，到处都是犀兕麋鹿等珍稀动物，长江汉水里的鱼鳖鼋鼍等珍稀鱼类是天下最多的，宋国只是一个连小兔、小鱼都没有的地方，这就好像美味和米糠一样；楚国有长松、文梓、楩、楠、豫樟这些珍贵的高大树木，宋国连普通的大树都没有，这就好像华丽的服装和粗布衣服一样。我认为大王的手下想去攻宋与此同类。"楚王说："你讲得太对了，我不会攻打宋国了。"

（《宋卫策》）

中山策

犀首立五王

公元前341年的马陵之战，使魏惠王的霸业由盛转衰，他采纳惠施的建议，和齐威王在徐州相会，互尊为王，向齐国屈服。魏、齐相王并没有让魏国摆脱困境，魏在西方又受到秦的不断攻击，丧失了河西、上郡七百里的地方。看来，单靠魏国本身的力量，无法抗御齐、秦的进攻。因此，魏惠王采用犀首广泛争取同盟的建议，约集受齐、秦、楚威胁和侵略的国家，在公元前323年，一起称王，联合魏、赵、韩和燕、中山五个较弱的国家，一起来抵抗齐、秦、楚三个强大的国家。

齐、秦、楚对五国联合极为仇视，极力想法破坏。齐国以中山国小为借口，不肯承认它有称王资格，想拉拢赵、魏不许中山称王，以破坏五国联合。张登为中山游说齐国大臣田婴，让他不再反对中山称王，得到田婴的许诺，加上赵、魏也没有同意干涉中山称王的计划，反而和中山更加亲善，中山称王的事，终于尘埃落定。

犀首立五王①，而中山后持。齐谓赵、魏曰：
"寡人羞与中山并为王，愿与大国伐之，以废其
王。"中山闻之，大恐，召张登而告之②，曰："寡
人且王，齐谓赵、魏曰，羞与寡人并为王，而欲伐
寡人。恐亡其国，不在索王，非子莫能吾救。"

【注释】

①犀首：魏相公孙衍。立五王：约三晋和燕、中山同
　　时称王。

②张登：中山臣。

【译文】

　　犀首让五国互相称王，只有中山落在最后。齐王对赵、
魏说："我为与中山并立为王而羞愧，希望和你们一起讨伐
它，取消它的王号。"中山君听说后大为恐慌，召见张登告
诉他说："我将要称王，齐王对赵、魏说，羞与我一起称王，
想讨伐我，我很怕自己的国家灭亡，并不要求一定称王，
现在只有你能救我。"

　　登对曰："君为臣多车重币，臣请见田婴。"中
山之君遣之齐，见婴子曰："臣闻君欲废中山之王，
将与赵、魏伐之，过矣。以中山之小而三国伐之，
中山虽益废王，犹且听也。且中山恐，必为赵、魏
废其王而务附焉。是君为赵、魏驱羊也，非齐之利
也。岂若中山废其王而事齐哉？"

【译文】

张登回答道："请给我准备车辆和重礼，我愿去拜见齐国的大臣田婴。"中山国君派张登出使齐国，对田婴说："我听说您想废除中山的王号，将和赵、魏一起攻打中山，这个打算错了。小小的一个中山却用三个国家来攻打，就算是比取消王号更严重的事，中山也会听从。如果中山害怕，必定会因为赵、魏要取消它的王号而依附它们，齐国就把中山逼到赵、魏那边去了，这对齐国是没有任何好处的，还不如让中山废除王号而依附齐国。"

田婴曰："奈何？"张登曰："今君召中山，与之遇而许之王，中山必喜而绝赵、魏，赵、魏怒而攻中山，中山急而为君难其王，则中山必恐，为君废王事齐。彼患亡其国，是君废其王而立其国，贤于为赵、魏驱羊也。"田婴曰："诺。"

【译文】

田婴说："我该怎么办呢？"张登说："现在您去会见中山国君，答应他称王，中山必定会高兴而和赵、魏绝交，赵、魏一定会生气，攻打中山，中山感到危急而齐国又阻止它称王，那么中山就会恐惧，就会为了您废掉王号依附齐国。中山国君害怕国家灭亡，您在废掉它的王号后去安抚他，显然胜过把它驱赶到赵、魏方面去啊。"田婴说："好。"

张丑曰^①："不可。臣闻之，同欲者相憎，同忧者相亲。今五国相与王也，负海不与焉^②，此是欲皆在为王，而忧在负海。今召中山，与之遇而许之王，是夺四国而益负海也。致中山而塞四国，四国寒心。必先与之王而故亲之，是君临中山而失四国也。且张登之为人也，善以微计荐中山之君久矣，难信以为利。"

【注释】

①张丑：齐臣。

②负海：指齐国。

【译文】

张丑说："不可以这样。我听说，欲望相同的人会彼此憎恨，有共同忧患的人会互相靠拢。现在五国相约称王，齐国没有参与。五国都想称王，害怕齐国不同意。现在会见中山国君，同意他称王，是分散了五国的团结而增强了齐国的力量。拉拢中山而排斥四国，四国就会害怕，定会先同意中山称王而和它亲善，那么您就会因拉拢中山而失去四国的支持。况且张登善于用阴谋来讨好中山国君，他的话是难以相信的。"

田婴不听，果召中山君而许之王。张登因谓赵、魏曰："齐欲伐河东^①。何以知之？齐羞与中山并为王甚矣，今召中山，与之遇而许之王，是欲用其兵也，岂若令大国先与之王，以止其遇哉？"

【注释】

①河东：赵、魏边境。

【译文】

田婴不听张丑的劝告，果然召见中山国君，同意他称王。张登对赵、魏说："齐国想攻打赵、魏河东之地，怎么知道的呢？齐国非常不愿意和中山共同称王，现在召见中山国君，同意中山称王，是想支配它的兵力，哪里比得上你们先同意中山称王而破坏他们的会见呢？"

赵、魏许诺，果与中山王而亲之。中山果绝齐而从赵、魏。

【译文】

赵、魏两国同意了，果然和中山一起称王，改善了他们的关系。中山果然和齐国绝交而倒向赵、魏。

（《中山策》）